THE FOCUS
OF
MARKETING
THEORY

マーケティング理論の焦点
企業・消費者・交換

KMS研究会 ——— 監修　　堀越比呂志・松尾洋治 ——— 編著

中央経済社

はしがき
―本書の目的と概要―

　マーケティング研究の対象領域は極めて広範囲な領域にわたって拡大してきており，さまざまな理論が散在している。4P（Product, Price, Place, Promotion）を中心とした企業活動に関する戦術的諸理論を中心に，その4Pの効果を安定的に成功させるための場づくりとしての戦略的対応に関する諸理論，さらにはそれらの帰結としてのマクロ的なマーケティング現象に関する諸理論が展開されている。そこには，ミクロ的レベルとマクロ的レベルそれぞれの諸相における諸理論は存在するが，それらをまとめる中心的視点や理論が失われている。

　しかし，この拡散した諸理論の中にあって，その中心的焦点となるのは，売り手としての企業行動，買い手としての消費者行動，そしてその2つが連結した結果としての交換現象であるといえる。そして，この3つの中でも，交換はミクロ的マーケティング行動とマクロ的マーケティング現象をつなぐ重要な結節点である。すなわち，交換の連鎖によってチャネル現象やさらには流通現象というマクロ・マーケティング現象が生み出され，そこにおける関係性が固定化することによって制度が出現するという形で，ミクロ的次元がマクロ的次元につながっているからである。それゆえ，理論化における方法論的個人主義の優位性を信じるならば，マクロ的マーケティング現象を理解する上でも，企業行動，消費者行動，交換の3つは理論化の焦点となるといえるだろう。こうした考察を基に，マーケティング研究の理論的焦点であるこの3つの認識対象において理論化はどのように進んできており，どのような問題を考えるべきなのかという点を改めて問い直そうと企画されたのが本書である。それゆえ本書は9つの章がⅢ部に構成されている。以下概要を述べよう。

　第Ⅰ部では，まずマーケティング論における消費者行動論が取り上げられる。これまでの消費者行動研究では，その個人行動レベルでの研究に重点が置かれすぎた結果，その多様性に翻弄されて，タイプ化や，市場としてまとまりを持ったレベルでのパターン化といった理論化が遅れている。第Ⅰ部では，この状況を脱するべく，より高い集計レベルの研究へと展開するための道筋が示される。

　第1章では，情報処理パラダイムに代表される個人行動レベルの消費者行動研

究があまりに心理学に依拠しすぎている点が指摘され，先行する心理的諸要因は選択や行為にあたって因果的に十分ではなく，そこには多数の選択肢の間での飛躍が生ずると主張される。そして，多様な心理的要因と行動の相関に替わって，状況に対する合理性を仮定したうえでの理論構築の方法への視点転換が提唱される。そして大抵の人間は状況適合的に行動しているということから集合的行為の分析への連結が示唆される。

第2章では，消費者行動のタイプ化を目指した研究の一例として，インターネットという状況の変化に伴って生じた消費者行動のタイプ的変化が示される。そこでは，インターネットの普及によって，「情報拡散ループ」，「購買ループ」，そして「関係性ループ」という3つの情報の流れが出現していることが指摘される。そして，その情報のやり取りの中で登場する新たな消費者類型としての「マーケット・メイブン」と「リーディング・コンシューマー」の特徴が示され，「デジタル・ネイティブ」においてこうした消費者類型がどのように登場しているかが検討される。

第3章では，これまでの消費者行動研究を，個別消費者行動分析，消費者類型論，市場動態論の3つの集計水準に分類したうえで，3つめの市場動態論への展開の重要性が指摘され，そこにおける3つの理論タイプが示される。すなわち，1つめが新規消費者群の追加による動態を描く「市場形成モデル」，2つめが既存消費者のタイプ的変容を描く「市場変容モデル」，そして3つめが商品の意味変容を契機として市場が拡大する「市場連結モデル」であり，これら3つのモデルを市場の現状に統合的に適用することによるマーケティング研究の実践的課題への貢献も論じられる。

第Ⅱ部では，マーケティング論における企業行動論が検討される。この研究は，もともとマーケティング研究のメインの領域であるが，その実践的志向の強さから，理論的研究が進展しているとは言いがたい。具体的な問題状況において達成したい目的を実現するための手段の選択を迫られる実践的マネジメント研究の場合は，目的とする事象を予測しうる諸理論を選択しその組み合わせによって具体的手段を決定することになるが，そこで利用される理論の新たな開発という点では展開が遅れている。これは消費者行動論の場合と同様に，企業行動の帰結の非決定性という現実を前に，帰納的な相関分析が限界にきているためと考えられる。しかし，個々の現実の企業行動がユニークであり，その帰結が偶有性に支配されているとしても，合理性を仮定したうえで仮説演繹的にその偶有性を紐解き，そ

の中に一様性を発見して理論化を進めることは可能であり，それこそが理論的研究の使命だといえる。そしてその理論化を進める際に注目すべきは，差別化の追求が関心の中心にありながらも，ライバルから学びそれを模倣していくという行動も併存している「競争」という側面の存在である。そこには，差別化とともに，模倣による自生的秩序の出現とその制度化という一様性が存在するからである。それゆえ，第Ⅱ部においては，競争理論に焦点を当て，特にその資源ベース論の展開に注目する。

まず第4章では，マーケティング論に多大な理論的影響を与えてきている経営戦略論における展開がレビューされた後で，現在その中心的な理論的フレームワークとなっている資源ベース論の展開が詳細に検討される。特に，ダイナミック・ケイパビリティの概念に焦点が当てられ，そこにおけるマーケティング論への接近とそれによるさらなる理論的精緻化の可能性が論じられる。

第5章では，第4章の考察を受けて，マーケティング研究における資源ベース論の展開が検討される。そこでは，マーケティング研究において競争優位の源泉となる資源，ケイパビリティ，そしてダイナミック・ケイパビリティのそれぞれが，どのように論じられているかがレビューされ，資源ベース論とマーケティング研究の相互の影響関係が考察される。

第6章では，資源ベース論に基礎を置きながら競争の一般理論として提唱されたS.D.Huntの資源-優位理論が検討され，マーケティングにおけるその位置づけが考察される。Huntは，資源-優位理論を中心にさまざまなマーケティング現象の説明・予測可能性を論じており，一般理論に向けての出発点を提供しているという点では重要な貢献をしているといえるものの，資源-優位理論自体はあくまで企業行動に関する競争の一般理論であって，マーケティングの一般理論とはいえないということが論証される。

第Ⅲ部は，マーケティング論における交換理論が検討される。以上の2つの行動理論を結び付けるのが，交換理論である。それゆえ，マーケティングの一般理論とは交換に関わる理論であるといえるであろう。しかし，マーケティング論における交換理論では，ミクロ経済学における一般均衡論のように明確な1点均衡への収束を描くのではなく，より現実的な異質需要と異質供給の間のさまざまな部分均衡への動向に関する幅を持ったパターンの指摘と，それが新たな差別化によって変化する動態を描くことが理論化の目標となるだろう。そこでは，消費者行動や企業行動をパターン化する制度の発生と展開が焦点となる。

まず第7章では，マーケティング研究において最近注目を浴びているS-Dロジック（サービス・ドミナント・ロジック）が採りあげられ，そこで主張される交換理論の可能性が吟味される。S-Dロジックでは，消費過程において生じる使用価値を強調するため，これまでマーケティング研究において蓄積されてきた消費前の取引的交換に関する理論との整合性を保つことを困難にさせ，さらにミクロ的理論とマクロ的理論の架橋も困難にさせるという点が指摘され，その理論化が成功していないことが論証される。

　第8章では，さまざまな交換行為から自生的秩序としての制度がいかに生成され変化していくのかという，いわゆるミクロ・マクロ・ループの問題がとりあげられる。まずこの問題に関する近隣諸学科におけるいくつかの研究潮流がレビューされ，その理論的枠組みが整理される。そして，知識のコーディネーションの問題がその中心にあることが示され，ミクロ・マクロ・ループ問題の解決の方向性が示される。

　第9章では，マーケティング研究において交換がどのように取り扱われてきたかを，マーケティング論のパイオニアであるA.W.ShawとL.D.H.Weld，そしてマーケティング概念拡張論を主張したP.Kotlerにおいて確認し，マーケティング論においては当初から市場交換が研究の焦点にあったことが指摘される。そのうえで，同じく市場交換を中心にマーケティングの一般理論の提示を試みたW.Aldersonの研究構想が吟味された。Aldersonにおいては方法論的混乱があるものの，その流通過程に関する動態的理論の部分は経済学におけるオーストリア学派のF.A.Hayekの研究構想との類似性が認められ，どちらの方法論的立場も制度主義的個人主義として位置づけられるのであり，マーケティングの一般理論の構築はこの方法論的構想のもとでこそ実現可能であることが示唆される。

　以上のように，本書はマーケティング研究とともに近隣諸学科の最先端の成果をレビューしながら，マーケティング論における中心的研究成果の整合的理論化への道を示唆することを目指したやや高度な研究書であり，KMS（Keio Marketing Society）研究会における研究成果として生み出された。KMS研究会は，慶應義塾大学名誉教授，故村田昭治先生の下で指導を受けた研究者が中心となった研究者集団であり，本書はこの研究会における2冊目の出版プロジェクトとして企画されたものである。各原稿はこの研究会における激烈な議論にさらされ，幾度となく修正がなされたうえで，さらに編者によって内容的連結と全体的一貫性が図られた。そして，学説的視点を重視し，詳細な参考文献と索引の提示

という点を引き続き心掛けた。それゆえ，特に大学院における若い研究者に対しては，本書をきっかけに，目先の限定的な相関分析の問題を超えて，自分の解くべきより深い理論的問題を見つけてくれることを願っている。しかし，膨大な内容の広がりを持つマーケティング論を前に途方に暮れる入門者にとっても，本書を通してマーケティング論の中心的問題を先に理解することはその後の体系的学習を容易にすることだろう。いずれにしても，さまざまな場所で本書が活用されて，マーケティング論の理論化に関する議論が刺激され，広く展開されていくことを祈っている。

　末筆ながら，学術的性格の強い本であるにもかかわらず，本書の意義を理解し快く出版を引き受けてくださり，出版上のさまざまなご支援をいただいた，中央経済社の市田由紀子さんに心からの御礼を申し上げたい。

2016年9月

KMS研究会：執筆者・編集者を代表して

堀越　比呂志

目　次

はしがき―本書の目的と概要―
図表リスト

第Ⅰ部　消費者行動論とマーケティング論

第1章　消費者行為論：
自由意志に基づく選択と行為 …… 2

 1　はじめに　*2*
 2　Bettmanモデル　*3*
  （1）Bettmanモデルの構成要素　*4*
  （2）Bettmanモデルの特徴　*5*
 3　飛躍の存在　*6*
  （1）因果的経験　*7*
  （2）行為内意図　*8*
  （3）飛躍の存在　*9*
  （4）埋められるべきかい離としての飛躍　*10*
 4　自由意志に基づく選択と行為　*11*
  （1）自由意志に基づく意思決定　*11*
  （2）自　我　*13*
  （3）自我を指定する意義　*14*
  （4）合理性に基づく規則性　*15*
 5　合理性原理　*16*
  （1）合理性概念　*16*
  （2）状況分析法　*18*
  （3）個人の心理と市場の心理　*19*
  （4）消費者行動論とマーケティング論との有機的結合　*21*

6　おわりに　23

第2章　インターネット時代の消費者行動の変化と諸類型　26

　　1　はじめに　26
　　2　購買決定プロセスの変遷　27
　　　（1）インターネット登場前の購買決定プロセスモデル　27
　　　（2）インターネット登場後の購買決定プロセスモデル　28
　　　（3）ソーシャル時代の購買決定プロセスモデル　31
　　3　現代消費者行動における3つのループ　35
　　　（1）消費者の変化　35
　　　（2）ソーシャル時代のクチコミの重要性　36
　　　（3）クチコミと購買決定プロセスの3つのループ　37
　　4　ソーシャル時代の消費者類型とその特徴　38
　　　（1）消費者による情報伝達と消費者分類　38
　　　（2）新たな消費者のデジタル・ネイティブ　42
　　　（3）デジタル・ネイティブ類型と3つのループ　45
　　5　おわりに　47

第3章　消費者行動研究の集計化における理論的および実務的諸問題　51

　　1　はじめに　51
　　2　集計水準からみた消費者行動研究の課題　52
　　　（1）集計水準による消費者行動分類　52
　　　（2）なぜミクロ的消費者行動研究に偏り，マクロ的消費者行動研究に関心が集まりにくいのか　53
　　　（3）マクロ的消費者行動研究の重要性と集計化の理論の必要性　54
　　3　消費者行動研究における集計化のタイプ　57

（1）消費者行動研究における集計化の事例　57
　　　　　① Rogersの普及理論　57
　　　　　② 池尾モデル　58
　　　（2）消費者類型論から市場動態論への集計化における2つのタイプ　60
　　　　　① 市場形成モデル　61
　　　　　② 市場変容モデル　62
　　4　意味変容プロセス　64
　　　（1）近年の製品普及の特徴としての意味変容現象　64
　　　（2）消費者主導の市場形成　66
　　　（3）市場連結モデル　67
　　5　各集計化モデルの適用条件　70
　　6　おわりに　72

第Ⅱ部　企業行動論とマーケティング論

第4章　経営戦略研究における資源ベース論とマーケティング論　78

　　1　はじめに　78
　　2　企業行動と経営戦略論　79
　　　（1）経営戦略論の研究伝統　79
　　　（2）Porter［1980］の競争戦略論　79
　　　（3）資源ベース論の展開　80
　　　　　① 資源ベース論の初期の研究　80
　　　　　② 資源ベース論のケイパビリティ研究　82
　　3　ダイナミック・ケイパビリティ研究　84
　　　（1）ダイナミック・ケイパビリティの概念　84
　　　（2）ダイナミック・ケイパビリティのフレームワーク　86
　　　（3）ダイナミック・ケイパビリティと企業の外部環境　87

　　　　① 機会と脅威（OT）における5つの競争要因の限界　87
　　　　② ダイナミック・ケイパビリティにおけるビジネス・エコ・システムの概念　88
　4　ダイナミック・ケイパビリティ研究の意義と問題点　90
　　（1）企業の外部環境とビジネス・エコ・システム　90
　　（2）資源ベース論における資源の概念の拡張　92
　5　ダイナミック・ケイパビリティ研究とマーケティング論　94
　　（1）マーケティング論の研究伝統と経営戦略論　94
　　（2）拡大されたマーケティング論の研究対象とビジネス・エコ・システム　95
　　（3）マーケティング研究における資源ベース論　96
　6　おわりに　96

第5章　マーケティング研究における資源ベース論の展開　102

　1　はじめに　102
　2　マーケティング資源に関する研究　103
　　（1）資源としての「ブランド」を取り上げたマーケティング研究　104
　　（2）資源としての「関係性」を取り上げたマーケティング研究　105
　　（3）資源としての「イノベーション」や「市場知識」を取り上げたマーケティング研究　107
　3　マーケティング・ケイパビリティ研究　108
　　（1）「ブランディング・ケイパビリティ」を取り上げたマーケティング研究　110
　　（2）「関係ケイパビリティ」を取り上げたマーケティング研究　112

（3）市場志向研究に見られるケイパビリティ概念　*112*
　4　マーケティング研究分野での
　　　ダイナミック・ケイパビリティ　*115*
　　　（1）「ダイナミック・マーケティング・ケイパビリティ」研究　*115*
　　　（2）「ダイナミック・ケイパビリティ」を取り上げたマーケティング研究　*117*
　5　マーケティング研究と資源ベース論の新たな展開　*118*
　　　（1）マーケティング研究における資源ベース論の展開　*119*
　　　（2）資源ベース論のマーケティング研究への貢献　*120*
　　　（3）マーケティング研究の資源ベース論への貢献　*122*
　6　おわりに　*124*

第6章　S.D. Huntの資源-優位理論とマーケティング研究の関係性　*136*

　1　はじめに　*136*
　2　R-A理論の概要とその登場背景　*137*
　　　（1）R-A理論の概要　*137*
　　　（2）R-A理論登場の背景　*140*
　　　　　① 資源ベース論の導入　*140*
　　　　　② 過去の方法論研究　*141*
　3　R-A理論の展開　*143*
　　　（1）導入期：1995年―1996年　*144*
　　　（2）発展期：1997年―2000年　*145*
　　　（3）研究伝統期：2001年以降の展開　*147*
　4　R-A理論とマーケティング研究の関連性　*149*
　5　おわりに　*152*

第Ⅲ部　交換理論とマーケティング論

第7章　S-Dロジックと交換理論 …………………………… 162

1　はじめに　*162*
2　S-Dロジックにおいて目指されているもの　*163*
3　理論形成における諸仮定　*165*
　（1）基本的前提（FPs）の変遷　*165*
　（2）FPsの関係性　*169*
4　マーケティング理論とS-Dロジックにおける交換理論　*171*
　（1）Huntにおけるマーケティング理論の構想　*171*
　（2）S-Dロジックにおける理論形成の方法と交換理論の説明範囲　*173*
5　S-Dロジックにおける交換概念　*174*
6　交換理論の構築に際してS-Dロジックが有する課題　*176*
7　おわりに　*180*

第8章　交換・制度進化・マーケティング …………………………… 184

1　はじめに　*184*
2　経済学における制度進化　*185*
　（1）コーディネーション問題と制度の経済学　*185*
　（2）新制度派経済学　*186*
　（3）進化論的な制度の経済学と制度論的ミクロ・マクロ・ループ　*188*
　（4）比較制度分析　*192*

　　　　（5）経済ケイパビリティの進化論　194
　3　知識ベース論の理論的展開　197
　　　（1）知識のマネジメント論としての知識ベース論　197
　　　（2）知識ベース論の構成概念　197
　　　　① 社会的コミュニティとしての企業　197
　　　　② 高次の組織化原理と結合ケイパビリティ　198
　　　　③ 知識のコード化　199
　　　　④ 組織デザイン　199
　4　マーケティング研究における知識問題　202
　　　（1）チャネル研究における知識問題　203
　　　（2）協働型マーケティング研究における知識問題　204
　　　（3）市場志向研究における知識問題　205
　5　おわりに　208

第9章　マーケティングの一般理論と交換　216

　1　はじめに　216
　2　マーケティング論のパイオニア達と交換　217
　　　（1）A.W.Shawの研究構想とミクロ・マーケティング論の研究プログラム　217
　　　（2）L.D.H.Weldの研究構想とマクロ・マーケティング論の研究プログラム　220
　　　（3）ミクロとマクロの結節点としての交換　222
　3　マーケティング概念拡張論と交換　224
　　　（1）マーケティング概念拡張論とその帰結　224
　　　（2）市場交換と社会的交換　225
　4　W.Aldersonの研究構想とマーケティングの一般理論　227
　　　（1）Aldersonの研究構想におけるゆらぎとマーケティングの一般理論　227

（２）Aldersonとミクロ・マクロ問題　*228*
　　　（３）Aldersonの動態的研究構想　*230*
　　　（４）制度主義的個人主義とF.A.Hayekの研究プログラム　*233*
　5　おわりに　*236*

事項索引 ———————————————————————— *245*
人名索引 ———————————————————————— *249*

図表リスト

- 図表2-1　AIDMAモデル／27
- 図表2-2　メディア接触時間（時系列／東京地区）／28
- 図表2-3　メディア接触時間（性年齢別比較／東京地区）／29
- 図表2-4　AISASモデル／30
- 図表2-5　デュアルAISASモデル／31
- 図表2-6　Consumer Decision Journey／34
- 図表2-7　2つの情報リンク／38
- 図表2-8　クチコミにおける消費者類型／40
- 図表2-9　Rogersの採用カテゴリーとクチコミにおける消費者類型／41
- 図表2-10　デジタル・ネイティブの消費者類型と3つのループ／45
- 図表3-1　行動科学的消費者行動研究の歴史と集計水準／53
- 図表3-2　マーケティング・マネジメントのフローと消費者行動研究の集計水準／56
- 図表3-3　イノベーションの普及過程と採用者カテゴリー／58
- 図表3-4　池尾モデルにおける消費者類型／59
- 図表3-5　消費者行動研究の理論展開例／60
- 図表3-6　市場形成モデル／61
- 図表3-7　市場変容モデル／63
- 図表3-8　企業主導の市場形成と消費者主導の市場形成との違い／67
- 図表3-9　市場連結モデル／69
- 図表3-10　各集計化モデルの適用条件／70
- 図表4-1　市場と技術的な機会を"感知する"ためのエコ・システム・フレームワークの要素／89
- 図表5-1　マーケティング資源／103
- 図表5-2　資源ベース論と関係性の視点の比較／106
- 図表5-3　関係性マーケティングを通じて獲得される資源とその評価／107
- 図表5-4　マーケティング・ケイパビリティ／109
- 図表5-5　組織的知識創造モデル／110
- 図表5-6　ブランディング・ケイパビリティの構成要素／111
- 図表5-7　市場志向をめぐる諸要因間の因果関係図／114
- 図表5-8　ダイナミック・マーケティング・ケイパビリティ概念／116
- 図表5-9　ダイナミック・ケイパビリティが及ぼす影響／117

図表5-10	マーケティング研究における資源ベース論の展開／119
図表5-11	戦略論の4つのアプローチ／121
図表6-1	完全競争理論と資源-優位理論の基本的諸仮定の対比／138
図表6-2	3ボックス・ダイアグラム／139
図表6-3	競争ポジション・マトリクス／140
図表6-4	R-A理論の展開／144
図表6-5	競争の比較優位理論／145
図表6-6	R-A理論の説明力／150
図表7-1	FPsの変遷／166
図表7-2	FPsの関係性／171
図表7-3	マーケティング科学の性質／172
図表8-1	制度論的ミクロ・マクロ・ループ／190
図表8-2	修正された制度論的ミクロ・マクロ・ループ／191
図表8-3	比較制度分析における制度論的ミクロ・マクロ・ループ／193
図表8-4	経済ケイパビリティの進化論におけるミクロ・マクロ・ループ／196
図表8-5	知識ベース論のミクロ・マクロ・ループ／201
図表8-6	マーケティング論における制度論的ミクロ・マクロ・ループ／207
図表9-1	社会科学における方法の4類型／232

第 I 部

消費者行動論とマーケティング論

第1章

消費者行為論：
自由意志に基づく選択と行為

1 はじめに

　現代の消費者行動研究の主流とされる消費者情報処理論では，消費者の限定合理性が仮定されている。この限定合理性は，新古典派経済学における完全合理性ないし客観合理性に比べて，意思決定者の知識や能力が限定されることを意味する。

　新古典派経済学における意思決定者ないし行為者は，無限の情報処理能力をもち，完全情報を保持し，無矛盾な価値体系ないし選好体系のもとで最適な行為を選択する。Simon［1986］は，こうした完全合理性を前提とすれば，意思決定者の心理プロセスをモデル化する必要がないと指摘する。

　　もし，われわれが，諸価値を所与で無矛盾なものとして受け入れ，世界のあるがままの客観的な記述があると仮定し，意思決定者の計算能力が無制限であると想定すれば，そのときは2つの重要な帰結が生じる。第1に，われわれは実在の世界と意思決定者の世界の知覚とを区別する必要がない。意思決定者は，世界をあるがままに知覚している。第2に，実在世界のわれわれの知識から，合理的な意思決定者によってなされる選択を，意思決定者の知覚や計算様式に関する知識なしに，完全に予測できる（もちろん，意思決定者の効用関数を知らなければならない）。

　一方，もし，われわれが，意思決定者の知識と計算能力がともに厳しく制

限されているという命題を受け入れるならば，そのときは，実在の世界と行為者の知覚や推論とを区別しなければならない。すなわち，われわれは，意思決定過程の理論を構築し（そして経験的にテストし）なければならない（pp.S210-S211）。

　意思決定の理論から，完全合理性の仮定を取り除くのであれば，それを補う何らかの心理モデルが必要となる。消費者情報処理論では，不完全な知識と能力のもとでなされる意思決定を情報処理プロセスとしてモデル化する。外部環境や状況要因，そして，消費者の内部要因の情報が，処理されると，それらの諸要因は，相互作用し，新たな諸要因を生み出していく。これら心理的諸要因によって，種々の選択がなされ，いくつかの代替的な行為から，1つの行為へと絞られていく。ただし，意思決定者は，限定合理性しかもたないために，「全ての決定は妥協の問題」（Simon［1997］邦訳7頁）となる。

　意思決定プロセスを心理的諸要因に還元し，それらの因果的作用によって，選択と行為を説明するという方法論は，消費者情報処理論ないし情報処理パラダイムの根幹をなす。本研究では，とりわけ行為の選択や遂行というレベルにおいて，この方法論が不適切であることを論証していく。そして，Searleの行為論を援用しながら，自我が自由意志に基づいて選択や行為を行うという消費者行為論を提案する。この行為論のもとでは，心理的諸要因と行為の間の関係は，心理法則ではなく，行為とそれを為す理由の関係という，合理性によって結ばれる。自我を前提とすれば，日常生活における選択や行為の多くは，心理法則によって説明される問題ではなくなるのである。そして，状況・心理・行為関係において成立する合理性を，一人称および三人称の視点から，客観的に論じる方法を提示していく。そして，最後に合理性原理に基づく市場理論の方向性を示す。

　なお，本研究では，議論を単純化するために，消費者が熟慮ののち，いくつかの選択肢の中から，ある行為を選択するような意思決定を想定する。習慣的な行為のように，ルーティン化し，無意識的になされるような行為についての議論は行わない。

2　Bettmanモデル

　Bettman［1979］モデルは，今日においてもなお，消費者情報処理論の包括的

モデルの代表例として位置づけられている（清水 [1999]）。まずはその概要を確認しよう。

（1）Bettmanモデルの構成要素

Bettman [1979] モデルでは，「消費者は情報処理装置とみなされる。すなわち，消費者は，彼ないし彼女の選択環境と相互作用し，多様な情報源から情報を探索，取得し，この情報を処理し，そして，いくつかの選択肢の中から選択を行うものとして特徴づけられる」(p.1)。主要な構成要素は以下のとおりである。

【処理能力】 選択プロセスは，Newell & Simon [1972] のように，初期状態から望ましい状態への移行プロセスとして描写される。消費者は，限られた情報処理能力しかもたないので，何の努力も伴わずに複雑な計算や包括的な処理を行うことはできず，複数の活動を同時に遂行する程度も限られる。この処理能力の制約は，他の構成要素のすべてに影響し，処理能力をいかに配分するか，あるいは，ヒューリスティックス（簡略なルール）によって，いかに選択課題を単純化するかといった問題を生み出す。

【動機づけと目標階層】 動機づけは，ある状態から他の状態への移行を制御する機構の集合である。たとえば，「理想的な洗濯機の入手」が，望ましい最終目標であれば，「どの属性が重要なのか決定する」など，達成されるべき媒介的な状態が，下位目標として設定される。下位目標と上位目標が手段目的関係をなすように，目標階層が形成されていき，「店舗Xに出向く」などの具体的な行為を導いていく。こうして動機づけは，行動を方向づけ，どの程度の強度（処理能力）を振り向けるかを規定する。

【注意と知覚符号化】 消費者の注意は，現下の目標に関連する環境の諸側面に向けられる。「経済的な冷蔵庫を見つける」という目標をもっていれば，冷蔵庫に関してあらゆる情報が入手可能であっても，価格や消費電力などのデータに注意が向けられるであろう。この情報は，記憶内の知識と情報を取得した文脈にそって解釈される。この解釈プロセスが知覚符号化である。

【情報の取得と評価】 ある選択に際し，手元の情報で不足しているなら，追加的な情報が探索される。探索には，記憶内の内的な情報探索と，広告やカタログ，パッケージなどへの外的な情報探索がある。この探索され，取得された情報も，消費者によって解釈され評価される。

【意思決定】 消費者の内部および外部の情報を加味し，選択肢を比較し選択を行うのが，意思決定プロセスである。意思決定にはヒューリスティックスが用いられる。レパートリーとして記憶内に存在している方略をそのまま用いる場合もあれば，その状況に適した選択ルールを構成していく場合もある。

【消費と学習の効果】 消費・学習経験は，将来の情報源となる。そこでなされた推論によって「次回も購買する」のようにヒューリスティックスが単純化されることも，「次回はよく比較検討すべき」のように精緻化されることもある。

（2）Bettmanモデルの特徴

　誤解してはならないのは，Bettmanモデルは，【動機づけ・目標階層→注意→情報の取得と評価→意思決定→消費と学習】という単純な継起的なプロセスではないことである。情報処理プロセスは，循環的であること，個人差があること，状況差があることが強調される。
　まず，情報処理は外界に対して開かれたプロセスなので，外部環境に適応するための走査・中断機構を備えている。走査とは，環境で生じている出来事を連続的に監視する機構であり，中断とは，現下の活動を停止し，直面している状況に対応する機構である。
　また，モデルの構成要素は，相互に密接に結びつき，循環的に作用する。たとえば，現下の目標は，注意を方向づけるが，価格の値上げなどのように，消費者の期待と一致しない情報が取得されると，中断機構が働き，目標階層に修正を迫るかもしれない。こうした場合，当面の目標にいかなる変更を加え，外部環境の何に注目し，いかに情報探索を行い，それをいつやめるのか，そしてこの予想外の値上げにいかに対処すべきかなど，重層的な意思決定が必要とされる。
　このように消費者の情報処理プロセスは，閉じられたシステムにおける単純な継起的なフローではない。情報処理プロセスは，極めて簡略化されることもあれ

ば，複雑にもなりうる。複雑な意思決定においては，モデルの各構成要素に選択が内在し，それらが連鎖的に相互作用し，循環的な選択が織りなす重層的なプロセスとなる。注意や情報取得，走査・中断，学習といった多様な局面に，適時，枝分かれするものの，全体としてみれば，初期状態から望ましい状態へ移行する選択プロセスとして描写される。

　個人差，状況差を強調し，柔軟で多様性をもった循環的プロセスとしてモデル化しているので，Bettman［1979］自身も指摘するように，この理論によって消費者の選択や行動を予測することはできない。こうした難点は，多様な現象を1つの枠組みの中で扱おうとする試みに起因する（p.37）。しかし，選択に，理論的に説明できない無作為で，確率的な要素が含まれているわけではない。選択は，何らかの原因をもつので，原理的には説明可能である（p.9, p.344）。したがって，選択のタイプとその水準を特定すれば，予測も可能だと考えるのである（pp.37-40）。

　こうして，情報処理パラダイムのもとでは，諸要因がコントロールされた実験室的状況において，ある因果関係を生み出す心理法則を個別的に実証していくという研究スタイルが生まれる。そして，究極的には，心理法則の束によって，多様な選択が説明され，予測されることが期待される。

　以上が，今日の消費者情報処理論の基礎となるモデルの概要である。簡略化のために，「消費者を取り巻く状況」と「消費者の心理的プロセス」と「消費者の行為」という三者間の関係を，状況・心理・行為関係と図式化すると，情報処理パラダイムでは，状況は心理的諸要因に還元されるので，状況・心理・行為関係は，心理・行為関係へと単純化される。本研究が問題とするのは，この心理・行為関係において，選択や行為が，心理的諸要因によって，因果的に決定されるという方法論である。

3　飛躍の存在

　本節では，情報処理パラダイムが想定するように，心理的諸要因が，選択や行為を因果的に決定することはないことを論証する。そして，4節以降で，自我が自由意志を行使することで，選択が行われ，行為が遂行されるという消費者行為論を提案していく。これらの論証のカギは，本節で議論する飛躍の存在である。

（1）因果的経験

　消費者情報処理論では，情報処理の結果として，特定の行為を行う事前の意図が形成される。そして，この事前の意図を現実の行為に移すとき，それは時空の特定された出来事として，外界に因果的に作用する。一方，知覚においては，世界のものごとが，われわれに因果的に働きかけることを経験する。こうした人間と外界の因果的相互作用を分析するために，Searle［1983］の議論をごく簡略化しながら整理しておきたい。
　まず，「そこに花がある」視覚は，「そこに花がある」視覚経験と「そこに花がある」事実の2つの構成要素からなる。もし，「そこに花がある」という事実が，「そこに花がある」という視覚経験を引き起こしたのであれば，その視覚経験の充足条件は満たされる。充足条件が満たされないときは，何らかの形でこの視覚は失敗している。たとえば，幻覚や思い違いである。
　次に，この視覚経験が，過去のもの（記憶）となったとする。この「花を見た」記憶は，視覚経験と花の提示の双方を表象しており，花を見た記憶が，花を見た視覚経験によって引き起こされ，そしてその視覚経験が，外界における花の提示によって引き起こされたのであれば，「花を見た」記憶を真に思い出したことになる。こうして，記憶と知覚経験，そして外界のあり方（花の提示）は，因果的に結ばれることになる。
　一方，「腕を上げる」行為は，「腕を上げている」行為内意図と「腕が上がっている」身体運動という2つの構成要素からなる[1]。もし，この「腕を上げている」という行為内意図が，「腕が上がっている」という身体運動を引き起こしたのであれば，行為内意図の充足条件は満たされる。充足条件が満たされないときは，何らかの形でこの行為は失敗している。たとえば，腕が麻痺しているケースである。
　次に，事前の意図が，未来の行為を引き起こすとする。「腕を上げようとする」事前の意図が，実際の行為に移されるとき，この事前の意図は，行為内意図と身体運動の双方を表象しており，この事前の意図が，行為内意図を引き起こし，そしてその行為内意図が，外界における身体運動を引き起こすのであれば，事前の意図を真に実行したことになる。こうして，事前の意図と行為内意図，そして外界のあり方（身体運動）は，因果的に結ばれることになる。

以上のように,「花を見た記憶」と「花を見ている視覚経験」と「外界の花そのもの」との間の形式的関係は,「腕を上げようとする事前の意図」と「腕を上げている行為内意図」と「腕が上がる身体運動そのもの」との間の形式的関係と,ちょうど鏡像のように相似している（Searle［1983］邦訳132頁）。以上の因果的経験の分析は, 本研究の論証のベースとなっていく。

（2）行為内意図

　ところで, 行為を行為内意図と身体運動に分けるという発想は, Wittgenstein［1953］の次の問いかけと深い関連がある。「わたくしが自分の腕を上げるという事実から, わたくしの腕が上がるという事実を引きさるとき, あとに残るのは何なのか」（邦訳320頁）。この問いは現代行為論の始まりとも言われる。

　Searle［1983］がその問いに答えるのであれば,「行為内意図が残る」となるであろう。実は, この行為内意図を意識経験の中の実在として指し示すことが難しいために, 哲学的論争が巻き起こる。よく考えてみると, 行為内意図は,「腕を上げよう」という内語（心の中の発話）でもないし,「腕を上げるイメージ」を心に描くことでもない。内語もイメージを描くことも心的な行為なので, それを行為内意図だとすれば, 行為が行為を引き起こすことになる。そうすると, その行為を引き起こした行為は, また何らかの行為によって引き起こされなければならないという無限後退に陥ってしまう。われわれは, 腕を上げたとき, それを意図したことを自明のこととして知っている。ところが, 内語でもイメージでもない行為内意図が, どのような実在であるかを説明することは難しいであろう（古田［2013］2-20頁）。Wittgensteinの問いかけはこの困難性を指摘している。

　Searle［1983］は, 著名な脳外科医であるPenfield［1975］の実験を引用しながら, 行為内意図が失われた状態の行為（運動ないし反応）を描写することで, 行為内意図が存在する1つの証拠として提示する（邦訳125-127頁）。

> 　私は意識のある患者の, たとえば, 運動野に電気刺激を加えて手を動かさせたとき, その運動をどう考えるか, とよく患者にたずねた。患者の答はいつも同じだった。「私が動かしたんじゃありません。先生がなさったんです」声を出させたときには, 患者の答はこうである「私が声を出したんじゃありません。先生が私から声を引き出したんです」（Penfield［1975］邦訳141頁）

これは，まさに，行為内意図が存在しないままで引き起こされる行為（運動ないし反応）に対するわれわれの意識状態を物語るものである。Penfieldの患者は，行為内意図が失われた運動ないし反応の生起に対して，何ものかの意図（「先生がなさったんです」）を認識している。同時に，いつもは存在しているはずの行為内意図の不在（「私がしたんじゃありません」）を認識できている。行為内意図がもともと存在しないのであれば，その不在をリアルに感じることはできないはずであろう。本研究でもSearleの論証を支持し，行為内意図が存在するものとして議論を進める。

（3）飛躍の存在

さて，われわれは，行為において，世界のものごとに因果的に働きかけることを経験し，知覚において，世界のものごとがわれわれに因果的に働きかけることを経験する。これらの因果的作用の中には，下記の飛躍が存在することもあれば，飛躍が存在せずに生起するものもある。この区別は，消費者行動研究においても，明確に認識される必要がある。

Searle［2001］は，飛躍を次のように定義する。

> 前向きに見ると，飛躍とは，意識的な意思決定や行為の特徴で，われわれの将来の意思決定や行為にはさまざまな選択肢があり，因果的にはそのいずれをもとりうると感覚されることである。後ろ向きに見ると，飛躍とは，意識的な意思決定や行為の特徴で，意思決定や行為に先立つ理由は，意思決定や行為の因果的十分条件をなすものとして行為者に経験されるのではないということである（邦訳64頁）。

まず，「そこに花がある」視覚経験は，「そこに花がある」事実によって引き起こされるが，そこに飛躍は存在しないだろう。通常，花が提示されれば，花の視覚経験が生じるための十分条件をなす。知覚にも自発的な要素がないわけではないが（ゲシュタルトの反転など），知覚経験は目の前の世界のあり方によって決まるのが普通である（Searle［2001］邦訳70-71頁）。行為内意図と身体運動の間にも，われわれは飛躍の感覚をもつことはなく，身体運動を意図することが，身体運動を引き起こすための十分条件となる。また，反射や自律神経系反応，ホル

モン反応などにも，飛躍は存在しない。
　一方，ある行為を促す心理的諸要因は，行為への理由として効力があり，実在的であるにもかかわらず，行為が生じることを決定するのに十分ではないという点で，飛躍が存在している。たとえば，のどの渇きは，水を飲むという事前の意図を形成し，水を飲む行為を促す要因となるが，水を飲もうと意図するか，そして実際に水を飲むかどうかは，われわれ次第であろう。そこには飛躍があり，いずれの選択肢をもとりうるものと経験されている（Searle［2001］邦訳69-72頁）。
　この飛躍は，3つのパターンで現れる（Searle［2001］邦訳64-65頁）。
　① 意思決定は事前の意図の形成にあるが，その事前の意図を形成するための熟慮の過程と意思決定の間に飛躍が存在する。
　② ひとたび何かをしようと決心しても，つまり，事前の意図が形成されても，それが行為として遂行されることの間に，飛躍が存在する。
　③ 時間的な延長をもつ行為では，行為が開始されても，努め続けること，自力で続けていくことが必要なので，行為が開始されることと，それが完了に至るまでの間に，飛躍が存在する。

（4）埋められるべきかい離としての飛躍

　消費者行動研究では，この飛躍の存在は，何らかの要因によって埋められるべき「かい離」として論じられる。たとえば，Ajzen & Fishbein［1980］, Fishbein & Ajzen［2010］に代表される行動意図モデルでは，「事前の意図」と「実際の行為」が，異なったものになってしまうという「かい離」が，しばしば問題となる。Wong & Sheth［1985］は，事前の意図と実際の行為の間にかい離が生まれる要因として，予期しない出来事，個人特性，社会的環境，関与をあげている。消費者の行為は，現実空間の中で生じるのであるから，予期しない出来事や社会的環境の刺激を受け，個人的な関与や目標階層も多様に変化する。こうして刻々と更新される心理的諸要因は，事前の意図とは異なる行為へと導くことになる。
　また，Fishbein & Ajzen［2010］は，研究者間である程度のコンセンサスを得られた，こうしたかい離を生まないための必要かつ十分な要因として，次の3つを上げている。①ある人がある行動をする強い肯定的な意図（あるいはコミットメント）を形成していること。②行動の生起を不可能とする環境上の制約がないこと。③その人がその行動をするのに必要な技術をもっていること（p.19）。

しかし，これらの説明は，心理的諸要因による決定という方法論ありきのアドホックな説明のように思われる。上述の条件を満たせたとしても，事前の意図と行為の間のかい離は埋められないし，刻々と更新される心理的諸要因が，かい離を埋めているわけでもないように思う。各時点の心理的諸要因が，われわれを制約するのは事実であるが，事前の意図を形成した後でも，各時点において，選択し，行為を遂行するときには，やはり，「さまざまな選択肢があり，因果的にはそのいずれをもとりうると感覚される」（Searle［2001］邦訳64頁）であろう。

もちろん，のどの渇きが極限に達し，水を摂取することへの抗しがたい衝動に駆られており，そこに水があると信じているとき，この欲求と信念は，必然的に，水を飲む行為を引き起こすだろう。これは，こうした欲求や信念が，行為のための因果的十分条件をなすからである。そこには飛躍も存在しないし，かい離も存在しない。こうしたケースは，確かに決定論的である。しかし，これは消費者の日常ではない。また消費者行動研究が解明すべき主たる現象でもないはずである。先行する心理的諸要因が，因果的に，必然的に行為を引き起こすという状況は，極めて特異なケースなのである。こうした素朴な心理学的事実を認めれば，意思決定や行為に存在する飛躍，あるいは，かい離が，心理的諸要因によって埋められるという考え方は，あまりに不自然であろう。

通常の意思決定では，先行する心理的諸要因は，選択や行為に当たって因果的に十分ではなく，飛躍が存在しているのである（Searle［2001］邦訳13-16頁）。

4　自由意志に基づく選択と行為

本節では，この飛躍が存在するところに，自我と自由意志が存在することを論じていく。

（1）自由意志に基づく意思決定

行為を遂行するとき，そこには飛躍があり，われわれは，ほかにも選択肢となる可能性があるという感覚をもつ。この感覚は，人間の行為の構造の中にしっかりと組み込まれており，それゆえ，われわれは自由があるという確信を得る（Searle［2001］邦訳69-70頁）。

消費者情報処理論においても，選択肢は存在しているが，ここでのポイントは，

意思決定において選択肢のあることが，自由意志の存在を意味するのではない点である。Searle［2001］は，自由意志の働きを次のように描き出す。

　　実生活で飛躍が最も劇的に現れるのは，ある行為を遂行したり選択したりする理由が複数ある場合に，それらの理由のいずれかひとつだけが選択され，それをふまえて行為がなされる可能性においてであろう。……これは驚くべき事実だから，よく考えてみなければならない。私にはたらきかける理由はいくつもあったのに，実際に効力のあったのはそのひとつだけであり，どれを効力あるものとするかを選んだのは私である。すなわち，自分自身の行為について私の気づくかぎり，私のさまざまな信念や欲求は，私がある特定の仕方で行動することを引き起こすことはない。むしろ，どの欲求をふまえて行為するか，私が選ぶのである（邦訳67-68頁）。

　これは次のように一般化できるように思う。すなわち，自由意志に基づく意思決定とは，意思決定者が，ある状況において，いかなる理由のもとで，いかなる行為を為すかを選択することである。自由意志に基づく意思決定は，熟慮（情報処理）の結果，いくつかの選択肢から１つの行為が選択されるということだけではない。意思決定者は，行為を促す理由のなかから，いずれかの理由を選択し[2]，それをふまえて行為を為す。その行為を為した理由が，結果として，行為の原因となるのである。それゆえ，先行する心理的諸要因が，行為を決定することはない。そこには飛躍があり，意思決定者は，行為を為す理由を選ぶことで，行為の原因を自ら選び取っているのである。自由意志によって，行為を決定するだけでなく，行為の理由（原因）をも選択しうるという自由意志の定式化は，Searleの行為論の極めて重要な貢献である。そしてこれは本研究で提案する消費者行為論の核となる。

　ある消費者が，高品質の最新モデルと低価格の旧モデルの洗濯機を比較して，悩んだうえで，価格の安い旧モデルを購買したとする。このとき，この購買は，価格の安さによって引き起こされた，あるいは，そうなることは必然的に決定されていたという説明は，戯画的に感じるであろう。この消費者は，どちらを選択すべきかを悩んだうえで意思決定したということは，価格が安いという理由をふまえて旧モデルを選択することも，高品質という理由をふまえて最新モデルを選択することもできたと理解されるべきである。価格が安いという理由で購買した

のであれば，結果として，価格の安さがその購買の原因となったという因果関係は存在する。ただし，消費者が自由意志に基づいて選択した理由（原因）なのだから，事前に法則的に決定されていた因果関係ではない。自由意志によって結ばれた合理化関係なのである。そして，この自由意志を行使するのが自我である。

（2）自　我

ところで，情報処理パラダイムが想定するように，現下の心理的諸要因が行為のための十分条件をなすのであれば，われわれは，Penfield［1975］の患者と同じく，映画を観るかのごとく，自らの行為が進展するのをただ傍観していればよいことになる。しかし，日常的な空間において，何かを為すとき，行為が自然に生起するのを待っていることはない。飛躍が存在する以上，自由意志を行使することなく，行為が為されることはないからである（Searle［2001］邦訳74頁）。

Searle［2001］は，われわれが，飛躍の中で行為を為すためには，心理的なものには還元できない自我の存在が必要だと言う。行為を為すという結果は，心理的諸要因によって必然的に生起させられるものではなく，自発的なものだからである（邦訳76-77頁）。すなわち，自我が，飛躍の中で自由意志を行使するときのみ，行為は生起するのである。

これは哲学の世界では行為者性と呼ばれる。台風や地震は，それらが引き起こした災害の責任を問われることはない。なぜなら台風や地震は行為者性を欠いているからである。それに対し，自我によって遂行された身体運動は，行為者性を伴うので，罪を犯せば，その責任を問われることになる。

Searle［2001］は，この行為者性に，合理性の道具立てが加わったものが，自我性に等しいと述べる。自我は，知覚や記憶，信念や欲求，思考や推論，そして認知一般を行う合理性の担い手にもなる。行為における合理性は，現在あるいは将来，何を行うかについて，意識的に推論を行う際に働く。いわゆる実践理性は，いかなる行為を遂行するかにかかわり，理論理性は，何を受け入れ，どう結論し，何を信じるかにかかわる。それゆえ，あらゆる推論は，何かを行うことに結実するという意味で実践的である（邦訳96-97頁）。この実践的推論の主体が自我となる。

(3) 自我を措定する意義

　実践的推論は，現在あるいは将来，何をするかという時間軸をふまえた，自我による推論なのだから，自我は，過去の行為の責任を負う主体としても位置づけられる。将来の計画を立てている主体は，将来その行為を遂行する自我と同一である。それゆえ，通時的な同一性を保つ自我の存在を措定すれば，とりわけ責任の概念と，行為に伴う咎め，罪，報い，賞，罰，賛美，非難などの倫理的な概念も扱えるようになる（Searle［2001］邦訳96-97頁）。

　Hunt［2000］は，「競争の一般理論」において，消費者の行動原理を「制限された自己利益追求」としている（pp.113-122）（後述第6章参照）。この「制限された」は，道徳原理によって制限されるという意味である。自己利益追求原理に従えば，消費者は，市場取引において支払いを回避すべく行動する。通常，お金を払いたい欲求は存在しないからである。そのため，市場取引という制度が成立するためには，自己利益追求は，道徳性原理によって制限されなければならない。

　これに対し，合理的な自我を想定すれば，自己利益追求原理や道徳性原理といった極端な行動原理を持ち出すまでもなく，消費者の倫理的な行動を説明できるようになる。消費者は，バーでビールを注文すれば，自発的に将来の支払いという義務を生み出している。行為の責任を位置づけられる存在としての自我は，ビールを注文するという自由意志を行使した代償として，その義務を果たすことを引き受けるだろう。もちろん，不合理にも，この義務を果たさない人もいるのだから，合理性原理は，法則的なものではない。人間の行為は，法則から自由であるからこそ，その倫理を問うことができるのである。自我が，現在の行為によって，将来の行為を拘束する義務や責任を生み出し，その理由をふまえて行為する，あるいは，行為しないのは，まさに人間が自由であることの表出にほかならないであろう（Searle［2001］邦訳220-233頁）。

　この自我の存在を措定すれば，人間の社会において，ときに不合理で，自由でありつつも，自我の理性的な働きによって，集合的な秩序が生じても不思議ではない。実際，市場取引のみならず，多くの社会制度は，集合的な理性的秩序を基盤としているように思える（第8章，第9章参照）。

　また，自我の存在を仮定しなければ，経験価値といった現象学的な分析を消費者行動研究の中で扱うことも難しいように思える。自我が存在しなければ，経験

する主体が存在しないからである。意識的な経験からその主体を取り除いてしまえば，三人称的な情報処理しか残らないであろう。それでは，一人称の世界における経験的な価値を論じることはできない。経験は，単なる処理ではないのである。

　自我は，通時的な同一性ないし不変性を保ち，限られた知識と能力の範囲内で，自由意志に基づいて選択し，行為を遂行する。この意味での自我は，消費者行動研究における関与，価値，動機づけ，能力，性格やパーソナリティ，自己知識や自伝的記憶，その他の可変的な心理的諸要因には，還元できないであろう[3]。そして，冒頭で詳述したBettmanモデルが描く意思決定の多様性は，この自我と自由意志を加えることで，よりよく記述できるように思う。

（4）合理性に基づく規則性

　さて，情報処理パラダイムでは，心理法則の束によって，行為を説明し，予測するという方法論を採用している。この心理法則は，本当に，法則的なのだろうか。もし，心理法則が，本質的に，「～する傾向がある」という傾向法則にすぎないのであれば，心理的諸要因が選択や行為を「決定する」とは主張できないであろう。

　van Inwangen［1975］は，決定論と自由意志は両立しないことを論証するなかで，「ある命題を誰かが偽にすることができる（すなわち，そうすることが彼の力の範囲内にある）ならば，その命題は物理法則ではない」（邦訳143頁）と述べている。

　この物理法則を心理法則に置き換えると，次のように結論せざるをえない。通常の意思決定プロセスにおいて，多くの心理法則を偽にすることは，われわれの力の範囲内にある。ある欲求が，ある行為を引き起こそうとするとき，われわれは，そうした欲求を抑えることも可能である。こうして容易に破られるようなものは，法則の名に値しないであろう。

　もちろん，錯視や反射，恐怖喚起刺激に対する生理的反応などのように，必然的に生起する心理法則や心理効果も存在する。しかし，それらは，そこに飛躍が存在しない因果的作用の中で働いている。いま，議論しているのは，日常的な意思決定のレベルである。

　消費者が熟慮ののち意思決定を行うというレベルにおいて，多くの心理法則を

偽にすることが，消費者の能力の範囲内にあるのであれば，選択や行為が，心理的諸要因によって引き起こされるという方法論は，失敗している。最終的に，何が，どのように意思決定し，行為するかの行為論が欠落しているのである。

もし，飛躍や自我や自由意志の存在が，脳の生み出す体系的な錯覚といったものでないのなら，心理的諸要因と行為の間の関係は，行為とそれを為す理由という合理化関係，あるいは，結果としての因果関係と考えるのが自然である。それゆえ，日常の選択や行為で見出される規則性の多くは，心理法則ではなく，自我を前提とした合理性に基づく規則性なのである。たとえば，「関与が高いと情報探索量が多くなる」という規則性は，高関与な消費者の多くが，こだわりをもって選択したい，あるいは，失敗したくないなどの理由のもとで，多くの情報探索をするのが，合理的だと判断するために生じる。日常の選択や行為の多くは，心理法則で説明されるような心理学的問題ではないのである。

したがって，本研究の立場からは，情報処理パラダイムに基づく諸仮説の多くは，心理・行為関係の中で働く，心理的，主観的な合理性に基づく規則性の発見であったと位置づけられる。

5　合理性原理

心理法則が，真に法則的であれば，人間の選択や行為は，実証された心理法則の束によって，客観的に論じることが可能となるであろう。しかし，意思決定や行為には飛躍が存在し，心理法則が法則的ではないのなら，心理法則に依拠しない方法で，人間の意思決定や行為を客観的に論じる方法が求められる。本節では，その方法を探っていこう。まずは，合理性の概念について整理してから，本題に入ることにしよう。

（1）合理性概念

合理性の概念は，何らかの観点に照らして，望ましい選択や行為を行うことに関連しているが，その適用範囲はとても広い。Simon［1997］は，合理性という用語は，適切な副詞と結合して用いることを提案する。

もし，実際に，所与の状況のもとにおいて所与の価値を極大にするための

正しい行動であるならば，その決定は「客観的に」合理的であるといえるだろう。もし，本人が実際にもっている知識に応じて成果を極大化するものであるならば，その決定は「主観的に」合理的である。……もし，ある決定が組織の目標に向けてなされるならば，その決定は「組織にとって」合理的である。同様に，それが個人の目標に向けてなされたのであれば，それは「個人にとって」合理的である（Simon［1997］邦訳130頁）。

さて，本研究における合理性の概念は，自由意志を許容する限定合理性である。Searle［2001］は，行為が合理的な評価を受けるのは，行為が自由であるとき，そしてそのときに限られると述べる。合理性が可能なのは，一連の行為として合理的なものや不合理なものがあったとき，それらの間に飛躍が存在し，真の選択の余地がある場合に限られる。行為が完全に決められているならば，合理性には出る幕すらないのである（邦訳220-233頁）。

この意味において合理性を捉えれば，情報処理パラダイムには，本来，合理性概念は含まれていない。先行する心理的諸要因が，因果的に作用し選択や行為を1つに決定してしまうからである。自由意志に基づいて選択や行為が為されるという行為論に立脚することで，はじめて，合理性に自由という意味を吹き込むことができるのである。

ただし，その代償も小さくはない。自我と自由意志の存在を前提とするのなら，意思決定に先立つ心理的諸要因は，行為のための十分条件をなすことはなく，別の行為がなされる可能性を残す。したがって，行為を説明する論理においても，同様に，行為の諸原因を厳密に特定できたとしても，それらが因果的十分条件をなすことはなく，現に生じたことが生じねばならなかった説明にはならないのである（Searle［2001］邦訳71-72頁）。

自由意志に基づく消費者の行為が，マーケティング現象を引き起こすのであれば，マーケティング現象についての理論も，因果的説明として，完全なものとはならない。それは，夥しい数の要因が作用する現実世界を理論として描き切れないためだけではない。人間の行為が自由であるがために，それに関する理論も，因果的説明として不完全になるという宿命を負ってしまうのである。

（2）状況分析法

　はじめに論じたように，消費者の完全合理性を仮定しない以上，マーケティング論において，消費者の選択や行為を分析しようとすれば，何らかの形で心理を組み込んだ分析が必要となる。しかし，とりわけ行為の選択と遂行というレベルにおいて，心理法則による説明は失敗に終わる。ここでは，心理法則に依拠しない方法として，Popper［1972］の「状況分析」とSearle［2001］の「理由の総体」という考え方を融合させた分析法を示していくことにしたい。

　　状況的分析と私がいうのは，行為者のおかれている状況に訴えるところの，ある人間行動についてのある種の暫定的または推測的説明である。……われわれは推測的に，その行為者のおかれた**問題状況**の理想的な再構成を与え，その程度までその行為を「理解可能」（または「合理的に理解可能」）に，つまり**彼の見たがままの状況**にふさわしいものにしようと試みることができる。この状況分析法は，**合理性原理**の応用といえる（Popper［1972］邦訳202-203頁）。

　ここでPopper［1972］が述べている「行為者の見たがままの状況」は，Searle［2001］の「理由の総体」という視点から再構成できる。
　Searle［2001］は理由の総体について次のように述べる。行為への理由は，それが理由の総体であるか，その一部分であるときにのみ，理由となる。ある言明が，行為への理由となるためには，その言明は，一定の諸言明と体系的に関係づけられていなければならないからである。たとえば，傘を持っていくのは，雨が降るだろうと信じるからである。この信念が，行為への理由となるのは，雨に濡れたくないという欲求や，傘があれば濡れないという信念などが，理由の総体の一部に含まれているからである（邦訳123頁）。
　重要なのは，この行為のための理由は，真偽を問える命題構造をもっていることである（Searle［2001］邦訳第4章）。そのため，理由の総体は，行為者の見たがままの状況を再現するが，その理由の真偽は，「実際にそうであった状況」（Popper［1972］邦訳203頁）に照らして判断できることになる。それによって，状況分析法は，心理法則に依拠せずに，行為者の心理を状況の分析に置き換えて

客観的に論じることを可能とする。

　たとえば，ある商品Xがどの程度の競争優位をもっているかを説明してみよう。ある消費者の一人称の視点から，理由の総体を再構成し，商品Xを選択すべき多くの理由をもち，また，その理由が決定的であるほど（革新性が高い，圧倒的に安いなど），この個人にとって商品Xの購買は，主観的に合理的であろう。

　一人称の分析では，意思決定プロセスを理由の総体として言語化するが，言語報告の信頼性は，必ずしも高くない（Nisbett & Wilson [1977]）。そのため，一人称の視点からの主観的な分析は，三人称の視点から，実際にそうであった状況に照らして，客観的に評価されなければならないだろう。

　もし，理由の総体，とりわけ購買の決め手となった理由が，消費者を取り巻く状況に照らして，真であるとき，その選択は，客観的な合理性をもつ。同時に，この消費者の意思決定は，商品Xの競争優位の源泉として確かな基盤をもつと判断される。逆に，理由の総体の一部が，たとえば，単なる誤解や虚偽広告に基づく偽の信念であれば，この意思決定は，客観的な合理性を欠き，競争優位の源泉としては脆弱な基盤しかもたないものとなる。

　こうした個人レベルの状況分析を集計していけば，市場はセグメント化され，典型的な問題状況が識別され，商品Xと競合品のカギとなる購買理由などが明らかとなるだろう。そして，商品Xの競争優位が，総合的に評価される。

　以上のように，行為の理由が真偽を問える命題構造をもつという視点を組み入れると，心理法則に依拠することなく，消費者の意思決定のあり方を一人称の視点から再構成するとともに，三人称の視点から，状況・心理・行為関係で働く合理性を客観的に分析する枠組みを与えてくれる。

　こうした状況分析は，実際のところ，マーケティングにおける消費者・市場分析あるいは環境分析の標準的な方法であろう。日常的な人間の心理を客観的に論じる方法は，ミクロであれマクロであれ，その状況に訴えるほかないからである。

（3）個人の心理と市場の心理

　本研究の消費者の意思決定モデルは，「ある消費者は，ある状況において，いかなる理由のもとで，いかなる行為を為すか」である。状況と行為を架橋するのが，心理法則ではなく，理由ないし合理性であることが，このモデルの核心である。消費者の選択や行為を，心理法則の問題ではなく，自我を前提とした合理性

の問題として捉えているのである。通常の人間行為は，大方のところ状況適合的になされるので，合理性原理は偽であっても（法則的ではなくても），それを仮定したうえで，状況と行為の分析を行う方が，実り多い成果を生み出していくという立場となる。

　消費者個人の分析を消費者グループへと集計していくと，「タイプCの消費者は，タイプSの状況で，タイプRの理由のもとで，タイプAの行為を行う傾向がある」といった規則性へ要約されていく。多くの心理的逸脱があったとしても，通常は，状況との適合性を学習し，集合的行為の規則性が次第に生じてくるであろう。

　当然ではあるが，集計されると個人的な心理的仔細は失われ，個別的な心理は，抽象化され，仮説化され，理論化された合理性に集約されていく。この抽象化された理由も，真偽を問える命題構造をもつので，実際の状況と突き合わせることで，科学的な客観性を確保できる点は，極めて重要である。

　この抽象化された合理性が，消費者間で共有される程度に応じて，消費者の行為を説明し，予測することが可能となる。この説明と予測の前提にあるのは，法則といった大それたものではなく，人間は，多かれ少なかれ，合理的に行動するということだけである（Popper［1957］邦訳212頁）。「価格が下がると需要が増える」という予測が当たるのは，安くなったという理由で購買する人が増えるためである。

　要するに，マーケティングにおいて市場（消費者）の心理を読むというのは，ある状況からある行為が生まれる合理的な道筋を探ることにほかならない。合理性に基づく規則性によって，ある状況において，市場がどのように変動するかを説明し，予測しようとするが，マーケティングにおける市場理論なのである。

　もちろん，マーケティング論における広告・コミュニケーション効果研究（第2章参照）のように，心理的な切り口から，市場環境を分析する試みも可能である。DAGMARモデルは，知名・理解・確信・行動という4段階の心理プロセスを想定するが，「見込み客は，購入に至るまでにこれらの四つの段階を通過しなければならないということではない」（Dutka［1995］邦訳70頁）と述べられる。この心理プロセスは，状況を分析する枠組みにすぎず，心理法則ではない。「知名度が高いと購買確率が上がる」という合理的仮説を採用しているにすぎない。説得が，選択や行為を促す理由を説くことだとすれば，この分野では，もともと，消費者の自由意志を前提としていたとも言える。

（4）消費者行動論とマーケティング論との有機的結合

Simon［1957］は次のように述べる。

　確かに心理学者たちは，とくに学習現象に興味を持って，合理的行動を取り扱ってきた。しかし，学習および選択の過程について現在われわれが有している心理学上の知識と経済および経営の理論で必要とされるような知識との間には，非常に大きな隔絶がある（邦訳428頁）。

こうした隔絶は，今日において，さらに一層，深刻なものになっているように思われる。消費者行動研究は，「その膨大な量にもかかわらず，その成果が日本のマーケティングの実務にあたえた影響があまりに少なかった」（中西［2001］6頁）とも言われる。

こうした消費者行動研究における問題は，人間の行為が心理法則によって決定されるという誤解からはじまっていると思う。この誤解から，心理的迷路に迷い込み，心理的要因間の関係の探求に埋没してしまう。

マーケティング論において，重点が置かれるべき点は，心理的要因間の関係ではなく，状況と行為である。ある状況における消費者の行為が，社会的な次元でどのように相互作用するかが，マーケティング論の主たる問題なのである。

　社会理論を心理学へ還元することを説く教説は，一つの誤解に基づくものとわたしは信じている。……「方法論的心理主義」が方法論的個体主義の必然的な帰結である，という誤った信念から派生しているのだ。……山登りと孤独への愛好は心理学的に説明がつくと主張するものもあろうが，もし多数の人々が山登りを好めばそれらの人々は山で孤独を楽しむことはできなくなる，という事実は心理学的事実ではない（Popper［1957］邦訳237-238頁）。

同様に，個々の消費者の市場取引が，産業レベルで集計されると，ある企業が「リーダー」という地位を獲得してしまう。あるいは，ある商品に人気が集中すると，価格が高騰し，入手困難に陥る。こうした市場レベルのマーケティング現象の多くは，個々の消費者にとっては，意図せざる帰結にすぎない。マーケティ

ング論の焦点は，こうした社会的次元における諸要因の相互作用なのである。

マーケティング論においては，ある状況において市場がどのように変動するかという市場レベルの状況・行為関係に理論的な焦点がある。それに対し，情報処理パラダイムでは，個人レベルの心理・行為関係に理論的な焦点が向けられる。この理論的な焦点の相違が，消費者行動論とマーケティング論の体系的な統合を妨げている。かりに，心理法則が存在し，この2つの理論領域が根本的に異なる原理で構成されるのであれば，その有機的結合は困難であろう。しかし，既述のとおり，消費者個人の行為も市場の集合的な行為も，そして，マーケティング担当者の行為も，同じ合理性原理によって説明できるのであれば，焦点のズレをいかに解消するかの問題となる。

情報処理パラダイムは，状況をミクロの心理的諸要因に還元したが，Popper [1950] は，その逆をせよと主張する。

> そもそも還元が試みられるべきだとするならば，心理学を社会学に還元する試みとか，心理学を社会学の観点から解釈する試みの方が，この逆のやり方を採るよりもはるかに有益であろう（邦訳第二部91頁）。

すなわち，消費者行動論は，マーケティング論に還元すべきなのである。具体的には，消費者行動研究で見出された規則性やパターンを，マーケティング諸手段や諸制度，消費者を取り巻く状況と関連づけていく努力が必要なのである。マーケティングは，消費者を取り巻く状況を変えることでしか，消費者の行為に影響を与えることはできないからである。

たとえば，消費者行動論における高関与消費者の行動仮説は，「高関与型の購買行動は，どのような状況下で合理的であるか」といった仮説へ置き換えることができるだろう。その結果，「ブランド間の差異が大きいと買い回り購買や比較購買を行う傾向が高まる」といった諸仮説へと還元されていけば，マーケティングに対する明らかな貢献となるであろう。心理学的諸概念も，マーケティングの諸状況に関連づけ，有機的に結びつけていけば，それはマーケティング論の概念になるのである。

Popper [1950] は，「社会学，或いは少なくとも社会学の最も重要な部分は自律的であらねばならない」（邦訳第二部89頁）とも述べる。もし，マーケティング論が，社会科学として自律性を獲得していくのであれば，消費者行動論あるい

は市場理論に関して，心理学に全面的に依存する状況は避けるべきであろう。本研究が提示した合理性原理に基づく消費者行為論（自由意志に基づく選択と行為の理論）が，真であるのなら，心理学ないし心理法則に依拠すべき積極的な理由は存在しない。

6 おわりに

本論文で明らかになったのは次の点である。
1）情報処理パラダイムでは，選択や行動は，心理的諸要因によって引き起こされるという方法論を採用する。そのため，状況・心理・行為関係は，心理・行為関係へ単純化される。
2）情報処理パラダイムが想定するように，先行する心理的諸要因が十分条件となって，行為を必然的に引き起こすことはない。そこには，飛躍が存在し，消費者は，自由意志のもとで選択し，行為する。
3）自由意志に基づく意思決定とは，意思決定者が，ある状況において，いかなる理由のもとで，いかなる行為を為すかを選択することである。その行為を為した理由が，結果として，行為の原因となる。
4）自由意志を行使するのは自我である。自我は，行為者性と合理性の担い手である。自我の存在を措定すれば，責任や義務などの倫理的な概念が扱えるようになる。自我は，他の心理的諸要因には，還元不可能である。
5）自我を前提とすれば，日常の選択や行為の多くは，心理学的問題ではなく，合理性の問題となる。情報処理パラダイムで見出された規則性の多くは，心理法則ではなく，心理的，主観的な合理性に基づく規則性である。
6）マーケティングにおいて市場（消費者）の心理を読むというのは，ある状況からある行為が生まれる合理的な道筋を探ることにほかならない。合理性に基づく規則性によって，市場の動きを説明し，予測しようとするが，マーケティングにおける市場理論である。
7）消費者行動論とマーケティング論が有機的に結合されるためには，心理的な規則性やパターンを，マーケティング諸手段や諸制度，消費者を取り巻く状況と関連づけていく必要がある。

〔注〕
1　ただし，エッフェル塔のイメージを心に描くなどの心的行為の場合には，身体運動の代わりに純然たる心的事象が充足条件となる。
2　Shafir et al. [1993] は,「理由の基づく選択」という類似した枠組みを提示している。本研究は自由意志を組み込んだ行為論としてさらに発展させている。
3　確かに，ワーキングメモリー論における中央実行系（たとえばBaddeley [2007]）は，情報処理の主体かもしれない。しかし，その役割は限定的で，自由意志を行使するような主体とは言えない。詳細は久米 [2016]。

〔参考文献〕
久米勉 [2016]「消費者行為論へ向けて：いかにして行為は為されるのか」『東京国際大学論叢商学・経営学研究』東京国際大学，第2号（2016年12月刊行予定）。
清水聰 [1999]『新しい消費者行動』千倉書房。
中西正雄 [2001]「消費者行動研究とマーケティング・マネジメント」『マーケティングジャーナル』社団法人日本マーケティング協会，第81号，5-10頁。
古田徹也 [2013]『それは私がしたことなのか―行為の哲学入門』新曜社。
Ajzen, Icek & Fishbein, Martin [1980] *Understanding Attitudes and Predicting Social Behavior*, Prentice Hall, Inc.
Baddeley, Alan [2007] *Working Memory, Thought, and Action*, Oxford University Press.（井関龍太・齊藤智・川﨑惠里子訳『ワーキングメモリ―思考と行為の心理学的基盤』誠信書房，2012年）
Bettman, James R. [1979] *An Information Processing Theory of Consumer Choice*, Addison-Wesley Publishing Company.
Dutka, Solomon [1995] *DAGMAR*, NTC Publishing Group.（八巻俊雄訳『新版目標による広告管理―DAGMAR（ダグマー）の新展開』ダイヤモンド社，1998年）
Fishbein, Martin & Ajzen, Icek [2010] *Predicting and Changing Behavior: The Reasoned Action Approach*, Psychology Press.
Hunt, Shelby D. [2000] *A General Theory of Competition : Resources, Competences, Productivity, Economic Growth*, Sage Publications, Inc.
Newell, Allen & Simon, Herbert A. [1972] *Human Problem Solving*, Prentice Hall, Inc.
Nisbett, Richard E. & Wilson, Timothy D. [1977] "Telling More Than We Can

Know: Verbal Reports on Mental Processes," *Psychological Review*, 84, pp.231-259.
Penfield, Wilder [1975] *The Mystery of the Mind*, Prinston University Press.（塚田裕三・山河宏訳『脳と心の神秘』法政大学出版局，2011年）
Popper, Karl R. [1950] *The Open Society and Its Enemies*, Princeton University Press.（内田詔夫・小河原誠訳『開かれた社会とその敵　第一部・第二部』未來社，1980年）
────[1957] *The Poverty of Historicism*, Routledge and Kegan Paul.（久野収・市井三郎訳『歴史主義の貧困─社会科学の方法と実践』中央公論社，1961年）
────[1972] *Objective Knowledge: An Evolutionary Approach*, Clarendon Press.（森博訳『客観的知識─進化論的アプローチ』木鐸社，1974年）
Searle, John R. [1983] *Intentionality: An Essay in the Philosophy of Mind*, Cambridge University Press.（坂本百大監訳『志向性─心の哲学』誠信書房，1997年）
────[2001] *Rationality in Action*, The MIT Press.（塩野直之訳『行為と合理性』勁草書房，2008年）
Shafir, Eldar, Simonson, Itamar & Tversky, Amos [1993] "Reason-Based Choice," *Cognition*, 49, pp.11-36.
Simon, Herbert A. [1957] *Models of Man*, John Wiley and Sons, Inc.（宮澤光一監訳『人間行動のモデル』同文舘出版，1970年）
────[1986] "Rationality in Psychology and Economics," *Journal of Business*, 59, pp.S209-S224.
────[1997] *Administrative Behavior, 4th Edition*, Free Press.（二村敏子・桑田耕太郎・高尾義明・西脇暢子・高柳美香訳『新版 経営行動─経営組織における意思決定過程の研究』ダイヤモンド社，2009年）
van Inwangen, Peter [1975] "The Incompatibility of Free Will and Determinism," *Philosophical Studies*, 27, pp.185-199.（小池翔一訳「自由意志と決定論の両立不可能性」門脇俊介・矢野茂樹編・監修『自由と行為の哲学』春秋社，129-153頁，2010年）
Wittgenstein, Ludwig [1953] *Philosophische Untersuchungen*, Basil Blackwell.（藤本隆志訳『ウィトゲンシュタイン全集8　哲学探究』大修館書店，1976年）
Wong, John K. & Sheth, Jagdish N. [1985] "Explaining Intention-Behavior Discrepancy─A Paradigm," *Advances in Consumer Research*, 12, pp.378-384.

第 2 章

インターネット時代の消費者行動の変化と諸類型

1 はじめに

　インターネットは今や現代人に必要不可欠なインフラ（社会基盤）となっており，スマートフォンやモバイル端末でインターネットに常時接続している消費者，いわゆるコネクテッド・コンシューマーが増えてきている。
　パソコンやスマートフォン向けのさまざまなソフトやアプリケーションの登場，比較サイトやクチコミサイト，動画投稿サイト，ブログなど，ソーシャル・メディアやソーシャル・ネットワーキング・サービス（以下SNS）の普及により自ら情報の受発信を行う人たちが増えた。このようなWEB2.0（O'Reilly［2007］pp.17-18）時代になったことで，情報行動[1]と購買決定行動に大きな変化が現れ，消費者行動およびマーケティングに大きな影響を及ぼしている。
　インターネットの登場以降，デジタル・ネイティブと言われる新たな消費者セグメントが登場した。彼らは物心がついた時からデジタル製品に囲まれ，意識することなくそれらを活用している消費者である。ICTが高度化する中でこの新しい消費者であるデジタル・ネイティブは次代の消費の中心層になっていくと考えられる。インターネット登場後のソーシャル時代における新たな購買決定プロセスと消費者の変化，そしてこの新しい消費者セグメントを検討することが本稿の目的である。
　本章では第2節で購買決定プロセスの変遷，第3節で現代消費者行動における3つのループ，そして第4節でソーシャル時代の消費者類型とその特徴を検討していく。

2 購買決定プロセスの変遷

(1) インターネット登場前の購買決定プロセスモデル

インターネット登場以前の代表的な購買決定プロセスモデルにAIDAとAIDMAがある。AIDAは1898年にアメリカの広告およびセールスのパイオニアであるLewisが提唱し，その後1925年にStrong［1925］が論文内で発表した（p.9）。このモデルでは購買決定プロセスをA（Attention：注目），I（Interest：関心），D（Desire：欲求），A（Action：行動）という4段階で説明している。Lewisがこのモデルを提唱した時代は，広告が未発達で店頭での購買決定が中心であった。

またHall［1924］は「記憶：Memory」を入れたAIDMAモデルを発表した。その後，このモデルはそれぞれのステップで取るべきコミュニケーション施策などが検討され，長く広告実務などで活用されている。

これらのモデルが発表された時代はモノ不足の状態であった。参入する企業や商品も増え，消費者が新商品に興味・関心を持ち，最終的に自分たちの商品を選定してもらうためには消費者の頭の中に「記憶」され，想起ブランドの中に入ることが必要であった。企業からの広告メッセージを消費者に提示し，消費者はその情報に「注目」し，刺激されることで「欲求」が高まり，店頭に行くまでの間「記憶」し，最終的に商品を購買するという「行動」に向けた連続的な変化を期待している。

しかしながら，Attention（注目）のステップにおいては企業以外からのメッセージや情報は想定しておらず，また購買における基本プロセス（①購買前行動→②購買行動→③購買後行動）の購買後行動が含まれていない。

この時代，購買後の満足，不満足にかかわらずその評価を発信する「場」や「機会」は限られており，その影響範囲は限定的であった。しかし，インターネット登場以降，特にソーシャル・メディアやSNSの浸透によって消費者が情報を受発信する機会が増大している。そして，その情報が他者の購買に影響を与え

▶図表2-1 AIDMAモデル

Attention 注目 → Interest 関心 → Desire 欲求 → Memory 記憶 → Action 行動

るようになってきている。

（2）インターネット登場後の購買決定プロセスモデル

インターネットの登場によりメディア接触が変化している。

全体のメディア接触時間を時系列で見ると伝統的メディアといわれる4マスメディア（テレビ，ラジオ，新聞，雑誌）は2010年度調査以降減少傾向が見られる。一方，パソコン，携帯電話・スマートフォンなどデジタル・メディアの接触時間は大幅に増加しており，全体のメディア接触時間を増加させている。特に携帯電話・スマートフォンの接触時間は2005年と2015年とを比べると8.3分から80.3分へと約10倍に伸びている。

また，性・年齢別でメディア接触時間（2015年度調査・東京地区）を見ると，男女ともに20代以下の若い年齢層ほど全体に占めるデジタル・メディアとの接触時間の割合が高くなっている。SNSでのコミュニケーションを中心に動画などのコンテンツ消費を行っているためと考えられる。若い世代はデジタル・メディア

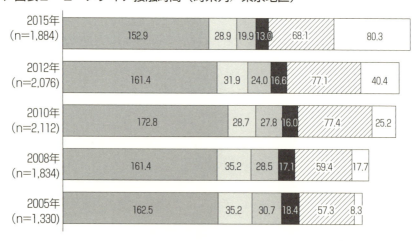

▶図表2-2　メディア接触時間（時系列／東京地区）

単位：分
出所：メディア定点調査（2005年度，2008年度，2010年度，2012年度，2015年度）博報堂DYメディアパートナーズより筆者作成。

▶図表2-3　メディア接触時間（性年齢別比較／東京地区）

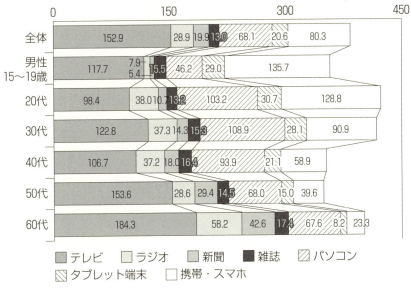

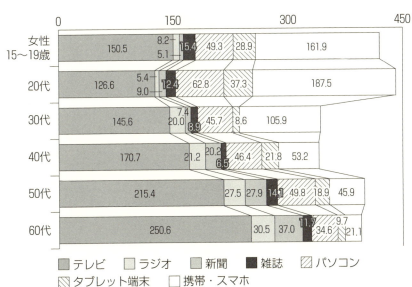

単位：分（n=1,844）
出所：メディア定点調査2015年　博報堂DYメディアパートナーズより筆者作成。

から得られる情報は4マスメディアと同等か，あるいはそれ以上に重要になってきているのである。

このようにメディア接触状況が変化する中で，これまでにない情報行動と購買行動が見られるようになり，消費者の購買決定プロセスは新しいモデルが必要となった。その代表が電通のAISASモデル（秋山［2007］175頁）である。

A（注目）とI（関心）はAIDMAと同じであるが，D（欲求）に替わり「Search：検索」となっている。関心を持ったら直ぐに検索するようになったためである。その検索結果により「Action：行動」に進み，そして購買（行動）後にその感想や消費経験を「Share：情報共有」するというステップを示している。

「Memory：記憶」がないことも大きな特徴である。インターネット上で手軽に情報を入手することが可能な現在，消費者はインターネットを外部記憶装置として活用し，必要な時に検索し情報を取得すれば良いという環境になってきている。そのため「記憶」のステップが必要無くなったのである。

そしてAIDAやAIDMAのように「購買」で終わらないことがこのモデルでは重要である。「Action：行動」した後で，購入あるいは利用した商品やサービスについて自分が感じたことや評価など，消費者の『本音』を「Share：情報共有」するようになった。そしてそれが他の消費者の購買決定に影響を与えるようになったのである。

その後，さらにインターネットの環境が変わりソーシャル・メディアやSNSが一般に広く浸透したため2011年に電通はSIPSモデルを発表した。このモデルは「Sympathize：共感 → Identify：確認 → Participate：参加 → Share & spread：共有・拡散」というステップを示している。ソーシャル・メディアやSNSから受け取った情報への「共感」を出発点とし，2番目のステップでは受け取った情報が自分にとって有用かどうかを友人・知人に聞いたり，あるいは当該情報のウェブサイトや検索サイトで調べるなど「確認」する。そして購入はもちろんのことであるが，購入しなくても確認した情報を伝える，広げるという行動も含み「参

▶図表2-4　AISASモデル

出所：秋山［2007］175頁。

加」とみなしている。その後、参加による経験や感情、感想などを「共有・拡散」することでさらに情報が広がっていき、別の人の共感や感動につながっていくというプロセスである。

AISASやその他のモデルとは異なり、SIPSモデルでは「購買」を目標にしておらず、企業やブランドからの広告メッセージやクチコミ情報に共感を持ってもらい、友人・知人やネット・コミュニティでつながっている人たちに広めることでブランドの支援者や伝道者になってもらうことを目標としている。

(3) ソーシャル時代の購買決定プロセスモデル

AISAS, SIPSではインターネットの利用はパソコンが中心であった。しかしながら、2007年にApple社が"iPhone"を売り出し、新しく「スマートフォン市場」を作ると若者を中心に急速に普及、浸透してきている。その一方でパソコンは出荷台数ベースで減少傾向にあり、消費者の情報プラットフォームがパソコンからスマートフォンに移り変わりつつある。特に若い世代にとっては、常にイン

▶図表2−5　デュアルAISASモデル

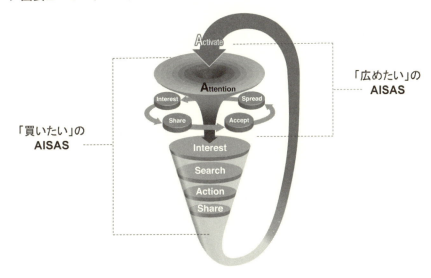

出所：矢島［2015］より筆者作成。

ターネットとつながっているため，いつでもどこでも友人や知人，あるいはインターネット・コミュニティの仲間たちと情報交換することが可能となっており，パソコンよりもスマートフォンの重要性が増している。このようなソーシャル時代において，さらに購買決定プロセスが変化し，新たにデュアルAISASモデルが電通より発表された。

このモデルの特徴はヨコの「広めたいAISAS」とタテの「買いたいAISAS」に分かれていることである。ヨコの「広めたいAISAS」はAttentionを取り巻くInterest（興味），Share（共有・発信），Accept（受容・共鳴），そしてSpread（拡散）のループとなっている。タテの「買いたいAISAS」は前項のAISASである。それぞれのAISASはループ状に繋がっているという特徴がある。以下，広めたいAISASを「情報拡散ループ」，買いたいAISASを「購買ループ」とする。

以前はマスメディアを使えば消費者から注目され認知されたが，今や世の中にモノも情報も溢れており，消費者は情報過負荷状態にある。そのため消費者の「最初のAttention（注目）」の獲得が非常に難しくなってきている。このような状況では情報拡散ループが重要な役割を担っている。

消費者は，都合の良いことばかり発信される企業からの情報よりも，友人・知人やソーシャル・メディア上のコミュニティ・メンバーからの「悪い情報」も含めた生の情報を重視するようになり，自分の「価値観に合うか」「共感できるか」などによって，その後の態度や行動を変化させている。情報拡散ループで刺激を受け，購買欲求がActivate（起動・活性化）されることで「購買ループ」にシフトするのである。この時，消費者は「コミュニケーション関心層」から「商品関心層」へと態度変容すると考えられている。

モデル内にこのような2つのループが必要となったのは，広告キャンペーンなどで話題になり，認知度も向上するなど「コミュニケーション目標」は達成したにもかかわらず，最終目標である「販売」につながっていないという状況が見られるようになってきたため（矢島［2015］）としている。つまり，企業からのメッセージや友人・知人からの評価やコメントなど「コミュニケーションに対する関心」は広がったが，「購買への関心」にはつながりにくくなっているということである。また，モノが溢れている現在，購入しなくてもソーシャル・メディアやSNSでブランド情報を発信したり，他者に商品を勧めるような「コミュニケーション型生活者」（清水［2007］112頁）が若者を中心に増えてきていることも理由として挙げられる。このように，これまでとは異なったタイプの消費者が

増えたためにこの2つの「関心」を結びつける必要が生じた。

　デュアルAISASの情報拡散ループにおいては，マスメディアから発信された企業情報だけではなく，ソーシャル・メディアやSNSの「クチコミ情報」に対して「Interest：関心」を持った時点がスタートになる。この情報拡散ループ内での「関心」は，購入のための関心ではなく，受け取った情報に対する関心，すなわち「感動」や「共感」であることが重要である。

　次にその情報を他者にソーシャル・メディアやSNSで「Share：共有」するのであるが，そこで発信する情報はその発信者の「感情」がさらに付加され，その先の受信者にとって強いアテンションを促すと考えられる。このように「Accept：受容・共鳴」した第三者がさらに「Spread：拡散」することで広がり，上記のプロセスが繰り返されるというループである。このループではネットワークでの「つながり」によって乗数的に広がることで，マスメディアに劣らないリーチ（到達）の獲得と認知の拡大が期待される。

　このように，ソーシャル・メディアやSNSを通じて多くの人にリーチし，評価やコメントなどが動機づけとなり，情報拡散ループの中で興味・関心を持った人が購買欲求や利用意向へActivate（起動・活性化）することで購買ループに入っていくことになる。購買ループの中では先のAISASモデルと同じステップを経て，その後，新たな情報拡散ループに入っていくのである。その際，自分も他者からの意見や評価を得ることになり，自分の購買の正しさを確認することができ，また賞賛を得ることも可能となる。

　デュアルAISASで最も重要なのは情報拡散ループから購買ループへの移行，すなわち「コミュニケーション関心層」から「商品関心層」への変節点としての「Activate（起動・活性化）」である。この変節点は消費者がAttention（注目）した情報で「感動」や「共感」するかどうかが大きく影響すると考えられ，ソーシャル・メディアやSNSでのコンテンツが大きな役割を果たすと考えられる。モノが溢れている現在，モノの機能的価値だけでは「感動」も「共感」も起こらないだけに，企業にとってその対応は非常に難しいものとなる。

　一方，デュアルAISASモデルでは購買後のブランドと顧客の関係性が明示されていない。一度購買に結びついたら継続的な関係を構築することが重要となる。モノ溢れの状態に加えコモディティ化や製品間の差異が小さくなっている現在，新規顧客獲得のためのマーケティング・コストは，既存顧客維持のためのコストを上回ると考えられている。このため，長期間継続する顧客とブランドとの良好

▶図表2−6　Consumer Decision Journey

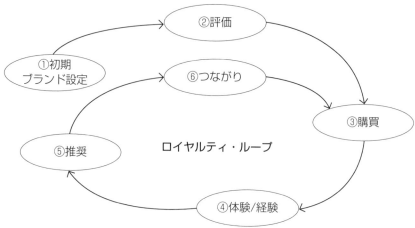

出所：Court et al.［2009］より作成。

な関係を構築することが非常に重要となる。

　この「関係性」を考慮したモデルが Court et al.［2009］による「Consumer Decision Journey（以下CDJ）」である。

　このモデルは，購買決定プロセスが直線ではなくサイクルとして循環（ループ）していることが特徴である。ここでは「購買」をゴールではなく通過点と捉えている。継続購買に向け，購入後の体験や感動によるブランド・エンゲージメント（愛顧）の強化や他者への「推奨」，そして消費者間の「つながり（リレーションシップ）」が重要であることを示している。その購入後の顧客とブランドとの関係を「ロイヤルティ・ループ」として示している。この中で顧客とブランド，そして顧客と顧客の継続的なつながりが醸成され，継続購買につながると考えられる。この関係性を構築する「ロイヤルティ・ループ」を以下では「関係性ループ」とする。

　この関係性ループでは，すでに購買経験がある消費者に自らの体験や経験をソーシャル・メディアやSNSで継続的に発信，拡散させることが必要であり，そのためにループ内を回り続ける取り組みが必要となる。

　その取り組みとして「ブランド・コミュニティ」の活用が考えられる。ここでブランド・コミュニティとは，特定ブランドに対するロイヤルティ（忠誠心）が

高く，さらには強いコミットメント（将来的にもロイヤルティを継続したいなどの好ましい態度）を持つ消費者の集まりである。継続購買していない場合でも，当該ブランドに心理的なエンゲージメント（愛着）やコミットメントを有している場合はコミュニティ・メンバーとして扱うことが可能である。

ブランド・コミュニティを通じて継続購買を促進すると同時に，ソーシャル・メディアを通じ他者と交流を行うことで新たな消費者の獲得やロイヤルティの醸成につながる。ロイヤルティの高いコミュニティ・メンバーから発信された情報に対して賞賛する人や同じ価値観を有する人たちをブランド・コミュニティに巻き込むのである。

ブランド・コミュニティではロイヤルティの高い顧客同士の交流を推進し，その中で「選ばれた顧客」としてのプレステージ感やプレミアム・メンバー向けの特典を提供することでブランドとのつながりをさらに強化し，関係性ループを回り続けることになる。また，そのブランドに興味・関心はあるがこれまで購入をためらっていた人々との交流も行うことで新たな顧客獲得につながる。

3　現代消費者行動における3つのループ

(1) 消費者の変化

インターネット登場以前のモノ不足の時代には，購買に対するニーズが高く，消費者の購買関与度は高かったが，消費者は購買経験も少なく，製品を判断する力を十分に持ち得ていなかった（池尾［1999］39-46頁）。しかし，その後の経済発展と消費経験の蓄積によって製品判断力を身に付けることができ，モノが行き渡った現在，購買関与度は低くなった。その中で消費の個性化や多様化といった質的変化が生じた（池尾［1999］65-74頁）。

また，消費者はモノの購買そのものにこだわるのではなく，生活シーンを自ら創造し編集してモノやサービスを消費する傾向が強くなり，消費プロセスそのものに意味を見出し始めている。そして自主的に群れ（コミュニティ）作りをしようとし，人と人との交わりの中に生活の豊かさを感じ，交流を深めかつ広げる中でモノやサービスの消費プロセスを位置づけるようになった（和田［1998］52-55頁）。

このような消費者の変化はインターネットの普及期とも重なっており，ソー

シャル・メディアやSNSが浸透する中で，購買後の経験，ブランドとの関係を重視するようになった。そして交流を行う中で感想や評価といった情報が影響力を増しているのである。

（2）ソーシャル時代のクチコミの重要性

現在，消費者は購買決定プロセスにおいて他者からの使用経験や消費経験による感動や感想といった「クチコミ」を参考にするようになってきている。クチコミの効果は従来から広く知られており，インターネット登場とソーシャル・メディア，SNSの普及により，その影響度が増してきた。

Rosen［2000］は，インターネット上でのクチコミが重要になってきた理由として①消費者が情報過多の状態にあり，企業などから提供される情報はノイズと捉えていること，②企業が都合の良い情報しか提供しないことへの懐疑的な態度に対し，クチコミは信用できると考えていること，そして③地理的なつながりを超えて多数の人とのつながりが生み出されることを理由として挙げている（邦訳28-29頁）。

クチコミの対象となりやすいのは一般に高関与型，革新型，経験型や内容が複雑，高価といったタイプの商品やサービスと考えられる。しかしながら，消費者ニーズや価値観の多様化から，安価で売っている最寄品でもクチコミで話題が広がることも多い。現在では消費者がなんらかの感動や共感を感じられればクチコミの対象になるのである。

消費者の購買決定プロセスは，マスメディアからの認知がスタートになるとは限らず，クチコミ情報を参考にすべてのコンタクトポイント（消費者との接点）から購買決定プロセスに入ってくるようになった。最近では若い世代で認知から購買までのほとんどをクチコミ情報に依存している人や，「（クチコミで）話題を提供することを目的に購買する」という人も現れている。

クチコミを行う発信者の動機は，①情報の受け手の助けになりたいという「利他的な生存本能」，②社会的地位やつながりを強固にしたいという「関係性の構築」，③身の回りで有利な情報を集めるための「情報収集と分析」，④アドバイスを求めることでの「リスク，コスト，不確実性の低減」，⑤ネットワーク外部性を利用した「経済的な価値」，⑥購買後の満足度を高めるための「不安や緊張の低減」が挙げられる（Rosen［2000］邦訳47-59頁）。この他にも「自分を理解し

て欲しいから」という承認欲求や「共感したから」などの理由も挙げられている（赤松［2015］13頁）。

　かつてクチコミを行うのは専門性や知識の深さで他者に強い影響を与えるオピニオンリーダーの特徴を有する人が中心だったが，今では誰でもクチコミ情報を受発信することが可能であるため情報を一気に拡散させることができる。

　また，オピニオンリーダーとは異なる「リーディング・コンシューマー」や「マーケット・メイブン（市場の達人）」と呼ばれる新しいタイプの情報発信者も登場してきており，彼らが購買決定プロセスにおいて大きな影響を及ぼしている。

(3) クチコミと購買決定プロセスの3つのループ

　従来の購買決定プロセスでは，認知ブランドから徐々に絞り込まれる線形の「購買ファネル」構造で説明されてきた。しかし現在では検討途中や最終決定直前にソーシャル・メディアやSNSからのクチコミ情報により新たなブランドが入ってきたり，購買の直前にそれまで全く検討していなかったブランドに決めるなどの行動が見られるようになってきている。

　線形の購買ファネルでは，途中で新たなブランドが加わることは想定されておらず，スタート地点で認知している複数のブランドから最終的な購買ブランドを絞り込むことになる。また，購買ファネルにおいては消費者の評価や購買後の経験などが考慮されておらず，購買後の経験や評価を発信することによる新たな買い手の獲得などの影響は考慮されていない。

　現在では，購買決定プロセスは認知から始まって購買で終わるのではなく，購買後の情報共有や拡散が次の情報探索に影響を与えるというように，「情報」が購買に大きな影響を与えている。先の3つのループで見ると，情報拡散ループを中心に購買ループと関係性ループがそれぞれつながることで「購買情報リンク」と「関係性情報リンク」の2つの情報リンクが形成される。

　図表2-7中の「①購買情報リンク」では情報拡散ループと購買ループがつながっている。情報拡散ループでActivateした消費者が購買ループに入り，さらに商品やサービスに関連する情報を取得し，購買後，その消費経験や感想などを情報発信することで情報拡散ループに戻っていく。

　「②関係性情報リンク」では情報拡散ループと関係性ループがつながっている。ブランド・コミュニティのロイヤルティの高い顧客からの情報に対する

▶図表2-7　2つの情報リンク

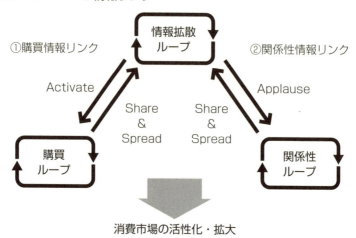

Applause（賞賛）が新たな消費者の獲得につながり，すでに継続購買している顧客は，ロイヤルティの高い顧客同士がつながることでさらにロイヤルティが強まり，高いブランド・エンゲージメントを形成することになる。

このように情報拡散ループを中心に購買ループ，関係性ループがそれぞれクチコミで結びつくことで消費市場全体が活性化され，拡大すると考えられる。

4　ソーシャル時代の消費者類型とその特徴

（1）消費者による情報伝達と消費者分類

消費者による情報伝達（クチコミ）は，情報の「普及」と考えられる。

普及に関してRogersは「イノベーションが，あるコミュニケーション・チャンネルを通じて，時間の経過の中で社会システムの成員の間に伝達される過程のことである」（Rogers［1995］邦訳8頁）とした。ここでイノベーションとは「個人あるいは他の採用単位によって新しいと知覚されたアイデア，習慣，あるいは対象物である」（Rogers［1995］邦訳16頁）としており，必ずしも絶対的あるいは歴史的な発明や発見である必要はなく，採用する側から新しいと思われたアイデアも含まれる。

そしてイノベーションの採用者について，①新しいアイデアを最初に採用し，ゲートキーパーの役割を果たす「イノベーター」，②新しい価値に注目し流行に敏感で，高いオピニオンリーダーシップを有し，普及の引き金となる「アーリーアダプター」，③人数が多く，比較的早くに新しいモノやアイデアを取り入れ，普及過程での重要なつなぎ役を果たすがオピニオンリーダーはあまりいない「アーリーマジョリティ」，④イノベーションの採用に対して警戒心を持ち，半数以上が採用してから採用する「レイトマジョリティ」，⑤イノベーションに対して懐疑的で最後に採用する「ラガード」の5つに分類した（Rogers［1995］邦訳214-235頁）。

ここでオピニオンリーダーとは他の人の意見に主導的に影響を及ぼす人（Kats & Lazarsfeld［1955］邦訳20-22頁）でインフルエンサーとも呼ばれる。通常，特定領域，特定ブランドに関して豊富な知識を有しており，いち早く新商品などを購入し，他者にその影響を伝える役割を果たすことが多い。そしてオピニオンリーダーの行動はイノベーション採用速度の決定に重要な役割を果たす（Rogers［1995］邦訳256頁）のである。

若者世代を中心としたソーシャル・メディアやSNSの活用によりネットワーク上の情報伝達の速度はますます速まっている。クリック1つで友人や知人，コミュニティ・メンバーに一気に情報を拡散させることが可能である。Rogers自身，インターネットに対し「新しいアイデアを伝えることに関して，双方向コミュニケーション技術は，空間的な距離が持っていた役割を除去あるいは大きく減少させることで，普及過程を根本的に変えるかもしれない」（Rogers［1995］邦訳vi頁）と考えていた。

一方，上記のオピニオンリーダーとは異なる情報伝達力と影響力を有する新しいタイプの情報提供者が現れている。複数の商品カテゴリーについて広く浅く情報を持ち，その情報を編集して積極的に発信するタイプの消費者で「マーケット・メイブン（市場の達人）」と呼ばれている（Feick & Prince［1987］pp.83-97）。マーケット・メイブンはインターネットに限らずマスメディアからの情報も活用しており，さまざまな経路から情報収集している。しかしながら，必ずしも購入するとは限らず，オピニオンリーダーのような説得的な役割は持っていない。しかしながら現在では特定領域に限定されたオピニオンリーダーよりも大きな影響を及ぼしていると考えられている。モノも情報も溢れている時代であるために，このような広く浅く目新しい情報をまとめて発信してくれる存在が重要視

されるのである。

　さらに，「オピニオンリーダー」と「マーケット・メイブン」の両方の特徴を兼ね備える新しいタイプの消費者も登場している。「リーディング・コンシューマー」（宮田・池田（編著）[2008] 114-144頁）と呼ばれ，幅広い領域で深い知識を有するオピニオンリーダーがこれに該当し，積極的な情報発信も行う特異なタイプの消費者である。インターネットによって，大量の情報を容易に受発信することが可能になったために生まれたとされている（池田[2010] 46頁）。また，リーディング・コンシューマーは，幅広く深い知識を有していることに対する他者からの期待に応えようとする「評判に基づく動機」，他者から情報を得たので自分も情報を伝えるという「互酬性に基づく動機」，そして情報を他者と話題にする楽しさを「共有したいという動機」の3つとも「オピニオンリーダー」「マーケット・メイブン」より高く，そのことがクチコミ会話の活性化や購買活性化に影響を与えていると考えられている（宮田・池田（編著）[2008] 140頁）。

　このクチコミによる他者への影響度合いを「オピニオンリーダー度」，幅広く情報を提供する情報伝播の度合いを「マーケット・メイブン度」としてクチコミにおける消費者を分類したのが図表2－8である（池田[2010] 43-47頁）。

　消費者がネットワークでつながり，クチコミの重要性が高まるソーシャル時代

▶図表2－8　クチコミにおける消費者類型

マーケット・メイブン度　高

	マーケット・メイブン	リーディング・コンシューマー
	興味範囲：多画的 知識　　：浅 会話頻度：多 説得性　：弱 会話範囲：広	興味範囲：多画的 知識　　：深 会話頻度：多 説得性　：強 会話範囲：広
低	フォロアー	オピニオンリーダー
	興味範囲：特定的／なし 知識　　：浅 会話頻度：少 説得性　：弱 会話範囲：狭	興味範囲：特定的 知識　　：深 会話頻度：中 説得性　：強 会話範囲：狭

低　　　オピニオンリーダー度　高

出所：池田[2010] 46-47頁より筆者作成。

において「リーディング・コンシューマー」や「マーケット・メイブン」は情報の普及と購買を刺激するために重要な役割を担う新しいタイプの消費者だと考えられている。

そしてRogersのイノベーションの採用カテゴリーとクチコミにおける消費者類型との対応関係を見ると図表2-9のようになる。

イノベーターやアーリーアダプターは特定領域や特定ブランドに関する深い情報を取得するのであるが，その際クチコミが大きく影響する。その後，イノベーターは特定領域や特定ブランドの普及のためのゲートキーパー役となり，アーリーアダプターは潜在的な採用者から情報や助言を求められる「オピニオンリーダー」の役割となる。

次にアーリーマジョリティは多くの場合，オピニオンリーダーからの影響を受けイノベーションを採用する。アーリーマジョリティはアーリーアダプターほどのオピニオンリーダーシップはないが，イノベーションの採用プロセスでは普及のつなぎ役を担っているため，アーリーマジョリティの支持を得ることが重要だと考えられている（Rogers［1995］邦訳233-234頁）。

現在では消費者の趣味・ライフスタイルが多様化しているため，特定領域に限

▶図表2-9　Rogersの採用カテゴリーとクチコミにおける消費者類型

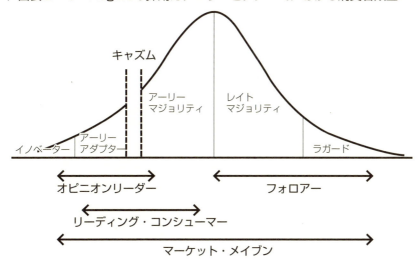

出所：Rogers［1995］邦訳229頁とMoor［1991］邦訳24頁より筆者作成。

らず幅広く深い情報を欲しがる消費者も増えており，この「リーディング・コンシューマー」がアーリーマジョリティへの普及に影響を与えていると考えられる。

　そして，懐疑的かつ警戒の念を持ちながらイノベーションに接近するレイトマジョリティと最後まで採用しないラガードはどちらも情報を受け取るだけでほとんど発信せず，他者への影響力が小さい「フォロアー」となる。

　そして「マーケット・メイブン」はRogersのカテゴリーに対応させるのが難しい類型である。幅広い情報を持っている「市場の達人」であるが，広く浅いためオピニオンリーダーほどの影響力はないと考えられている。しかし，イノベーションの普及プロセスの中では，常にマーケット・メイブンの情報が流通しており，その情報がいつ採用されるかわからない。そのため「直前に接触した情報や広告が購買行動に影響を与える」というリーセンシー効果がマーケット・メイブンからのクチコミには期待される。その結果，マーケット・メイブンからの情報に，オピニオンリーダーやリーディング・コンシューマーなどからのクチコミ情報が組み合わされることで購買が刺激されると考えられる。ソーシャル・メディアやSNSで日常的に情報を収集し，購買決定プロセスのどこからでも購買検討がスタートする現在，マーケット・メイブンからの情報はすべてのプロセス，すべての消費者にとって重要となっている。

　ただし，革新的な商品やサービスの普及においては，先駆的なユーザーであるアーリーアダプターとアーリーマジョリティとの間に「キャズム（溝）」があるとされている。このアーリーマジョリティがイノベーションを採用するためには多くの有用な先行事例が必要であるとされている（Moore［1991］邦訳20-34頁）。この先行事例の情報を積極的に発信するのがマーケット・メイブンであり，そのことでアーリーマジョリティへの普及に弾みがつき，その後レイトマジョリティ，ラガードへの普及にもつながると考えられる。

（2）新たな消費者のデジタル・ネイティブ

　ソーシャル・メディア，SNSの浸透によってコミュニケーションや消費行動に変化が見られ，社会全体が大きく変化する中，「デジタル・ネイティブ」というインターネット時代における新たな消費者セグメントが登場した。

　デジタル・ネイティブは「生まれながらにしてコンピューターやビデオゲーム，携帯電話，インターネットなどに囲まれて育ち，それらを意識することなく自由

に使いこなす若者世代」と捉えられており，本稿では「1995年以降に生まれ，インターネットおよびソーシャル・メディアやSNSを自由自在に操り，コンテンツ消費をするだけではなく，自ら情報やコンテンツを加工・制作し，それを発信する若者世代」としている。一方，インターネットの登場以前のデジタル環境の無い時代に生まれ育ち，大人になってからデジタル環境に馴染んでいった人たちを「デジタル・イミグランツ（移民）」と呼び，デジタル・ネイティブと区別している（Prensky［2001］pp.1-2)。

　現在では世代を問わず多くの人がインターネットに常時接続しており，同時にソーシャル・メディアやSNSでつながっている「コネクテッド・コンシューマー（つながった消費者）」となっている。しかしながら，デジタル・ネイティブとデジタル・イミグランツには行動や思考に大きな違いがあり，この行動や思考の違いが消費の違いとなって現れている。先に見たように若い世代の消費者であるデジタル・ネイティブは，伝統的なマスメディアの接触時間が相対的に短くなり，その一方でデジタル・メディアの接触時間が長くなったことで行動に大きな変化が生じているのである。

　そのため企業のコミュニケーション施策でも，従来のやり方とは異なりデジタル・ネイティブの購買決定プロセスに即した戦略を考える必要が出てきている。デジタル・メディアの黎明期においてはマスメディアが「主」で，デジタル・メディアは「従」という位置づけであった。しかしながら現在は，デジタル・ネイティブに対してはデジタル・メディアを「主」，マスメディアを「従」と考える必要がある。特に最近ではテレビとスマートフォンなどの「マルチスクリーン視聴」が増えており，テレビを観ながら番組に関する投稿やテレビコマーシャルでのブランド情報などをコメントするなど，以前には見られなかった視聴態度も出てきている。このような変化もAISASがデュアルAISASへと変わった理由の一つと言える。

　また，デジタル・ネイティブは，新しいデジタル・デバイスやアプリケーションへの受容度が高く，日常生活の中で積極的に活用している。SNSで友人・知人とつながっており，ブログや情報共有サイトなどのソーシャル・メディアで自ら能動的に情報を受発信するようになっている。その情報の受発信において今ではテキスト（文章）よりも，写真や動画が中心となっており，それらを自分たちで加工・制作しているのも特徴の一つである。

　このデジタル・ネイティブの中でもThe Nielsen Companyが2010年に発表し

た「ジェネレーションC（以下C世代）」と呼ばれる若者がいる。

　CとはConnection（接続やつながり），Creation（創造），Community（共同体），Curation（収集および分類），Content（コンテンツ），Collaboration（協力）など多くの意味で捉えられており，DDB SidneyのPankratz［2010］はC世代を「Connected Collective（つながった共同体）」としている。明確な年齢では分類していないものの，概ね現在10代と20代のソーシャル・メディアが産み出した集団と位置づけられ，その特徴は下記の7つにまとめられる（pp.1-3）。

1. 面白いアイデアや社会的な話題や活動などでつながっていたいと望む集団に参加し，自己表現することで，アイデンティティを形成する。
2. 何かについての意見の表明，考えを共有することで信頼を獲得する。
3. ソーシャル・メディア上の皆が関心のあるトピックスに集まって活動する。仲間からの承認や評判がそこでの判断基準となる。
4. 常時ソーシャル・メディアとつながっており，モバイル端末はライフラインであり必需品である。
5. 10代は半分以上の時間をコンテンツに消費し，常に新しい話題を発信し続けている。
6. 同時に多くの異なった集団に所属し，カメレオンのように常にアイデンティティが変化している。
7. ただアイデアを消費するのではなく，積極的に参加，共創し，ブランド・ストーリーの一部となりたがる。

　このようにC世代はさまざまな情報を集め分類し，広く浅く常に新しいモノやコトを取り入れ，受発信も積極的に行うという情報行動をとっていることなどから「マーケット・メイブン」と考えられる。常に情報発信し続ける中で，デジタル・ネイティブ全体に伝播するのである。

　また，「同時に多くの異なった集団に所属し，アイデンティティが変化する」という点では「リーディング・コンシューマー」とも捉えられ，「積極的に参加し，共創し，ブランド・ストーリーの一部となりたがる若者」という点では，既存の製品をそのまま使うのではなく，用途創造，製品修正，製品創造など何らかの創造的な活動を行い，他者とコミュニケーションを積極的に取る「アクティブ・コンシューマー」（濱岡［2007］70頁）とも考えられ，その領域はオピニオン

リーダーよりも広い。

（3）デジタル・ネイティブ類型と3つのループ

このような特徴のあるデジタル・ネイティブであるが、前節で見た「クチコミにおける消費者類型」を基に、縦軸を他の人々に情報を広げるという「情報の伝播力」、横軸を発信する情報が与える「他者への影響力」で分類したものが図表2-10である。

①のマーケット・メイブン層は、情報感度が高く、幅広い分野の情報を収集し、積極的に情報発信するRAM（Radical Access Member）タイプのデジタル・ネイティブでC世代が多く含まれると考えられる。購買や購買後の使用価値に対して興味・関心はあまり高くないが、他者から頼られたい、認められたいという「賞賛・承認欲求」が強く、そのために情報発信を行う。「情報を広めたい」という意識が強いため、日常的にさまざまなメディアから情報を集め、編集・加工し情報拡散ループを中心に発信し続け、すべてのプロセスで影響を与えていると考

▶図表2-10　デジタル・ネイティブの消費者類型と3つのループ

	情報の伝播力　高	
①マーケット・メイブン ・RAM ・C世代/ブロガー/YouTuber/ 　キュレーター ・橋渡し型ネットワーク ・SNS/コミュニティ・サイト 　⇒情報拡散ループ	②リーディング・コンシューマー ・RAM ・C世代/ 　アクティブコンシューマー ・結束型＆橋渡し型ネットワーク 　⇒情報拡散ループ・購買ループ・ 　関係性ループ	
④フォロアー ・ROM ・コミュニティ・サイト ・橋渡し型ネットワーク ・SNS/コミュニティ・サイト （デジタル・イミグランツ）	③オピニオンリーダー ・特定領域内でRAM ・αブロガー/アンバサダー/ 　エバンジェリスト ・結束型ネットワーク 　ブランド・コミュニティ 　⇒購買ループ・関係性ループ	他者への影響力　高
	低	

左側：低　／　右側：他者への影響力　高

出所：池田[2010] 46頁より筆者作成。

えられる。

　マーケット・メイブンの具体例としては，インターネット上でいろいろなことを試して発信する「ブロガー」や「YouTuber」，そしてさまざまな情報をまとめる「キュレーター」などが挙げられる。情報を広めたいというタイプの橋渡し型ネットワークのハブとなるデジタル・ネイティブで，すべてのデジタル・ネイティブに影響を与えていると考えられる。

　②のリーディング・コンシューマーはマーケット・メイブンとオピニオンリーダーの両方の特徴を有しており，幅広く深い情報を積極的に発信するRAMタイプのデジタル・ネイティブである。彼らは先に見たように，評判に基づく動機，互酬性に基づく動機，そして情報を共有したいという動機から積極的に情報発信を行っている。情報拡散ループ，購買ループ，そして関係性ループのすべてに影響を与えると考えられる。

　また彼らはさまざまなメンバーが一般的信頼でつながるコミュニティ・サイトを中心とした橋渡し型ネットワークと，メンバー間の強いつながりと厚い信頼があるブランド・コミュニティを中心とした結束型ネットワークの両方で影響を及ぼす。先の「購買情報リンク」で見ると前者の橋渡し型ネットワークを通じて自らの経験や体験を中心とした新たなアイデアやコンテンツなどさまざまな情報を発信し，受け手は強い「感動」や「共感」を感じることになる。その情報はデュアルAISASの情報拡散ループ内で瞬時に伝播し，そこでの「共感」や「感動」が動機づけとなってActivateして購買ループに入っていくと考えられる。

　そして「関係性情報リンク」では，関係性ループの中で既存顧客のエンゲージメントが強まることで継続購買につながり，ブランド・コミュニティなどの結束型ネットワークを通じてリーディング・コンシューマーからの体験や経験に基づいたメッセージが発信され，交流を通して興味・関心はあるが購入をためらっているような人々を新たな消費者として獲得することが可能となる。

　このように，リーディング・コンシューマーから発信される情報によって「購買情報リンク」「関係性情報リンク」の両方でクチコミによる会話の活性化が起き，マーケット・メイブンと同様にキャズムを超えアーリーマジョリティたちに伝播することで購買が活性化し消費市場全体に影響を与えていくものと考えられる。

　リーディング・コンシューマータイプのデジタル・ネイティブの割合は他のタイプに比べ少数であるが影響力は大きく，ソーシャル時代の新たな消費者として

注目される。

　③はすでに購買経験があり，対象について深く理解し，ロイヤルティが高く，強いエンゲージメントとコミットメントを有しており，他者の購買に影響力を持つ「オピニオンリーダー」のデジタル・ネイティブである。関係性ループ内のブランド・コミュニティでは継続購買を続ける中で「ブランド推奨」などの情報発信を積極的に行い，関係性ループの中での「つながり」を強化する。特定領域のRAMで，関係性ループ内の結束型ネットワークでの情報交換が中心となる。「αブロガー」や「アンバサダー」，「エバンジェリスト」などとも呼ばれる。また，興味があるが購買未経験の消費者にとっては彼らの情報で「購買ループ」へActivateするきっかけとなる可能性が高くなる。

　④のフォロアーはデジタル・ネイティブの中で消極的，受動的なタイプであり，多くの人が購入している，あるいは流行しているので購入するという追随型の消費者である。情報発信もあまりしないROM（Read Only Member）タイプが多い。自動受信している情報や登録しているアプリやコミュニティ・サイト上の情報を閲覧し，購買リスクを低減させるためにその情報を活用している。

　普段，情報発信をしないのでインターネット上での交流はあまり行われないが，たまにソーシャル・メディアやSNSで発信することで橋渡し型ネットワークのハブの役割を果たし，情報が他のネットワーク・メンバーに価値をもたらすことがある。これは「弱い紐帯の強さ」（Granovetter［1973］pp.1360-1380）と呼ばれる効果である。

　また現状では，デジタル・イミグランツの多くはデジタル・ネイティブの動きにも注目しており，デジタル・ネイティブから発信された情報から影響を受けるためフォロアータイプに含まれると考えられる。

5　おわりに

1）インターネットが普及したことで消費者の購買行動プロセスが変化し，購買決定プロセスモデルが変化した。このインターネット登場前と後での購買決定プロセスの変遷を明らかにした。
2）ソーシャル・メディアやSNSが浸透する中，新たに「デュアルAISASモデル」や「Consumer Decision Journeyモデル」が登場した。これらのモデルには「情報拡散ループ」と「購買ループ」，そして購買後の関係性構

築のための「関係性ループ」の3つのループがあり，情報拡散ループを中心に「購買情報リンク」と「関係性情報リンク」がつながることで個人だけではなく消費市場全体へ影響し，消費が活性化して市場が拡大することを明示した。
3) イノベーションの普及過程の採用者カテゴリーとクチコミにおける消費者類型との関係を検討する中，クチコミの「他者への影響度合い」と「情報の伝播力」から消費者を分類し，イノベーションの普及過程との対応を明らかにした。その際，新たな分類である「マーケット・メイブン」と「リーディング・コンシューマー」の特徴を明示し，両方ともにキャズムを乗り越え，広く採用（購入）されるための重要な役割を担っていること，市場全体の消費拡大に大きな影響を有することを明示した。
4) ソーシャル時代の新しい消費者セグメントであるデジタル・ネイティブの特徴を整理し，その類型と特徴および3つのループとの関係を明示した。

〔注〕
1 「情報行動」とは，消費者が「購買前〜購買時点〜購買後」において商品やサービス，あるいはブランドに関して行う情報の受発信行為全般を指す。

〔参考文献〕
青木幸弘・新倉貴士・佐々木荘太郎・松下光司［2012］『消費者行動論』有斐閣アルマ。
赤松直樹［2015］「今日のマーケット・メイブンの情報源の特徴—クチコミの発信動機との関係から」『日経広告研究所報』Vol.284。
秋山隆平［2007］『情報大爆発』宣伝会議。
池尾恭一［1999］『日本型マーケティングの革新』有斐閣。
池田謙一［2010］『クチコミとネットワークの社会心理』東京大学出版会。
岸本義之［2012］「消費者主導の時代に考える『パーチェス・ファネル』の有効性と今日的課題」『宣伝会議』No.830 宣伝会議。
木村忠正［2012］『デジタル・ネイティブの時代』平凡社。
清水聰・DNPメディアバリュー研究チーム［2007］『「コミュニケーション型生活者」を探せ！』日経BP企画。
清水聰［2013］『日本発のマーケティング』千倉書房。

宣伝部編集部［2013］「YouTubeの成長を牽引する，"ジェネレーションC"の行動スタイル」『アドバタイムズ』4月5日付　http://www.advertimes.com/20130405/article106796/（2016年3月31日現在）．

高橋利枝［2014］「デジタル・ネイティブを超えて」『Nextcom』Vol.18, summer．

博報堂メディアパートナーズ［2005］［2008］［2010］［2012］［2015］メディア定点調査 http://www.media-kankyo.jp/news/media/（2016年3月31日現在）．

濱岡豊［2007］「共進化マーケティング2.0：コミュニティ，社会ネットワークと創造性のダイナミックな分析に向けて」『三田商学研究』Vol.50, No.2．

松下慶太［2012］『デジタル・ネイティブとソーシャルメディア』教育評論社．

宮田加久子・池田謙一編著［2008］『ネットが変える消費者行動：クチコミの影響力の実証分析』NTT出版．

矢島貴直［2015］「"Dual AISAS"で考える，もっと売るための戦略．」『電通報』2015年10月7日号 http://dentsu-ho.com/articles/3100（2016年3月31日現在）．

和田充夫［1998］『関係性マーケティングの構図』有斐閣．

Belch, G. E. & Belch, M. A. [2008] *Advertising and Promotion: An Integrated Marketing Communications Perspective*, 10th Edition, McGraw-Hill Education.

Court, D., Elzinga, D., Mulder, S. & Vetvik, O. J. [2009] The Consumer Decision Journey, *McKinsey Quarterly*, McKinsey & Company, June. http://www.mckinsey.com/business-functions/marketing-and-sales/our-insights/the-consumer-decision-journey（2016年3月31日現在）

Feick, L.F. & Price, L.L. [1987] "The Market Maven: A Diffuser of Marketplace Information," *Journal of Marketing*, Vol.51, No.1.

Granovetter, M. [1973] "The Strength of Weak Ties," *American Journal of Sociology*, 78-6.

Hall, S.R. [1924] *Retail Advertising and Selling*, McGraw-Hill.

Katz, E. & Lazarsfeld, P. F. [1955] *Personal Influence: The Part Played by People in the Flow of Mass Communications*, Free Press, NewYork.（竹内郁朗訳『パーソナル・インフルエンス』培風館，1965年）

Moore, G.A. [1991] *Crossing The Chasm: Marketing and Selling High-Tech Products to Mainstream Customers or Simply Crossing the Chasm*, Harper Business Essential.（川又政治訳『キャズム』翔泳社，2002年）

O'Reilly, T. [2007] "What is Web2.0 Design Patterns and Business Models for the Next Generation of Software," *Communications & Strategies*, No.65, First Quarter.

Pankratz, D.［2010］"Introducing Generation C The Connected Collective Consumer," *Nielsen Newswire*, Oct 27. http://www.nielsen.com/us/en/insights/news/2010/introducing-gen-c-the-connected-collective-consumer.html（2016年3月31日現在）

Prensky, M.［2001］"Digital Natives, Digital Immigrants," *On the Horizon*, MCB University Press, Vol.9, No.5.

Rogers, E.M.［1995］*Diffusion of Innovations*, 5th Edition, Free Press.（三藤利雄訳『イノベーションの普及』翔泳社，2007年）

Rosen, E.［2000］*The Anatomy of Buzz: How to Create Word of Marketing*, New York Random House.（濱岡豊訳『クチコミはこうしてつくられる』日本経済新聞社，2002年）

Solomon, M.R.［2013］*Consumer Behavior: Buying, Having, and Being*, 10th Edition, Pearson Education, Inc.（松井剛監訳『ソロモン消費者行動論』丸善出版，2015年）

Strong, E.K.［1925］*The Psychology of Selling*, McGraw-Hill.

第 | 3 | 章

消費者行動研究の集計化における理論的および実務的諸問題

1　はじめに

　本章では，本書第Ⅰ部「消費者行動論とマーケティング」の最後の章として，消費者行動研究が今後発展していくために検討すべき問題として消費者行動の集計化の問題を扱う。

　まず過去の主要な消費者行動研究を集計水準別に分類した上で，ミクロ的消費者行動に研究が偏る一方でマクロ的消費者行動研究に関心が集まりにくい構造に着目し，今後の消費者行動研究の理論課題としてのマクロ的消費者行動研究の重要性と集計化の方法の必要性を論じる。次に，消費者行動研究の集計化の方法を論じるために，集計化に成功したと考えられる消費者行動理論をいくつか取り上げ，集計化という観点から各理論を分析し，集計化のタイプについて論じる。最後に，マクロ的消費者行動現象の一つとしての製品普及や市場発生における近年の動向，特に「製品普及への消費者の影響力の増大」および「意味変容現象」とその研究に注目し，消費者行動研究のマーケティング「戦略」への貢献度を高めていくためには，市場の動態を複数の視点から捉える必要がある旨を論じる。

2 集計水準からみた消費者行動研究の課題

(1) 集計水準による消費者行動分類

　消費者を扱った研究の歴史は長く，古くは経済学の伝統的ミクロ経済学における消費者行動選好理論・消費者需要理論に遡ることができるが，マーケティングとの関わりの中での「消費者行動研究」としての歴史は，20世紀初めの行動科学的な研究にその端緒を見ることができる。マーケティングとの関わりにおける行動科学的消費者行動の歴史は，齊藤・田嶋［2014］の整理を基に大まかな時代区分を行うならば，1950年代以前のマーケティング諸手段の個別管理の時代，1950年代の技術革新と統合的マーケティングの時代，1960年代の高関与消費者による選択行動研究の時代，1970年代の認知革命の時代，1980年代の消費者知識の質的側面への注目の時代，1990年代の消費者知識の主観的側面への注目の時代，そして2000年代のフローとしての消費者知識の時代として整理することができる。

　また，過去の消費者行動研究は，研究対象とする消費者の集計水準をどのように捉えるのかによってさらに分類することができる。消費者の集計水準とは，一人の消費者の心理や行動プロセスを研究対象とするのか，マーケティング諸手段に対して同質的な反応を示す消費者のグループを研究対象とするのか，そして，市場という多様な消費者を包含するより大きな集合を研究対象とするのかを分類するものである。これら3つの水準は，それぞれ個別の消費者行動分析（以下タイプⅠと記述），消費者類型論（以下タイプⅡ），市場動態論（以下タイプⅢ）という3つの研究タイプに区別される。タイプⅠの主要研究テーマはHoward-Shethモデル，Bettmanモデルや消費者情報処理モデルに代表される消費者のブランド選択行動モデルなどのミクロ的研究が挙げられる。消費者関与，知識といった構成概念に関する研究などもこの分類に入る。タイプⅡはミクロ研究とマクロ研究の中間的分類と位置づけられ，商品分類研究における消費者の類型化，市場細分化研究といった多様な形で多数輩出された。タイプⅢは，製品普及過程研究に代表されるように，類型化されたさまざまな消費者群が統合されてより大きな市場を形成していくプロセスに関する研究であり，マクロ的市場研究として位置づけられる。各時代の消費者行動研究が集計水準によってどのように分類されるのかは，図表3-1のように整理することができる。

▶図表3－1　行動科学的消費者行動研究の歴史と集計水準

	各時代の特徴	消費者行動研究 集計水準		
		低い（ミクロ）⇔		高い（マクロ）
		個別の消費者行動分析	消費者類型論	市場動態論
1950s以前	マーケティング諸手段の個別管理の時代	広告の効果階層モデル	購買動機と購買行動からの商品分類	
1950s	技術革新と統合的マーケティング	モチベーション・リサーチ パーソナル・インフルエンス	社会階層 採用者カテゴリー	イノベーションの普及
1960s	高関与消費者による選択行動研究の時代	S-O-Rモデル 包括的購買モデル1 多属性態度モデル	市場細分化	プロダクト・ライフサイクルと消費者の問題解決行動
1970s	認知革命の時代	情報処理モデル 消費者関与	細分化基準としてのライフスタイル	
1980s	消費者知識の質的側面への注目の時代	客観的知識（知識構造）	知識と動機による消費者分類	
1990s	消費者知識の主観的側面への注目の時代	主観的知識（知識としてのブランド, 自己知識）		
2000s	フローとしての消費者知識の時代	知識転移（アナロジー）		消費者主導の市場形成

出所：齊藤・田嶋［2014］を加筆修正。

（2）なぜミクロ的消費者行動研究に偏り，マクロ的消費者行動研究に関心が集まりにくいのか

　図表3－1からわかることは，消費者行動研究の多くはタイプⅠの個別消費者行動を分析水準とするものに偏る傾向にあり，タイプⅡの消費者類型やタイプⅢの市場動態を分析対象とした研究がタイプⅠほど多くは見られないということで

ある。この点について阿部（［2013］20頁）は，「現代の消費者行動研究は圧倒的に個人としての消費者行動を中心的な内容としており，集合レベルの消費者行動を扱っているもの，あるいは個人行動の集合レベルへの集計の問題を扱っているものはほとんど見当たらない」と述べている。

では，なぜミクロ的消費者行動に研究が偏り，マクロ的消費者行動研究に関心が集まりにくいのか。誤解を恐れずに言えば，集計水準の問題は，消費者行動研究者の研究志向の違いに一因があると考えられる。相対的に実証志向の強い消費者行動研究者はタイプⅠの個別の消費者行動を分析水準とした研究を志向する一方で，戦略志向の強い消費者行動研究者はタイプⅡやタイプⅢの，より集計水準の高い研究を志向すると考えられる。

タイプⅠの個別の消費者行動に関する研究は，説明変数と被説明変数を固定してしまえば，他の要因をコントロールした上で実証研究に落とし込むことが比較的容易で，変数の組み換え次第で多くの研究成果を上げやすいといった利点がある。もし消費者行動研究者が実証研究に重きを置く場合には，より集計水準の低い個別の消費者行動研究を志向するであろう。

一方，「マーケティングの主体である企業にとっては，必ずしも個々人の行動に関心があるわけではなく，ある集合までまとめられた消費者行動に関心があるのが普通である」（阿部［2013］18頁）ため，集計水準を上げていくと，企業の関心に近づくという意味で戦略的な有用性が高まるが，集団としての消費者行動や経時的な市場のダイナミズムを説明する諸要因をコントロールすることは難しくなり，実証研究に落とし込むことが困難になるというデメリットが生じる。したがって，集計水準の高い分析レベルでは，実証の困難性を補えるだけの戦略的有用性を意識した研究成果を上げる必要があり，研究者には，消費者行動に対する関心だけではなく，強い戦略的思考とマーケティング戦略に関する洞察が求められることになる。

（3）マクロ的消費者行動研究の重要性と集計化の理論の必要性

阿部はさらに，「個人としての消費者行動についても，その一貫した理論的な体系というよりは，関連した知識の寄せ集めといった状況を脱しきれていない」（20頁），「現在の消費者行動論はできるだけ多くの概念をきめ細かな事例として

揃えておいて，具体的問題に即応できる態勢を整えておくという，まさにマーケティングのための道具箱的有用性をもった消費者行動論という色彩を強く持っていることになる。もちろん，消費者行動論のそうした側面は学問分野としての後進性を意味するものであり，決して望ましい状態ということではない」（20頁）と，今日の消費者行動研究に対して課題を投げかけている。

では，タイプⅡやタイプⅢの研究成果が相対的に少ないことは何が問題なのであろうか。先述したように，集計水準を高めていくことと企業のマーケティングへの有用性は大いに関係があると考えることができる。タイプⅠの個別の消費者行動を分析対象とした研究が必ずしもマーケティングへの有用性の点で劣るわけではないが，タイプⅠの研究成果から得られるマーケティングへのインプリケーションは限られた条件下でのものになりがちで，有用性が低いという印象を与えてしまうのかもしれない。ターゲット設定や市場創造といった，より「戦略」的視点に立ったマーケティングを実践していく上では，集計水準の高い消費者行動研究の成果は貢献度が高いと言える。

マーケティング・マネジメントの流れを大きく，①企業戦略・事業戦略課題の抽出，②基本方針としてのSTP（Segmentation, Targeting, Positioning）の決定，③課題解決の具体策としてのマーケティング・ミックス諸手段（4P）の策定の3つに分けるとすると，タイプⅠのミクロ的消費者行動研究は，比較的マーケティング・ミックスへの有用性が高い。なぜならば，広告への反応モデルなど，各マーケティング手段に対して個々の消費者がどのような反応を示すのかについて事前に見通しを立てておくことができれば，効果的なマーケティング手段を策定することができるからである。ただ，具体策としてのマーケティング・ミックスを，基本方針としてのSTPと一貫させるべきものとして考えるのであれば，STPの決定に寄与する消費者行動研究はより重要性を持つものとなる。とりわけ市場細分化（Segmentation）やターゲットの設定（Targeting）については，消費者をいかに分類し，いかに特定の消費者グループを抜き出すのかという点において，タイプⅡの消費者類型論が大きな役割を果たすであろう。さらに，基本方針としてのSTPを，抽出された企業戦略・事業戦略課題と一貫させるべきものとして考えるのであれば，企業戦略・事業戦略課題の抽出に寄与する消費者行動研究はより一層の重要性をもって見られるべきである。抽出される企業戦略・事業戦略課題は，「市場全体の拡大」から「個々のブランド・イメージの向上」に至るまで実にさまざまなものがあるが，課題抽出の過程において市場全体の動態分

▶図表３−２　マーケティング・マネジメントのフローと消費者行動研究の集計水準

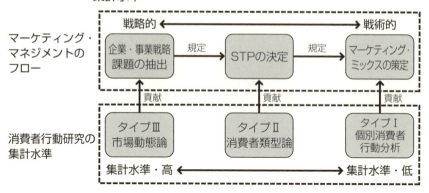

析は欠かせない。市場全体が拡大傾向にあるのか，成熟化傾向にあるのか，縮小傾向にあるのか，それとも市場内の消費者の構成に何かしらの変化が生じているのか，既存製品に対する意味づけが変化しているのかなど，その分析においてタイプⅢの市場動態論が果たす役割は決して小さくないであろう。マーケティング・マネジメントのフローと消費者行動研究の集計水準との対応関係を示したものが図表３−２である。

　図表３−２のマーケティング・マネジメントのフローにおいて，左のフェーズが右のフェーズをそれぞれ規定するという意味で，より左に位置するフェーズが「戦略的」であると考えるのであれば，消費者行動研究の「戦略」上の有用性を強く意識していく場合には，集計水準の高い分析レベルでの研究成果が求められていくはずである。

　そして，マーケティング・マネジメントの一貫性が戦略上の成功可能性を高めるものであると考えるのであれば，それに対応する消費者行動研究もまた，集計水準という軸において一貫性が求められるべきである。すなわち，消費者行動研究における理想的な研究の展開方法は，タイプⅠの個別の消費者行動を説明しながらも，それと同じ枠組みで，より集計水準の高いタイプⅡの消費者類型論やタイプⅢの市場形成を論じ，その結果として戦略的有用性をも高めていくことである。

3 消費者行動研究における集計化のタイプ

(1) 消費者行動研究における集計化の事例

　前節ではマーケティングの戦略性という観点からマクロ的消費者行動研究の重要性を述べ、そのためには消費者行動の集計化の理論が必要であることを主張したが、本節ではまず、ミクロからマクロへの集計化に成功していると考えられる消費者行動理論をいくつか取り上げ、タイプⅠからタイプⅢへの理論展開という観点から各理論を整理する。

① Rogersの普及理論

　まず取り上げるのは、Rogersの普及理論である。Rogersの普及理論とは、農村社会学を中心として発展したイノベーションの普及現象に関わる諸成果をRogers［1962］が概念図式によって整理し、マーケティングおよび消費者行動の領域にも適用された一連の経験的発見物である。イノベーションの普及を促進するさまざまな要因も識別され、高度経済成長期のような、耐久消費財を中心としたさまざまな新製品が市場に普及し始めていた時代においてRogersの普及理論は多くの注目を集めた研究であった。

　普及理論は、その名のとおり、主たる関心の対象が「普及」というマクロ的現象であるため、本質的に分析対象の集計水準は高く、タイプⅢの市場動態論に該当する研究領域である。分析対象は、具体的には、特定のイノベーションに対する普及率や採用者数という、より集計化された形で表される。

　一方でRogersの普及理論の成果はタイプⅢの分析水準のみならず、タイプⅡやタイプⅠにも及ぶ。Rogersは、時間の経過とともに新製品を採用する消費者の特性が5段階で変わるとし、図表3－3に示されるように、採用者カテゴリーと呼ばれる、この5つのタイプの消費者の蓄積によって新製品の普及、すなわち特定の製品カテゴリーの市場形成の仕組みを論じている。特に、ある新製品の市場が立ち上がるか否かについては、初期少数採用者と呼ばれる消費者群が採用するか否かと、彼らが他の消費者に影響を与えるか否かに大きく関わっていることを示唆した。新製品に対する消費者の感度の違いを類型化したという点でRogersの普及理論はタイプⅡの消費者類型論をカバーする理論であったと言える。さらに、Rogersはイノベーションを採用する消費者の心理的過程（タイプ

▶図表3-3　イノベーションの普及過程と採用者カテゴリー

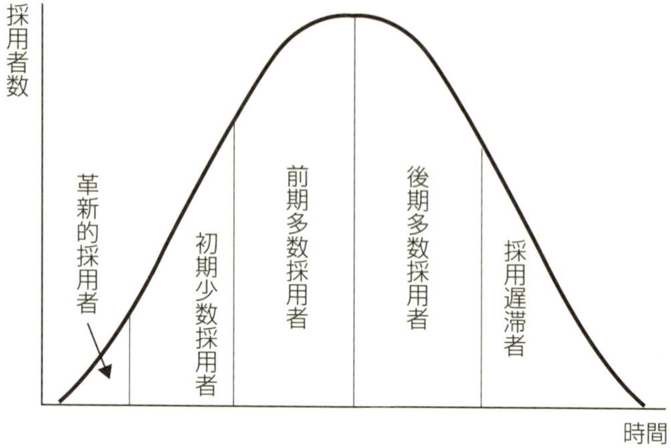

（縦軸：採用者数、横軸：時間）

カテゴリー：革新的採用者／初期少数採用者／前期多数採用者／後期多数採用者／採用遅滞者

出所：Rogers [1962]

Ⅰの分析水準）にも注目し，イノベーションの「採用プロセス」として，いくつかの心理的段階を識別している。また，初期少数採用者と他の消費者群との連結を説明するものとして初期少数採用者のもつオピニオンリーダーシップという心理的概念にも注目している。

　このようにRogersの普及理論はタイプⅠからタイプⅢまでをカバーできる理論であることがわかり，このことは普及理論の戦略的な有用性が高いことを意味する。普及理論においては，まずイノベーションの普及としての新製品の成功というマクロレベルでの企業戦略・事業戦略課題が設定される。そして，この企業戦略・事業戦略課題を解決するために，いかなるタイプの消費者をターゲットとして市場を立ち上げるべきかの基本方針が決定され，さらに採用者の心理的プロセスの分析を含む普及促進要因への洞察から具体的なマーケティング・ミックスを導き出すことができる。すなわち，普及理論の下では，企業戦略・事業戦略課題からSTP，マーケティング・ミックスまでの一貫した落とし込みが可能となるのである。

② 池尾モデル

　次に，近年の日本における研究として，池尾［1999］の『日本型マーケティングの革新』における理論展開がタイプⅠからタイプⅢまでをカバーする1つの試

▶図表３−４　池尾モデルにおける消費者類型

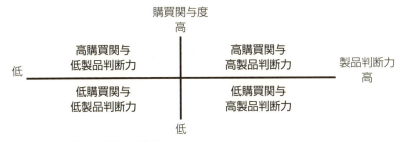

出所：池尾［1999］116頁を加筆修正。

みとして取り上げることができる。池尾は，日本の高度経済成長期において展開された日本型マーケティングの形成過程において，当時の日本人の特徴的な購買特性が大きな影響を与えていることに注目した。まず，タイプⅠの個別の消費者行動のレベルにおいて，池尾は購買関与度および製品判断力という２つの消費者要因と消費者の購買行動との関係について説明を行い，特に購買関与度が高く製品判断力が低い消費者が，その購買行動においてリスク回避志向になり，情報探索時の情報源として人的情報源を重視する傾向にある点を述べている。続いてタイプⅡの消費者類型論においては，図表３−４に示されるように，購買関与度の高低および製品判断力の高低によって消費者行動の類型化を行った上でそれぞれに適したマーケティングのタイプを提案している。特に購買関与度が高く製品判断力が低い消費者が日本の戦後・高度経済成長期における市場の一般的タイプである点を指摘している。さらに，同じ枠組みを用いて，日本の戦後・高度経済成長期から今日までの市場のダイナミズム，すなわち，「購買関与度が高く製品判断力が低い消費者」から「購買関与度が低く製品判断力が低い消費者」への移行というタイプⅢの市場動態論を展開し，それに伴い日本型マーケティングには革新が求められるという，戦略性の高いマーケティング課題を提示した。

　Rogersの普及理論と池尾モデルの２つの研究が消費者行動研究の集計水準であるタイプⅠからタイプⅢをどのようにカバーしているのかをまとめると，図表３−５のようになるが，戦略性をもったマーケティング・ミックスを策定する上では，タイプⅠからタイプⅢまでをカバーできるような消費者行動理論に基づいた戦略策定が必要である。そして，タイプⅠからタイプⅢまでをカバーできるような消費者行動理論を構築していくためには，タイプⅠの水準に偏ることなく，

▶図表3-5 消費者行動研究の理論展開例

集計水準	低い ←		→ 高い
研究対象	タイプⅠ 個別の消費者行動分析	タイプⅡ 消費者類型論	タイプⅢ 市場動態論
Rogers [1962]	イノベーションに対する感度と採用時期との関係	イノベーションの採用者カテゴリー	イノベーションの普及
池尾 [1999]	製品判断力および購買関与度と購買行動との関係	製品判断力と購買関与度による消費者行動分類とマーケティング戦略	戦後から今日までの消費者行動の動態とマーケティング戦略の変革

タイプⅡ，タイプⅢの集計水準へ理論展開していく方法論が必要である。

（2）消費者類型論から市場動態論への集計化における2つのタイプ

　本節では，集計水準を通じて一貫した理論体系をつくるための方法論として，ミクロ的消費者行動研究をマクロ的消費者行動研究に展開するための集計化のモデルを明示していく。

　まず，タイプⅠの個別消費者行動分析からタイプⅡの消費者類型論への集計化はそれほど難しいものではない。たとえば関与概念であれば，高関与な消費者の情報探索意欲が高まるというタイプⅠでの論理は，関与概念を消費者類型の基準とするだけで，高関与な消費者の情報探索と低関与な消費者の情報探索というタイプⅡの消費者類型論への展開が比較的容易に行われる。つまり，タイプⅠの集計水準において消費者個人に帰属可能な概念を特定できれば，その概念には，その変動によって消費者を類型化できることが自然に内包されているのである。

　一方，タイプⅡの消費者類型論からタイプⅢの市場動態論への展開は容易ではない。なぜなら，市場の形成やその動態を説明するためには，類型化された消費者グループが市場として統合されるための，消費者グループ間をつなぐ新たな論理や概念を導入する必要があるからである。そこで，前節で示した2つの研究事例の分析をヒントに，特にタイプⅡの消費者類型論からタイプⅢの市場動態論への集計化の方法論として，以下では2つのモデルを提示していきたい。

① 市場形成モデル

まず1つの集計化モデルは，時間の経過に伴って市場に新たに参加する消費者の特性の変化に注目するモデルである。このモデルの下での市場動態は，特性の異なる消費者が時間の経過に伴って市場に累積的に連結されて市場が形成されていくものとして捉えられる。この特徴からこの集計化モデルを「市場形成モデル」と呼ぶことにする。

「市場形成モデル」では，市場への参加時期の異なる消費者間の特性の差異に注目する。たとえば，オピニオンリーダーシップや新奇なものを試してみたいという消費者革新性の概念などがこれに含まれる。市場形成モデルでは，ある市場のある時点における消費者が，オピニオンリーダーシップ性が高い消費者と低い消費者のように明確に区別され，これらの異なる特性を持つ消費者が時間の経過とともに累積的に参加し市場が形成されるとする集計化の論理を想定する必要がある。市場形成モデルの下では，図表3－6のように，タイプⅡの水準で類型化された各消費者グループは，時間の経過とともに「何らかの社会的つながり」によって「連結されるもの」としてその関係性が示される。

このモデルが適用される状況としては，消費者の「採用行動」が想定される。したがって，このモデルは主として新しい製品カテゴリーが市場に導入された際にそれを採用するか否かの意思決定に関わるものとして捉えることができる。たとえば，薄型テレビが市場に導入された際に，どのようなタイミングでどのようなタイプの消費者がそれを採用するのかを説明・予測・統制する際に有効なモデルであると言える。

▶図表3－6　市場形成モデル

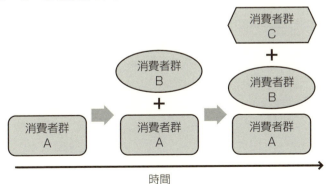

Rogersの普及理論では,図表3－3で示されたように,タイプIIの消費者類型論として識別された5つの採用者カテゴリーを「追加されていくもの」として捉えることによって,1つの市場が形成される様子を説明することができ,タイプIIIの市場動態論に展開することが可能となる。そして,異なる特性をもつ消費者が市場に参加する契機として示される口コミや顕示的消費などの消費者グループ間の人的なコミュニケーションを想定することで,次に採用するであろう消費者群の予測や,次に採用してもらうべき消費者群の統制が可能となる。

②　市場変容モデル

　2つめは,市場を代表する消費者特性の時系列的変化に注目するモデルである。前述した「市場形成モデル」の下での市場動態は,特性の異なる消費者が時間の経過に伴って累積的に連結されて市場が形成されていくものとして捉えたのに対して,このモデルの下での市場動態は,ある特定の消費者群の特性が時系列に変容するものとして捉えられる。

　消費者特性の時系列的変化とは,ある特定の消費者群の特性が学習効果,飽き,ライフステージの変化など,時間の経過とともに変化することを意味し,消費者知識や購買関与度といったミクロ的概念によってこれを捉えることができる。たとえば消費者が有する知識は購買経験の蓄積とともに向上していき,その結果,情報処理が精緻化されるなど,消費者の購買行動も変化していく。同様に,同じ商品を反復購買する度に購買関与度は低下し,それとともに情報探索意欲が低下するなどの消費者の購買行動も変化する。多くの消費者が同様の変化を同時に示すのであれば,これは市場動態として捉えることができる。すなわち,類型化されたいくつかの消費者群に時系列的な順序を当てはめて整理することによって,消費者類型論を市場動態論に昇華させることが可能になるのである。このような集計化のモデルを「市場変容モデル」と呼ぶこととする。市場変容モデルの下では,図表3－7のように,タイプIIの水準で類型化された各消費者グループは,時間の経過によって「変容していくもの」としてその関係性が示される。

　このモデルが適用される状況としては,このモデルには消費者の購買経験が大きく関わっていることから,購買経験が活かされる状況,すなわち,主として「継続購買」という状況が想定される。特定ブランドの継続購買や,特定製品カテゴリーの継続購買など,消費者が重視する属性の種類や属性の重要度にあまり変化のない場合においてこのモデルの適用可能性が高くなる。たとえば,薄型テ

▶図表3-7　市場変容モデル

レビの新規需要と買い替え需要との違いを説明する際にはこのモデルは有効である。

　先述した研究事例では，池尾モデルがこのタイプの集計化に該当するが，以下では本質的にタイプⅠの個別消費者行動分析モデルであるHoward-Shethモデルが，タイプⅡの消費者類型論やタイプⅢの市場動態論へいかに展開されうるのかを解説していきたい。

　Howard-Shethモデルは1969年にHoward とShethによって提案された消費者行動の包括的概念モデルである。それまで断片的に議論されてきた消費者行動の諸概念を１つのモデルの中に包括的に統合したという意味で，消費者行動研究の進展に大きく貢献した。その後，Bettman［1979］によって集大成された情報処理アプローチの優位性[1]によって，消費者行動研究におけるHoward-Shethモデルの存在感は薄れていくことになるが，以下に示すように，マーケティング・マネジメントへの戦略的有用性は高いモデルである。

　Howard-Shethモデルは，刺激に対して反応する消費者の内面が知覚構成体と学習構成体から成るものとして捉えた点において，本質的にタイプⅠの個別消費者行動分析の水準に該当するが，このモデルから３つの消費者行動類型を導いている点においてタイプⅡの消費者類型論に展開できる。Howard-Shethモデルが示した３つの消費者行動類型とは，拡大的問題解決行動（EPS：Extensive Problem Solving），限定的問題解決行動（LPS：Limited Problem Solving），日常的反応行動（RRB：Routinized Response Behavior）である。この３つの行動類型は，一般に購買経験がないかほとんどない消費者は評価基準も態度も形成されていないためリードタイムも最長であるEPS，中程度の購買経験を有する場合はLPS，十分な経験を持ち１つあるいは少数のブランドに強い正の態度を有する場合にはRRB型の意思決定（選択）行動をとると考えられている。すなわち，購買経験とともにEPS→LPS→RRBと変容していくことになる。

　次にこのEPS→LPS→RRBという変容過程とプロダクト・ライフサイクルとを

対応させると，タイプⅢの市場動態論への展開が可能になる。プロダクト・ライフサイクルの導入期における市場構成は，購買経験の乏しい消費者群，すなわちEPSに沿った消費者が大きな割合を占め，次に成長期においては，中程度の購買経験を有するLPSに沿った消費者が支配的となり，そして成熟期においては十分な経験を有したRRBに沿った消費者が支配的となる。こうして分類された消費者の3つの問題解決行動は，導入期におけるEPSの消費者群から，成長期におけるLPSの消費者群へ，そして成熟期におけるRRBの消費者群へと市場のダイナミズムを説明することができる。

　プロダクト・ライフサイクル論がまさにそうであるように，市場形成過程のタイミングによって「戦略」は大きく異なる。すなわち，導入期においてはEPSに対応するマーケティング戦略，成長期においてはLPSに対応するマーケティング戦略，そして成熟期においてはRRBに対応するマーケティング戦略が適切である。そして，EPS→LPS→RRBという順序性が想定されることから，EPSに対応するマーケティング戦略を行った後には，LPSに対応するマーケティング戦略が必要となってくるであろうという「企業戦略・事業戦略課題」を導くことも可能になる。「企業戦略・事業戦略課題」を導くという点において，タイプⅢにも展開可能なHoward-Shethモデルは結果として戦略性の高いモデルとして捉えることが可能になるのである。一見すると，Rogersの普及理論とHoward-Shethモデルのプロダクト・ライフサイクル論への展開とは，それぞれ消費者行動の時系列的変化を追っているという点で似ているが，Rogersの普及理論がイノベーションに対して感度の異なる消費者の連結を説明しているのに対して，Howard-Shethモデルが市場を代表する消費者自体の一般的変化を説明している点において両者は大きく異なる。

4　意味変容プロセス

（1）近年の製品普及の特徴としての意味変容現象

　前節では，集計化のモデルを「採用行動」に適用される市場形成モデルと「継続購買」に適用される市場変容モデルとに分けて論じてきたが，近年，この2つの状況を明確に切り分けられない製品普及の特徴が見られるようになってきた。日本の戦後から高度経済成長期においては，テレビなど三種の神器に代表される

製品を初めて購入する際の市場の動態を説明する上では市場形成モデルが有効であったし，1970年代以降，安定成長期に入った時代において，2台目のテレビや買い替えといった需要が1台目の需要に比べて質的にどのように変化したのかを説明する際には市場変容モデルが有効であった。

ところが，近年は，同じ製品カテゴリーの買い替えであっても，製品使用の意味が変化したり，その結果として新しいタイプの消費者が市場に参加したりする現象が見られるようになった。たとえば，1980年代に登場した携帯電話という製品カテゴリーは，1980年代末ごろまでは主にビジネスユースとして普及した。1990年代に入ると，ビジネスユースに加えて，この市場にポケベルでメールコミュニケーションを経験したユーザーが流入してきた。その結果，携帯電話はメール用途需要を取り込むことになる。90年代末に，「ｉモード」に代表されるメールサービスが登場したことにより，メールを中心とした携帯需要はより一層強化されることになる。その後，カメラ機能，音楽プレーヤー機能，GPS機能，着メロ・着うた機能などが追加され，携帯電話は「持ち運べる高度デジタル機器」へと変化していった。この過程においても，機能の追加と同時にそれと関わる需要を新たに取り込んでいった。そして2000年代後半になると，スマートフォンが登場し，スマートフォン1台で，パソコン，デジタルカメラ，デジタルビデオカメラ，携帯音楽プレーヤー，カーナビゲーション・システムなど実に多くの既存製品が有する機能をこなすようになっていった。それに伴い，スマートフォンは上記製品の需要の一部をも取り込むようになっていった。たとえば，デジタルカメラを買わずにスマートフォンで済ますという需要である。ガラケーと呼ばれる携帯電話の新規購入，ガラケーの機種変更，スマートフォンの新規購入，スマートフォンの機種変更，これらは広義の携帯電話という製品カテゴリーの買い替えであるという意味で継続購買である。しかしながら，買い替えするごとに携帯電話の意味が変容し，新たな需要を取り込んでいるとするならば，1回1回の購買は「採用行動」として解釈することもできる。

このような現象は，携帯電話に限らず，2000年代以降，ハイブリッド製品と呼ばれる製品群の普及において顕著に見られる。ハイブリッド製品は，さまざまな既存製品の機能を内包しているという意味でハイブリッドであり，新たな機能の内包がその製品に新たな意味をもたらすことがある。たとえば，Apple社のiPodは，かつての携帯音楽プレーヤー機能とパソコンのハードディスク機能を合わせたものであるという意味でハイブリッド製品である。それまでの携帯音楽プレー

ヤーが新たに大容量のハードディスク機能を備えたことによって，携帯音楽プレーヤーの意味は大きく変容することになった。iPod以前の携帯音楽プレーヤーを使用する場合には，消費者はその日に聞きたい音楽が収録されたカセット，CD，MDなどを持参したり，自身の携帯音楽プレーヤーに事前に聞きたい音楽を保存したりする必要があった。この時，消費者の音楽コレクションは自宅のCD棚か自宅のパソコンの中に存在する。ところが，携帯音楽プレーヤーが大容量のハードディスクを備えるようになると，自宅の音楽コレクションがiPodの中に納まることになる。すなわち，外出する際にその日に聞く音楽を選別する必要はなくなり，自宅の音楽コレクションをすべて持ち歩くことができるようになったのである。iPod以前の携帯音楽プレーヤーからiPodへの買い替えは，携帯音楽プレーヤーの「継続購買」でもあるが，音楽コレクションをすべて持ち歩くという点において携帯音楽プレーヤーの意味が変容しており，新たな携帯音楽プレーヤーの「採用行動」として捉えることができる。

　もちろん製品のスペック自体は変わらないが新たな意味づけによってその製品の普及が拡大する現象も従来から見られる。いわゆる既存製品の本来とは異なる新たな用途が広まり，新たな顧客がその製品市場に参加する場合である。このように製品の意味を変容させながら製品が普及していく現象を本章では意味変容現象と呼ぶこととする。

（2）消費者主導の市場形成

　では，なぜ意味変容現象のような，「継続購買」と「採用行動」が混在した現象が起きているのであろうか。1つの理由として，従来企業主導で進められてきた製品の普及に消費者が関与するようになってきたことがあげられる。Bass [1969]，Rogers [1983]，キャズム理論のMoore [1991] に代表されるような，伝統的な企業主導のイノベーションの普及に対して，近年は新製品の普及における消費者の役割の重要性が注目され，イノベーションの普及に寄与する要因としての消費者を考慮するモデルが数多く提案されている（たとえば，Baldwin, et al. Hienerth, and von Hippel [2006］；Cova & Dalli [2009］；Rindfleisch & Moorman [2001］；Urban & Hauser [1993］；von Hippel [1986, 2005]）。さらに，市場は社会的に構成されるものとしての見方を取るモデル（Fligstein & Dauter [2007］；Humphreys [2010］；鷲田 [2015]）や，完全な消費者主導の市

▶図表3-8　企業主導の市場形成と消費者主導の市場形成との違い

	企業主導の市場創造	消費者主導の市場形成
業界のスタンス	積極的な関与	受動的な関与
消費者のニーズ	確認が必要	消費者にとってあまねく自明
イノベーションの管理	企業による集中管理	起業家的消費者間での分散的管理
イノベーションの促進要因	外発的動機づけ，利益	内発的動機づけ，楽しさ
普及の特徴	マーケティング志向で，企業主導普及	コミュニティ主導による有機的な普及
市場の構造	トップダウン，既存の市場構造	ボトムアップ，動態的な市場構造
投資の特徴	企業による大規模な先行投資	漸次的で分散的な投資
失敗のリスク	高い	低い

出所：Martin & Schouten［2014］p.867.

場形成モデル（Giesler［2008］；Goulding & Saren［2007］；Martin & Schouten［2014］）も提案されている。消費者が市場形成に関わる現状を受けて，Martin & Schouten［2014］は，図表3-8のように，企業主導の市場創造と消費者主導の市場形成との間にはいくつかの重要な違いがあることを指摘している。

　この表の中で注目すべき点は，市場の構造が，企業主導の市場創造ではトップダウンで固定的なものであるのに対して，消費者主導の市場形成においてはボトムアップで動態的な特徴を持つということである。その結果，企業主導の製品普及に比べて，消費者が多かれ少なかれ関与する製品の普及には意味の変容が起こりやすいと言える。

（3）市場連結モデル

　このような意味変容現象も市場の動態を構成する重要な側面である。意味変容に関する研究については，赤岡・松尾［2014］によれば，静態的な研究と動態的な研究とに大別できるが，本論で扱う意味変容は動態的な側面に注目するものである。意味研究の静態的研究が意味の観察や意味の解読を問題とするのに対して，動態的研究は，意味の成立過程を問題とする。意味の成立過程においては諸説あ

り，動態的意味研究が説明可能な範囲はかなり限定されている（赤岡・松尾［2014］172頁）。製品の意味が多くの消費者の中で定着するプロセスについては未だ議論の余地があるが，意味の成立過程がいかなるものであるのかはともかく，製品の意味が変容しうるものであるという前提に立てば，意味変容は，新たな需要を創造するという点において，市場動態を説明する上で無視できない現象である。

　意味の変容は，特定の消費者と特定の製品との関係の中で起こる。意味変容現象は，新しい消費者群の参加もなく既存の消費者群の時系列的変化もない状態で，意味のみが変容していく場合があるという点で「市場形成モデル」と「市場変容モデル」のそれぞれが想定する現象とは異なる。消費者自体に変化が生じなくても，製品の意味が変容していく場合には，意味変容現象は企業にとって戦略課題として捉えるべき重要な市場動態になりうる。

　前述したように，意味変容現象が想定される場合には，ある特定製品カテゴリーの「継続購買」であっても，製品に対する意味づけが異なるものを購買する行動は「採用行動」に近い行動となる。一方で，新しく意味づけられた製品の「採用行動」を行いつつも，旧製品の購買経験を引き継いでいるのであれば，「継続購買」としての側面も持つ。このように意味変容現象は，ミクロレベルでは「継続購買」と「採用行動」を切り分けることができない。したがって，その集計化においても，市場形成モデルと市場変容モデルのどちらに依拠すればよいのかという問題が生じる。そこで，製品の「継続購買」と「採用行動」の両者を内包する集計化のモデル，すなわち市場形成モデルと市場変容モデルの2つの集計化のタイプを内包するハイブリッド型の集計化モデルを想定する必要があり，図表3-9で示されるようなモデルを提示する。このモデルでは，同一製品であっても異なる意味で捉える各消費者群をいくつかの異なる市場変容モデルとして規定し，それらが下から連結する形で層化され，層化された市場変容モデル間には，市場形成モデルとしての関係が構造として存在する。本研究では，同一製品に対して異なる意味を付与する消費者群（市場）が連結されていくという意味で，このハイブリッド型の集計化モデルを「市場連結モデル」と呼ぶこととする。

　図表3-9に示されるように，市場連結モデルでは，特定の製品カテゴリーを継続購買する消費者の特性が製品の意味の変容とともに変化する様子（消費者群Aの特性A1からA2，A3へと変容する様子）は，市場変容モデルによって説明が可能である。そして，製品の意味が変容する契機となるのが新たな消費者群

▶図表3－9　市場連結モデル

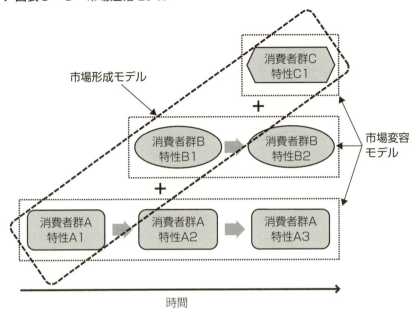

の採用行動，すなわち新たな特性をもった消費者群による市場への参加である。この消費者群が既存の消費者群に連結され，この消費者群自身もその後は継続購買を行いつつ，製品の新たな意味変容に伴い，その特性も変容させていく（消費者群Bの特性B1からB2へと変容する）。そして，図表3－9において斜めの点線---で示される，新たな消費者群が市場に連結されるプロセス（消費者群A特性A1→消費者群B特性B1→消費者群C特性C1）は市場形成モデルとして捉えられる。

　既存製品の機能を内包しながら普及するハイブリッド製品の市場動態論を展開する場合には，新規需要の創造と既存需要の更新とが同時進行で繰り返されることを想定したこの市場連結モデルが有効である。このモデルからは，市場全体の活性化，すなわち既存顧客による買い替え需要を喚起し新規需要を取り込むために，いかなる意味変容に注目すべきか，または起こすべきかというマーケティング課題が導かれる。そして，基本方針としてのSTPでは，既存顧客が想起すべきポジショニングと新規顧客が想起すべきポジショニングが決定される。そして最後にそれぞれのポジショニングを具現化し，交換を実現するためのマーケティン

グ・ミックスが策定されることになる。マーケティング課題から，基本方針としてのSTP，そしてマーケティング・ミックス策定への指針を一貫した形で示唆できる点でこのモデルは「戦略的」である。

5　各集計化モデルの適用条件

これまでの議論より，市場の動態を説明する要素として3つの時系列変化が識別された。1つめは「市場形成モデル」が想定する「新規消費者群の追加」であり，2つめは「市場変容モデル」が想定する「既存消費者群の時系列的変化」であり，そして3つめが「市場連結モデル」が想定する「製品の意味変容を契機とした新たな市場の連結」である。市場の動態を捉えるためにはこの3つの要素軸を考慮に入れる必要がある。すなわち，ある特定の製品市場における，ある時点から他の時点への市場の動態は，①既存消費者群が持つ特性の変化，②新規消費者群の市場への参加，そして③製品の意味変容の3つの変数の関数として捉えることができるのである。これらの3つの要素がそれぞれ変化しているのか，それとも安定的なのかに注目することが，先に提示した3つの集計化モデルがいかなる条件の下でいかに用いられるのかの指針を提供する。

では，これら3つの集計化モデルは，それぞれいかなる市場動態の場合に適用可能なモデルとなるのか。本研究では，図表3-10のように，①市場段階が形成期にあるのか，それとも成熟期にあるのか，②製品の意味が固定的なのか，変容しているのかの2つの基準を用いて各集計化モデルの適用可能な条件を整理する。

図表3-10において示されるように，まず市場形成モデルは，特定の製品に対する意味が固定的で，そして市場へ新たな消費者が流入する市場形成期に適用可能なモデルである。先述したように，市場形成モデルの典型例としてのRogers

▶図表3-10　各集計化モデルの適用条件

		市場段階	
		市場形成期	市場成熟期
製品の 意味変容	なし	市場形成モデル	市場変容モデル
	あり	市場連結モデル	

の普及理論は，あるイノベーションが多くの消費者にとって等しく良いものであって，そのイノベーションに対する感度の異なる消費者が連結されていく過程を説明するモデルであった。

　一方で市場変容モデルは，新製品の採用は終わり，製品の意味が固定化された下での継続購買へと移る成熟期に適用可能なモデルである。製品の意味が固定的であるため，消費者のその製品に対する属性のタイプや属性の重要度に大きな変化はなく，継続購買の際には過去の購買経験による学習効果が働く。したがって，市場変容モデルは，先述したHoward-ShethモデルにおけるEPS→LPS→RRBという消費者の購買行動の変化のように，市場を代表する消費者自身の特性が時系列的に変化していく過程を説明できるのである。

　そして市場連結モデルは，製品の意味が変容する際に適用可能なモデルとして識別される。先述したように市場連結モデルは市場形成モデルと市場変容モデルとのハイブリッド型であるため，製品に対する新たな意味が付与されて新たな消費者が市場に連結される場合には市場形成期のモデルとして，そして新たな意味の下で既存の消費者による継続購買がなされる場合には市場成熟期のモデルとして捉えることができる。特に今日のように，ハイブリッド製品の登場によって複数の既存製品にまたがって市場を塗り変えていく状況や，ICTの発展を背景に，ソーシャル・メディアでつながった消費者が製品の意味変容を主導していく状況においては市場連結モデルによって市場動態を捉えることの重要性は大きいであろう。

　これら3つのモデルを統合的に用いることによって，企業・事業戦略の課題として捉えるべきことが明確になる。いま市場で起きている変化，すなわち市場の動態が既存消費者の時系列的変化によるものなのか，新たな特性をもった消費者の流入によるものなのか，それとも製品の意味の変化によるものなのかを識別することが可能になり，新たな戦略課題を導く指針を得ることができる。

　また，企業と市場のインタラクションを想定するのであれば，企業・市場課題として企業がいかなる変化を起こすべきかという戦略課題をも導くことが可能である。既存消費者の時系列的変化への対応による市場維持・市場拡大を戦略課題とするのか，新たな消費者を取り込むことによる市場維持・拡大を戦略課題とするのか，企業主導で既存製品の意味変容を起こすことによる新たな買い替え需要の喚起を戦略課題とするのか，それともこれら3つの市場戦略を同時に行うことを戦略課題とするのかなどである。

以上のように，本論では，消費者行動研究における市場動態論が「企業・事業課題戦略の抽出」へ貢献しうることが明らかにされた。このことは，集計水準の高い消費者行動研究がマーケティングにおける強い戦略性を有していることを意味する。本論で提示したモデルの妥当性を確認するという課題はまだ残されてはいるが，消費者行動の集計水準についてタイプⅠからタイプⅢまでをカバーできる理論の構築は，マーケティング「戦略」への有用性を高め，ひいてはそれは消費者行動研究の発展に寄与するものである。

6 おわりに

本章で明らかになったことは以下の点である。
1）消費者行動研究の歴史をひも解くと，消費者行動研究は，時代区分と3つの集計水準（個別消費者行動分析，消費者類型論，市場動態論）によって整理することができる。
2）消費者行動研究の歴史を3つの集計水準によって分類すると，過去の消費者行動研究の成果がタイプⅠの個別消費者行動分析に偏る傾向にある。
3）消費者行動研究が個別の消費者行動分析に偏る理由は，情報処理理論の展開と消費者行動研究者の実証志向にある。
4）マーケティング・マネジメントのプロセスにおける戦略性と消費者行動研究の集計水準の高さは対応する。
5）消費者行動研究のマーケティングへの有用性を高めていくためには，より集計水準の高い研究，すなわち，タイプⅡの消費者類型論やタイプⅢの市場動態論に展開できる研究が必要である。
6）消費者行動研究を集計化する方法には2つのタイプがあり，「採用行動」を前提とする「市場形成モデル」と，「継続購買」を前提とする「市場変容モデル」とに分けられる。
7）近年の製品普及には，「採用行動」と「継続購買」とを切り分けられない意味変容現象が見られ，市場動態を捉えるためには意味変容現象をも考慮に入れる必要がある。意味変容現象を捉えるための集計化モデルとして，「市場連結モデル」が提案された。
8）提案された3つの集計化モデルは，意味変容の有無と市場形成過程の成熟度によって適用条件が異なる。

9) 3つの集計化モデルによって市場の動態を多面的に捉えることで,企業・市場戦略課題も多面的に導くことが可能になる。
10) 消費者行動研究の発展を促すためには,消費者行動の集計水準についてタイプⅠからタイプⅢまでをカバーできる理論を構築し,戦略的有用性を高めていくことが必要である。

〔注〕

1 阿部［1983］によれば,消費者情報処理理論は,それ以前の刺激－反応パラダイムに比べて次のような優れた特徴を持っている。

①刺激－反応パラダイムにおいては刺激と反応との結びつきを問題とするため,刺激を行動の始動因とする受け身型の消費者が考えられる。それに対して,消費者情報処理理論は消費者を情報処理系と捉えているため,受動的情報処理だけでなく,問題解決行動,あるいは目標達成行動といった能動的側面にも関心が向けられる。そして,この点は今日,消費者の行動が個性化・多様化し,自律的側面を強めつつある状況を鑑みると消費者情報処理理論の優れている点である。

②刺激－反応パラダイムでは,消費者にインプットされる刺激そのものが関心事となるのに対して,消費者情報処理理論では刺激がその消費者によってどのように解釈されるのかということが関心事となる。したがって,消費者情報処理理論においては,同一の刺激に対して消費者が異なった受け止め方をすることに対する分析枠組みを提供してくれるものである。

③刺激－反応パラダイムの有する1つの限界としては,企業から提供される情報がどのように組み合わされて消費者の意思決定に用いられたのかという側面を十分扱い得ないという点がある。消費者情報処理理論では,消費者が刺激として与えられた情報をいかに解釈するかということに加えて,得られた情報をどのように統合して選択を行っているのかという点が重要な研究課題となる。すなわち,なぜ消費者がある行動をとるのかということは,消費者情報処理理論によってはじめて一貫した枠組みのもとに取り上げられることになる。

④消費者情報処理理論は,刺激－反応パラダイムのように単に刺激と反応をブラック・ボックスで結びつけるのではなく,情報がどのように取得,統合され,最終的な購買決定にいたるのかという全プロセスが関心事となる。したがって,そこでは情報処理プロセスに影響すると考えられる状況的要因および消費者の個人的要因の役割が重視される。

〔参考文献〕

赤岡仁之・松尾洋治［2014］「市場の理解における諸問題2―ポストモダン的研究の諸問題―」KMS研究会監修・堀越比呂志編著『戦略的マーケティングの構図』同文舘出版, 154-179頁。

阿部周造［1978］『消費者行動』, 千倉書房。

―――［1983］「ハワード-シェス・モデルではなぜダメなのか」『流通政策』14（5月), 56-62頁。

―――［2013］『消費者行動研究と方法』千倉書房。

池尾恭一［1999］『日本型マーケティングの革新』有斐閣。

齊藤通貴・田嶋規雄［2014］「市場の理解における諸問題1―行動科学的消費者行動研究の諸問題―」KMS研究会監修・堀越比呂志編著『戦略的マーケティングの構図』同文舘出版, 119-153頁。

鷲田祐一［2015］『イノベーションの誤解』日本経済新聞社。

Baldwin, Carliss, Christoph Hienerth, & Eric von Hippel [2006] "How User Innovations Become Commercial Products: A Theoretical Investigation and Case Study," *Research Policy*, 35 (November), pp.1291-1313.

Bass, F. M. [1969] "A New Product Growth Model for Consumer Durables," *Management Science*, 15 (January), pp. 215-227.

Bettman, James R. [1979] An information Processing Theory of Consumer Choice, Reading, MA: Addison-Wesley.

Cova, Bernard, & Daniele Dalli [2009] "Working Consumers: The Next Step in Marketing Theory?" *Marketing Theory*, 9 (3), pp.315-339.

Fligstein, Neil, & Luke Dauter [2007] "The Sociology of Markets," *Annual Review of Sociology*, 33 (August), pp.105-128.

Gale, H. [1900] *Psychological Studies*, Minneapolis: The Author.

Giesler, Markus [2008] "Conflict and Compromise: Drama in Marketplace Evolution," *Journal of Consumer Research*, 34 (April), pp.739-753.

Goulding, Christina, & Michael Saren [2007] "'Gothic' Entrepreneurs: A Study of the Subcultural Commodification Process," in *Consumer Tribes*, ed. Bernard Cova, Robert V. Kozinets, & Avi Shankar, Oxford: Butterworth-Heinemann, pp.227-242.

Howard, J. A., & J. N. Sheth [1969] *The Theory of Buyer Behavior*, John Wiley & Sons.

―――［1968］"A Theory of Buyer Behavior," in H. H. Kassarjian, T. S. Robertson eds., *Perspectives in Consumer Behavior*, Scott, Foresman and Company.

Humphreys, Ashlee [2010] "Megamarketing: The Creation of Markets as a Social Process," *Journal of Marketing*, 74 (March), pp.1-19.

Martin, Diane M. & John W. Schouten [2014] "Consumption-Driven Market Emergence," *Journal of Consumer Research*, 40 (February), pp.855-870.

Moore, Geoffrey [1991] *Crossing the Chasm: Marketing and Selling High-tech Products to Mainstream Customers*, Harper Business Essentials.（川又政治訳『キャズム』翔泳社，2002年）

Rindfleisch, Aric, & Christine Moorman [2001] "The Acquisition and Utilization of Information in New Product Alliances: A Strength-of-Ties Perspective," *Marketing*, 65 (2), pp.1-18.

Rogers, E. M. [1962] *The Diffusion of Innovations,* 1st ed., New York: The Free Press.（藤竹暁訳『技術革新の普及過程』培風館，1996年）

―― [1983] *The Diffusion of Innovations*, 3rd ed., The Free Press.（青池慎一・宇野善康訳『イノベーション普及学』産能大学出版，1990年）

Urban, Glen L., & John R. Hauser [1993] *Design and Marketing of New Product*, 2nd ed., Englewood Cliffs, NJ: Prentice Hall.

von Hippel, Eric [1986] "Lead Users: A Source of Novel Product Concepts," *Management Science*, 32 (July), pp.791-805.

―― [2005] *Democratizing Innovation*, Cambridge, MA: MIT Press.

第 II 部

企業行動論とマーケティング論

第 4 章

経営戦略研究における資源ベース論とマーケティング論

1　はじめに

　本書第Ⅰ部ではマーケティング理論の焦点の1つである買い手としての消費者行動が検討されてきた。第Ⅱ部ではマーケティング理論のもう1つの焦点である企業行動を取り上げる。本章ではまず企業行動を対象とした研究領域で理論化がどのように進んできているかを見るために，企業行動が経営戦略論分野においていかに取り扱われてきているかを中心に論じたい。

　次節では1980年代のPorterによるSCP（Structure Conduct Performance）フレームワークを取り上げ，さらに経営戦略論において中心的な理論的フレームワークとなっている資源ベース論がレビューされる。特に資源ベース論の中でも比較的新しい概念であるダイナミック・ケイパビリティの概念を中心に取り上げてその内容を明らかにしていく。そこでは，ダイナミック・ケイパビリティの概念が資源ベース論において「①外部環境を考慮したうえで，②経営資源の再分配を行う」という動的な概念として初めて導入された点が確認される。そのうえで，企業の外部環境との関連において，経営戦略分野での伝統的なSWOT分析において外部環境のOTの枠組みとして，ビジネス・エコ・システムという新たなフレームワークが提示されたことを取り上げその内容を明らかにし，企業の外部環境を主たる研究領域として扱うマーケティング研究との関連性に触れ本章を閉じたい。

2　企業行動と経営戦略論

(1) 経営戦略論の研究伝統

　経営戦略論は企業が競争的な環境においていかに生き残るかあるいは成功を収めるかについて常に企業トップの視点から考察されてきた。学科としての経営戦略論は米国のビジネス・スクールで経営政策（Business Policy）という名称で100年以上前に誕生している。このコースはハーバードのビジネス・スクールのカリキュラムの中で，会計，マーケティング，プロダクションなどの企業の諸機能の各コースを学習した後に，ビジネス・スクールの最後のまとめとして履修され，多くは実務家によるケーススタディを中心としたコースであり，特に教えるべき体系立ったカリキュラムは存在しなかった（Rumelt et al. [1994] pp.10-11)[1]。

　経営戦略論という研究領域の誕生はChandler [1962] にその基礎を求めることができる（Rumelt et al. [1994] p.16）が，本章では「経営戦略論が一つの学問領域として離陸したのは1980年代初期からであり，その研究課題は，競争要因の分析の重要性を中心に現れ，その後，経営資源，コンピタンス，ケイパビリティといった分野が論じられるようになっていった」とするTeece [2009] (p.85)[2] の認識に従い，Porterの競争戦略論以降をレビューする。

(2) Porter [1980] の競争戦略論

　1980年代を通して，経営戦略論の研究分野は，Porter [1980] による産業構造と市場での戦略ポジショニングが競争優位の決定要因であるとする産業組織論をベースとしたSCPフレームワークが主流であった。このフレームワークにおいては，5つの競争要因—新規参入の脅威，代替品の脅威，買い手の交渉力，売り手の交渉力，業界内の競争業者間の敵対関係—がその産業の本質的な利益獲得の潜在性を決定するとしている（Porter [1980] p.4）。このフレームワークから経営戦略上言えることは，これら5つの競争要因によってその産業の採算性が決まり，企業はこれらの外部環境において競争要因から自社を防衛できる有利な戦略ポジションを取ることが必要であるというものである。(Porter [1980] pp.3-33)。

　Porterの研究は経済的分析を体系的，規範的に経営戦略分野に適用しようとした本格的な最初の試みであった（Teece [2009] p.86）。しかしながら，その後こ

のSCPフレームワークはさまざまな限界が指摘されるようになる。

たとえば，Barneyは，経営戦略分野における伝統的なSWOT分析においては，企業は外部環境の機会（opportunities）に適応しつつ，企業内の強み（strengths）を有効に活かし，一方で外部環境の脅威（threats）を制圧しつつ企業内部の弱み（weaknesses）を避けるような戦略を実行することで競争的優位性を獲得できるとされてきたが（Barney［1991］p.99），PorterのSCPフレームワークはこの外部環境の機会と脅威（Opportunity and Threat，以下OT）の分析ツールとしては有用であるとしながらも（Barney［2002］邦訳220頁），企業の特異な属性がその競争的なポジションにいかに影響を与えるかについては注目してこなかったとしている。彼はその理由として，SCPフレームワークは資源という概念について①業界内では各企業は戦略に関係する資源は同質であり，②それらの資源は要素市場（factor market）で簡単に入手できるものとして仮定されている，と指摘している（Barney［1991］p.100）。

Cool & Schendel［1988］は，1963～1982年のアメリカの製薬会社を調査した結果，SCPフレームワークで導かれる仮説「Porterの言う同じ戦略グループに属する企業はパフォーマンスで同様のリターンを得る」を立てたが，この仮説は反証され，同じ戦略グループで収益性が同じようなパターンは見いだされなかった。彼らは同じ戦略グループに属する企業間で業績に大きな違いがあることを実証研究で明らかにした。

またRumelt［1991］は，同じ産業内での企業間の業績の差の方が，産業間の差よりも大きいことなどを指摘し，産業内での影響に比べ，企業特有の要因がより重要であることを示唆したのである。

（3）資源ベース論の展開

① 資源ベース論の初期の研究

1980年代に主流であったPorterによるSCPフレームワークによるポジショニング戦略に対して，その後経営戦略研究分野で盛んに取り上げられるようになったのが，資源ベース論である。資源ベース論は，Wernerfelt［1984］がPenrose［1959］の企業を異質な経営資源の束とみなす先駆的な研究を経営戦略分野に導入し，資源ベースビュー（Resource-based View）と呼んで以来，急速に経営戦略分野で普及し発展して来た。本項ではWernerfelt［1984］，Rumelt［1984］，

Barney［1986］, Dierickx & Cool［1989］を中心に取り上げその特徴を明らかにする。

　企業を生産資源の束とみなすPenrose［1959］の考えを経営戦略の研究分野に応用し，「資源ベース」の見方を導入したのはWernerfelt［1984］である。彼は企業の一時点における資源を企業に半永久的に括られた（有形無形の）資産であると定義している（p.172）。その上で，ある資源を持った企業がより多くのリターンを得るのは，その資源によって他社に対して優位なポジションを獲得するからであるとした。企業は他社に先行してこれらの資源を持つことによって「資源ポジション障壁（resource position barriers）」を持ち資源を保護することができるとしたうえで，企業の目的は他社が追いつくことのできない資源ポジションを形成することであるとした。参入障壁が伝統的な市場の概念における既存の企業と潜在的な参入者を扱う概念であるのに対し，資源ポジション障壁は市場内の既存企業間の優劣を説明できる概念であるとして資源に着目することの有用性を論じている（p.173）。

　Rumelt［1984］は，それまで経営政策（Business Policy）の学科領域が，新古典派経済学の均衡理論や産業組織論を拠り所に理論が展開されてきたことを問題視したうえで，膨大な企業の実地調査や歴史的な分析を通じて経験的に，「戦略的企業は関連づけられた特異な資源の束とその資源を転換する活動によって特徴づけられる」とした（p.561）。また，Porterによる業界内の戦略グループに存在し戦略的活動によって強化されるとする移動障壁（mobility barriers）の概念に対して，この手の障壁が企業のグループ間にのみに存在する理論的根拠はないとし，個々の企業のレント[3]が均衡に向かうことを制限する「隔離メカニズム（isolating mechanisms）」という概念を示した（p.567）[4]。その上で個々の企業の戦略は潜在的なレントを創造し，隔離メカニズムにより潜在的なレントを保護することであると論じた（p.568）。

　Barney［1986］は企業が戦略遂行のための必要な資源を獲得する市場を「戦略的要素市場（strategic factor markets）」と呼び，もしこの戦略的要素市場が完全競争であったならば，戦略実行のために獲得された資源を製品市場で活かしても通常のリターンしか得ることができないとした。彼はまた，もし戦略的要素市場が不完全競争であれば，戦略実行のためのある資源コストが実際の経済的価値より著しく低い場合，製品市場での戦略実行により通常のリターンよりも多くを得ることができることを論じた。

このBarneyの戦略的要素市場の概念についてDierickx & Cool [1989] は製品市場で戦略を遂行するために必要な資産を獲得する機会費用を評価するのには有用であるとしながらも，すべての資源が売買できるわけではないとし，Barneyが例として取り上げた企業の評判などの資産は要素市場で買うことはできないとした（p.1505）。彼は戦略の実行にはその企業特有の資産が必要であり，この取引不可能な資産は企業内に蓄積されるものであるとした（p.1506）。この戦略的な資産の蓄積は取引不可能であり，また競争相手にとっては模倣困難で代替不可能な資産であり，企業の戦略的なポジションや採算性はこの資産の蓄積のストックによって決定されるとしている（p.1510）。

以上のように資源ベースの初期の研究は，競争優位のための資源の特質について，あるいは資源をどう獲得しその資源を守るのかという，資源そのものに着目した研究と位置づけられる。

② 資源ベース論のケイパビリティ研究

前項で取り上げた初期の資源ベース論は企業特有の資源の重要性を認識し強調するものの，それらがいかに競争的優位性やレントをもたらすかについては十分な説明がなされてこなかった。資源ベース論のその後の研究の潮流は資源をいかに活用し競争優位に活かすのかについて焦点が当てられるようになり，知識やケイパビリティの研究が取り上げられるようになった。

Grant [1991] は資源とケイパビリティを明確に区別した。彼によれば資源は製造プロセスのインプットであり，個別資源は設備，社員のスキル，特許などであるとし，それら自体は生産性をもたらすものではないとしている。一方でケイパビリティは特定のタスクや活動を遂行するためにこれらの資源を活用する能力であるとした。戦略立案への資源ベース論のアプローチの重要な点は，資源，ケイパビリティ，競争優位性，そして採算性の関係を理解することであるとしたうえで（p.133），資源ベースの戦略立案についての実践的なフレームワークを示している。

Kogut & Zander [1992] は企業の市場での競争力の違いを知識（knowledge）に求めた。彼らは組織的知識をインフォメーション（information）とノウハウ（know-how）から構成されるとし，これらの知識は企業内では簡単に再現されるにもかかわらず，他の企業は簡単には模倣できない点に着目した。彼らは企業のケイパビリティは，個人間，グループ内あるいはグループ間，そして組織間の

関係が構築される組織化原理によるとし (p.384), 知識は組織内で人が協業するこの組織化原理に組み込まれているとした (p.383)。さらに彼らは, 組織は, 単に社会的知識が伝わる役割を果たすのみではなく, 新しい知識あるいは学習が創造されるメカニズムの役割を果たすとし, 既存の知識と新たな知識を統合し適応する能力を統合ケイパビリティ (combinative capability) と呼んだ (p.384)。

Grant [1996] は企業の資源ベース論は企業を異質な資源とケイパビリティの固有な束とみなし, そこでのマネジメント第一のタスクは将来に向けて企業の資源を開発しつつ, 現存する資源とケイパビリティを最適に配備することであるとした上で, 企業の戦略上最も重要な資源として知識（knowledge）に焦点を当てた「知識ベースビュー」を提唱した (p.110)。彼によれば, 知識ベース論の基本原理である「知識は製造 (production) の重要なインプットであり価値の第一の源泉である」という仮定のもと, 製造には異なったタイプの知識をもつ個々の専門家の連携した努力が必要であるとした。故に企業は複数の個人が彼らの専門的知識を統合できる状況を作り出すことができるということから, 企業は製品やサービスを作り出す機関であるとした (p.112)。さらに彼はこのように企業を個人的な知識の統合機関とみなすことにより, 組織のケイパビリティは知識の統合の所産であるとみなすことができるとしたのである (p.116)。

Makadok [2001] は経営戦略論にはレントを創造する2つのメカニズムがあるとし, それらを資源選択 (resource picking) とケイパビリティ形成 (capability building) と呼んだ。資源選択のメカニズムは, 前項でとりあげたBarney [1986] の例にもあるように, 要素市場からいかに他社に先駆け, より生産性の良い資源を選択し獲得するかをいい, それによってレントを得ることができるとした。Makadok [2001] は, ケイパビリティを①組織やプロセスに組み込まれているために企業に特有の資源であること, ②企業が所有する他の資源の生産性を強化することの2点において他の資源と異なるとしたうえで,「ケイパビリティは特殊なタイプの資源であり, それは組織に組み込まれた移転できない企業特有の資源であり, その目的は企業が所有する他の資源の生産性を向上することである」と定義した (p.389)。故にケイパビリティ形成が利益を生む前提は, 企業が所有する（ケイパビリティが生産性を上げる）対象となる他の資源の入手が前提となるとした。

以上のように, 企業が所有する資源を有効に活用し生産性を高め, 競争的優位性を獲得するプロセスにおいてケイパビリティ, 知識, ノウハウなどの概念が注

目されるようになり，それらの特質が研究された。

3 ダイナミック・ケイパビリティ研究

(1) ダイナミック・ケイパビリティの概念

　ダイナミック・ケイパビリティは資源ベース論を発展させた概念として登場した[5]。本章ではTeece et al. [1997] およびTeece [2007] を中心に取り上げる[6]。
　Teece et al. [1997] は，資源ベース論のフレームワークにおいては，資源やケイパビリティにおいて企業は異質であり，それらの資源は短期的にはその企業に固有のものであり[7]，企業は現在所有する資源をすぐには換えることはできないし，また逆に不足しているものがあってもその状態を受け入れなくてはならない，としている。その理由として，①新しいコンピタンス[8]を簡単に開発するケイパビリティを持ち合わせないこと，②特定の資産は簡単には取引できないこと，③たとえその資産を要素市場で購入できたとしてもそこから簡単に得られるものは少ないこと，をあげている。その上で，彼らは資源ベース論が，企業が新たなケイパビリティを開発するための経営戦略の考察を提供するとして下記の言明を行っている。

　　　実際，もし希少な資源を管理支配することが経済的な利益の源泉になるのであれば，スキルの獲得，知識やノウハウのマネジメント，学習といったものは基本的な戦略の関心事になる。スキルの獲得，学習，あるいは組織の無形資産の蓄積といったものを網羅するこの第2の側面こそ，（資源ベース論が）戦略に貢献する最大の可能性をもっていると信じるものである（Teece et al. [1997] p.514）。

　Teece et al. [1997] は現実のビジネスの世界で，ハイテクでグローバルな企業が資源ベース論に基づき，価値ある技術的な資産を蓄積し，知的財産としてそれらを守っている例をあげ，それだけでは競争優位は構築できないとし，グローバル・マーケットでの勝者は社内外のコンピタンスを効率的に調整し再配備するケイパビリティをもち，製品革新に素早く柔軟にタイムリーに反応することが求められると主張し，価値ある技術蓄積があってもそれを活かせていない企業が多

いことを指摘している。これらの観察に基づき新たな競争優位を達成するための能力を「ダイナミック・ケイパビリティ」と名付け，この概念に含まれる過去の戦略論では見過ごされてきた2つの主要な側面を強調している。その1つは変化するビジネス環境に適合するようにコンピタンスを刷新する能力であり，もう1つは経営戦略の主要な役割は，組織内外のスキル，資源，機能的なコンピタンスを変化する環境の必要に合わせて，的確に適応し，統合し，再配置することであるとしている（Teece et al. [1997] p.515)。

　Teece et al. [1997] は特定の企業のダイナミック・ケイパビリティを把握するために理解すべき要因としてプロセス，ポジションと経路をあげている（p.518)。ここでのプロセスとは企業で仕事がなされる方法すなわちルーチンと呼べるものであり，ポジションとは企業の技術，知的財産，補完的な資産，顧客の基盤，供給業者や協力会社との外部的な関係などからもたらされるものであり，経路とは企業が取り得る戦略的な選択肢のことであるとし，企業の資産のポジションによって形作られ，経路によって培われた組織のプロセスがその企業のダイナミック・ケイパビリティとその競争優位の本質を説明するとしている。

　このTeece et al. [1997] によって提唱されたダイナミック・ケイパビリティの概念は，前節までで論じた資源ベース論と以下の点で大きく異なり，また重要な意味を持つと考えられる。

　まず第一に，「企業の外部環境への適応を考慮する」という企業の内部だけではなく外部へ着目することが強調された点である。本章の第2節(2)で見たように，現代の経営戦略論が80年代以降，競争優位性を中心に展開されてきたが，これまでの経営戦略論では外部環境はSWOTのOTすなわち，市場での機会と脅威という概念，あるいはSCPフレームワークにおける競争要因としての外部環境という概念にとどまっていた。その後，資源ベース論が主流となってからは企業の内部資源に着目することが中心となり，企業の外部環境が戦略上語られることはほとんどなかった。資源ベース論ではこれまで見てきたように当初は企業内の固有の資源そのものに着目する研究が登場し，その後その資源をいかに活用し，競争優位に導くかという視点から，ケイパビリティ，知識，スキル，ノウハウといった概念が論じられるようになった。経営戦略論ではダイナミック・ケイパビリティの概念によって，外部環境の変化への適応行動として経営資源が語られるようになったと言える[9]。

　次に，ダイナミック・ケイパビリティが資源ベース論に依拠しつつも，資源

ベース論の第2の側面，すなわち，スキルの獲得，学習，あるいは組織の無形資産の蓄積を変化する環境に的確に適応し，統合し，再配置することを強調することにより，新たな競争優位を生み出すためにいかにすべきか，という動的な側面を取り上げたことである。Teece et al. [1997] は，それまでの戦略論は現存する競争優位を持続させ守ることについての企業レベルの分析はあふれているが，急速な環境変化の中で，特定の企業がどうやって，またなぜ競争優位を築くのかの解明には成果を上げてこなかったとし (p.509)，競争優位の源泉となりえる企業特有のケイパビリティを特定すること，またいかにコンピタンスとリソースの組み合わせが開発され配置され保持されていくのかという点を説明するために，ダイナミック・ケイパビリティの概念を導入した (p.510) としている。Teece et al. [1997] によれば，これまでの資源ベース論において，競争優位を獲得するためには，現存する企業内外のケイパビリティを活用することに加え新たなケイパビリティを開発することの両面が必要である点は過去にも部分的に論じられてきた，しかしながら，ある経営組織がいかに企業固有のケイパビリティを最初に開発するのか，また，いかに事業環境の変化に応じてコンピタンスを刷新するのかについてはそれまであまり注目されてこなかったとしている (p.515)。

　以上のように，①変化する企業の外部環境に対処するために②企業特有の資源を適応し，統合し，再配置する動的な側面に着目することがTeece et al. [1997] のダイナミック・ケイパビリティの概念の特徴と言うことができる。

（2）ダイナミック・ケイパビリティのフレームワーク

　Teece et al. [1997] においては，ダイナミック・ケイパビリティ概念の輪郭が示されたにすぎないとしていたが (p.530)，その後，Teece [2007] によってダイナミック・ケイパビリティのフレームワークが示された。ここではそのフレームワークを概観しその特徴を明らかにする。

　Teece [2007] は，ダイナミック・ケイパビリティは変化する顧客，技術的な機会に適応することに必要で複製が困難な企業のケイパビリティを持つだけでなく，その企業が身を置くエコ・システム，新たな製品やプロセスの開発，そして成長できるビジネスモデルの計画や実行を形成する企業の能力を包含するものであるとした (p.1340)。その上で，分析のために，ダイナミック・ケイパビリティを①機会と脅威を感知し具現化する能力，②機会を捉える能力，③事業体の有形

無形の資産を強化し，結合し，保護し，必要に応じ再構成する能力に分けることができるとし（p.1319），これらをそれぞれ「感知（sensing）」「捕捉（seizing）」「脅威と再配置のマネジメント（managing threats and reconfiguration）」という3つの概念に分解し説明している。

感知（sensing）は企業の外部環境の機会と脅威（OT）を感知し方向づけする能力のことをいい，新たな機会を感知することは，スキャンニング・創造・学習・解釈活動などを指し，調査費への投資はこれらの活動の補完となるとしている（p.1322）。また彼によれば，これらの活動には顧客のニーズや技術的な可能性を精査するだけではなく，潜在需要，業界や市場構造の進化，供給業者や競争業者の理解も含まれるとしている。

捕捉（seizing）は，感知された機会に対して，新しい製品・プロセス・サービスで応対する能力を指し，開発や商業化活動への投資が必要となる（p.1326）。企業はいつ，どこへ，どれだけの投資をするのかという問題にとどまらず，商業化活動や投資の優先順位を規定するビジネスモデルの選択や創造をしなくてはならないとしている（p.1327）。

脅威と再配置のマネジメント（managing threats and reconfiguration）は企業が成長し，市場や技術が変化することに合わせ，資産と組織構造の再結合や再配置をしていく能力を指す（p.1335）。

（3）ダイナミック・ケイパビリティと企業の外部環境

Teece et al.［1997］のダイナミック・ケイパビリティの概念においては企業の外部環境に適応することの重要性は強調されていたが，外部環境をどう捉えるかの具体的なフレームワークは提示されていなかった。その後Teece［2007］においては企業の外部環境のOTについてPorter［1980］の5つの競争要因の限界に触れながら，ビジネス・エコ・システムのフレームワークを導入しこれをダイナミック・ケイパビリティのフレームワークに組み込む試みがなされている。本項ではダイナミック・ケイパビリティにおいて企業の外部環境がどのように捉えられているかを考察する。

① 機会と脅威（OT）における5つの競争要因の限界

Teece［2007］は経営戦略論における企業外部環境におけるOT（機会と脅威）

の枠組みは，産業構造と市場シェアが企業業績を決定づけると暗に仮定したPorter［1980］の5つの要因のフレームワークが示されて以来，新たなフレームワークが示されることはなく，取り残されてきた研究分野であるとし（p.1324），新たなフレームワークの提示を試みている。

Teece［2007］は，Porterのアプローチは「産業分析」を行ったうえで，5つの異なった競争要因を検討するというものであるが，このフレームワークは他の多くの競争要因を無視してしまっており，ゆえに企業あるいは企業家が外部環境の機会・脅威を適切に感知する能力を制限してしまうものであるとしている。彼によれば，5つの競争要因のフレームワークは市場構造が外生的に決定されるものと暗にみなしているが，市場構造はイノベーションと学習の内生的結果であるとしている。また，現実の市場構造は，科学技術の変化によってイノベーションが生まれ，企業が機会を探索し，開発活動を行う結果，形成されていくものであり，個々の企業に対する成果はビジネス・エコ・システムにおいて作用している選別過程によって部分的に具現化されるとした。

このような認識のもと，Teece［2007］は，Porterによる5つの競争要因のフレームワークはダイナミックな環境下では本質的な欠点があるとし，下記の点で理解が不足するとしている（p.1325）。

(a) ゲームのルールを変えるイノベーションや他の要因の重要性と性質
(b) 選択を制約する企業内の要因
(c) 模倣や専有可能性に影響を与える要因
(d) 支援機関，補完的資産，相互に補完的な資産，ネットワークの外部性等の役割

あるいは

(e) 産業の境界の曖昧な性質

② ダイナミック・ケイパビリティにおけるビジネス・エコ・システムの概念

Teece［2007］は，企業の外部環境分析のフレームワークにおいてそれまでのPorterによる5つの競争要因の考えとの決別を宣言した上で（p.1325），ダイナミック・ケイパビリティの外部環境の分析フレームワークとして，ビジネス環境をエコ・システムとして捉えることを提唱した。彼はビジネス・エコ・システム

第4章　経営戦略研究における資源ベース論とマーケティング論　89

とは「企業と企業の顧客や供給物に影響を与える組織，機関や個人からなるコミュニティである」とし，市場と技術の機会を感知（sensing）するエコ・システムが下記のプロセスからなるとした（p.1326）。

① 企業内のR＆Dを運営し新たな技術を選択するプロセス
② 供給業者や補完的な関係他社のイノベーションを活用するプロセス
③ 外部の科学技術の開発を活用するプロセス
④ ターゲットとなるマーケット・セグメント，変化する顧客のニーズ，そして顧客のイノベーションを特定するプロセス

またこれら4つのプロセスから集められた情報をもとに，学習し機会を感知しフィルターをかけ具現化し測定する分析システムと個人の能力についての関係を示した（図表4－1）。

▶図表4－1　市場と技術的な機会を"感知する"ための
　　　　　　エコ・システム・フレームワークの要素

```
┌─────────────────┐          ┌─────────────────┐
│企業内のR＆Dを運営し新│          │外部の科学技術の開発を活用│
│たな技術を選択するプロセス│          │するプロセス          │
└─────────────────┘          └─────────────────┘
          ↘                            ↙
              ╭─────────────────╮
              │学習し，機会を感知しフィルター│
              │をかけ具現化し測定する分析  │
              │システム（または個人の能力） │
              ╰─────────────────╯
          ↗                            ↖
┌─────────────────┐          ┌─────────────────┐
│供給業者や補完的な関係他│          │ターゲットとなるマーケッ│
│社のイノベーションを活用する│          │ト・セグメント，変化する顧│
│プロセス            │          │客のニーズ，そして顧客の │
│                 │          │イノベーションを特定する │
│                 │          │プロセス            │
└─────────────────┘          └─────────────────┘
```

出所：Teece［2007］p.1326.

Teece［2007］は上記のエコ・システム内のそれぞれのプロセスについて下記の言及をしている（pp.1323-1325）。

① 企業内のR＆Dを運営し新たな技術を選択するプロセス
テクノロジーに関してはR＆D活動そのものが新しい製品やプロセスを探索する（Search）1つの形態と考えることができる。

② 供給業者や補完的な関係他社のイノベーションを活用するプロセス
供給業者は最終製品にとって重要なイノベーションの推進力となりえる。供給業者による外部のイノベーションを取り込むことが重要である。

③ 外部の科学技術の開発を活用するプロセス
広い範囲にわたる探索行動とそれに続く顧客，供給業者や補完業者を含む融合という概念を持つオープン・イノベーションの考えが重要である。企業と大学との連携は企業にとってより広範な探索行動の一助となる。

④ ターゲットとなるマーケット・セグメント，変化する顧客のニーズ，そして顧客のイノベーションを特定するプロセス
新しいテクノロジーを最初に認識するのはしばしば顧客であり，顧客を組織化することで新しいテクノロジーの潜在性に他社に先行して着手したり，さらには顧客を初期の新製品の開発活動に関与させることも可能となる。

また，「学習し，機会を感知しフィルターをかけ具現化し測定する分析システム（または個人の能力）」についてTeece［2007］は，上記①〜④のプロセスによって集められた情報がフィルターにかけられ，意味のある理解できる情報として社内に伝えられ，トップ・マネジメントによる仮説の設定，検証がなされるという分析システムのことをいい，この活動に従事することなしには企業は市場やテクノロジーについて評価することも機会を感知することもできないとしている（p.1323）。

4　ダイナミック・ケイパビリティ研究の意義と問題点

（1）企業の外部環境とビジネス・エコ・システム

本章2節で概観してきたように，企業行動を研究対象としてきた経営戦略論は，80年代はPorterのSCPフレームワークによる競争戦略論が主流であり，そこでは企業の外部環境は5つの競争要因という概念によって説明されてきた。この分野

第4章　経営戦略研究における資源ベース論とマーケティング論　91

でのその後の研究の潮流は資源ベース論が主流となり，膨大な数の研究が蓄積されてきたが，資源ベース論は企業が所有する企業内部の有形無形の資源に着目し競争優位を説明しようとするフレームワークであるため，そのほとんどは企業内の資源を対象とする研究であった。この企業の内部の資源への偏重は，時に「内から外（inside out）」という言葉で語られ，企業の外部環境の視点を強調するために「外から内へ（outside in）」の重要性について，特に直接企業の外部環境を扱うマーケティングの研究分野からは警鐘が鳴らされてきた点である（Day and Wensley [1988], Day [1994], Day & Nedungadi [1994], Day & Moorman [2010], 堀越 [2010] を参照）。

　Teece et al. [1997] とTeece [2007] によって，伝統的なSWOT分析の枠組みにおいて，資源ベース論によってSWに偏重してきた企業行動の理論においてあらたにOTの分析についての理論枠組みを提供したことは大きな意義があると考えられる。Teece et al. [1997] によって提唱されたダイナミック・ケイパビリティの概念は，資源ベース論に理論的基礎を置きつつ，企業の外部環境の重要性が強調され，変化するビジネス環境に適合するように組織内外のスキル，資源，機能的なコンピタンスを的確に適応し，統合し，再配置することが強調された。さらにその後Teece [2007] においては，進化論的な視点からビジネス・エコ・システムという概念を導入することで，企業の外部環境をダイナミック・ケイパビリティのフレームワークに取り入れたのである。すでに前節で見てきたようにTeece [2007] では，理論上それまでのパラダイムであったPorterによる5つの競争要因のフレームワークの問題点と限界を指摘した上で，ビジネス・エコ・システムの概念が導入された点にも大きな意義がある。

　ビジネス・エコ・システムが経営戦略論分野にOTの分析枠組みとして資源ベース論に基礎を置きつつ導入された意義は大きいが，同時に課題も存在する。第一に，企業の外部環境において機会と脅威を感知する主体が個人の能力に由来するものであるとしている点である。図表4-1において各プロセス（顧客，R&D，供給業者等）からもたらされる情報をスキャニングし，解釈し，創造するプロセスに個人の能力を構成要素として残している。しかしながら，個人の能力という定式化しにくい要素をフレームワークの構成要素として残していては，理論的成果は得られない。この点についてはTeece自身も，たとえ企業内に必要な認知的創造的スキルをもつ個人がいるとしても，スキャニング，解釈，創造的プロセスを企業内に組み込む方が望ましいとし，個人にこの能力をゆだねるこ

とは企業の脆弱化につながるとし（p.1323），組織的なプロセスの重要性を指摘している。これらのケイパビリティとはどのようなパターンの行動をさし，どうすればこのような能力が組織内プロセスにおいて開発されるのかについては触れられておらず今後の課題である。

　また，ビジネス・エコ・システムは5つの競争要因にかわるOTの分析フレームワークとして提示されたが，このフレームワーク内にあげられている構成要素はそれらが重要であると提示されているだけで，構成要素それぞれの明確な定義，各構成要素間の関係性，あるいはそれらの規則性については明らかにされていない。Teece［2007］ではダイナミック・ケイパビリティを持つマネジメントの重要な機能は，企業内あるいはビジネス・エコ・システム内にある外部の補完的な機関と，資源の価値を高めるために調和（orchestration）させることであると，その重要性を繰り返し述べているが（p.1341, 1344），それらの補完的な機関とどのような関係を構築して働きかけていくべきかについては何も述べられていない。換言すれば，ビジネス・エコ・システムの概念の提示にとどまっており，その妥当性を検証できる形で提示されていないのである。これらの関係性や規則性が今後明らかにされることが望まれる。

（2）資源ベース論における資源の概念の拡張

　ダイナミック・ケイパビリティのフレームワークによる企業の外部環境における意義と問題点を，ここでは資源ベース論の中心概念である経営資源の切り口から考察してみたい。ダイナミック・ケイパビリティのフレームワークにより，企業戦略論におけるSWOTのうち，外部環境におけるOT（機会と脅威）の概念において，ビジネス・エコ・システムという新しい概念が導入され，資源ベース論において初めて企業の外部環境がフレームワークの中に取り込まれたことが確認された。このことは資源ベース論で中心的な概念である「経営資源」について2つの意味において，大きな暗黙の転換が行われたと考えることができる。

　第一に，資源ベース論において，企業の外部資産がその研究対象となったことがあげられる。これまで資源ベース論では有形無形の概念の区別と無形資源の重要性については多くの研究が取り扱ってきた。本章の第2節（2）を中心にレビューしてきたとおりである。初期の資源ベース論の研究において資源のタイプについては，たとえば，Hofer & Schendel［1978］は，資源のタイプを①財務

資源（financial resource），②物的資源（physical resource），③人的資源（human resource），④組織的資源（organizational resource），⑤技術的資源（technological resource）の5つに分けて論じそれぞれの資源と企業内の諸機能との関連について考察を加えている。これらのタイプを有形無形で分類するとすれば①②が有形でバランスシート上の資産であり，③④⑤が無形資源でバランスシートには載ってこない資源である。Grant［1991］はこのHofer & Schendel［1978］の5つのタイプに名声（reputation）を加えた6つのタイプを取り上げている。資源ベース論の初期の研究では資源そのものに焦点を当て，企業が保有する（あるいは入手可能な）有形無形の資源に着目することで，特定企業の競争優位を説明しようとしてきたため，これらの資源は暗黙のうちに社内の資源であり社外の資源はその対象としてこなかった。その後の知識やケイパビリティ研究においてもその資源の特質からこれらも社内の資源であることが前提となってきた。しかしながら，ダイナミック・ケイパビリティのフレームワークにおけるビジネス・エコ・システムの概念の導入により，これまで資源ベース論が研究対象としてこなかったエコ・システム内の構成要素の資源（たとえば，外部の科学技術，供給業者のイノベーションなど）が，競争優位性を獲得するための重要な要素として取り扱われるに至ったのである。換言すれば，資源ベース論はダイナミック・ケイパビリティのフレームワークによって社外の資源もその理論構築の研究対象として取り込んだことになる。

　第二に，資源ベース論が，企業が所有しコントロールできる資源以外の入手可能な資源，すなわち企業が所有しておらず，100％コントロールできない資源をその研究対象とすることになったという点である。資源ベース論では，初期の研究に見られるように要素市場から資源を入手するにしろ，企業内で特定の資源を蓄積するにせよ，その前提は企業内に「所有する資源」という概念であり，それらの資源は企業にとってコントロールが可能という暗黙の前提があるのである。換言すれば資源ベース論での資源は有形であれ無形であれ「企業が内部に所有するコントロール可能な資源」が暗に仮定されてきたのである。ところがTeece［2007］によって企業の外部環境を扱うフレームワークとして導入されたビジネス・エコ・システムにより，企業の外部にある有形無形の企業が所有しているわけではない資源も企業が競争優位を確保するために扱うべき対象の資源として認識されるようになったのである。企業が所有していないコントロールできない資産にいかに働きかけていくのか，換言すればエコ・システム内のコミュニティの

構成要素といかに関係を構築し自社に有利な情報を入手するのかに関しては，資源ベース論の過去の研究では研究対象としてこなかった分野である。

5　ダイナミック・ケイパビリティ研究とマーケティング論

　本節では，これまで本章で見てきた資源ベース論の流れ，またダイナミック・ケイパビリティのフレームワークの導入における問題点をふまえ，経営戦略論におけるダイナミック・ケイパビリティとマーケティング論との関連について考察したい。

（1）マーケティング論の研究伝統と経営戦略論

　マーケティング論の学科領域は企業戦略論よりはるかに歴史が長く，この分野の研究で講座が出現し出したのは19世紀末～20世紀初頭とされている[10]。マーケティング論のパイオニアであるShawの研究においても消費者が異質的で，多様な多くの市場セグメントから構成されていると認識されていたこと（三浦［2010］p.33）からもわかるように，マーケティング論は当初から消費者を中心とした外部環境を扱う学科領域であった。その後の4P（Product, Price, Place, Promotion）を中心としたミクロ的なマネジリアル・マーケティングの研究においても，そのターゲットは消費者であり，消費者を中心として議論されてきた。

　経営戦略論とマーケティング論は，その学科としての歴史や，理論の前提や研究手法が異なっていても，共にその研究対象が企業活動であり互いに影響し合い補完することにより，それぞれの領域がより発展していける可能性はこれまでも多く指摘されてきた（たとえばSrivastava et al.［2001］参照）。Day［1992］によれば，マーケターは事業の戦略的方向性を決定する主役であると主張し，その主張の背景は，戦略の計画は予期される環境と事業を適応させることであり，マーケティングは伝統的に企業とその顧客，チャネル，競争環境との境界機能をはたすからである，としながらも，80年代以降マーケティング論の戦略的役割が減少してきていると指摘している（p.323）。嶋口［1984］は経営戦略における戦略的マーケティングの役割として「企業の経営諸機能のなかで，市場環境から機会や脅威を見極め，企業の方向づけに関係するのはマーケティングのみである

(16頁)」とし，早くからマーケティング機能の外部環境との関わりの重要性を認識していた。経営戦略の文献においても，たとえばBiggadike［1981］は，マーケティング研究者の間ではマーケティングは企業の外部環境に関わるという点で合意しており，基本的にマーケティング論は戦略を市場主導であるとみなし，顧客のニーズや競争相手の行動を仮定する一助となるとしている。しかしながら，これらの主張はなされても実際に経営戦略論とマーケティング論は理論的接点を見いだせないまま近年まで平行線をたどってきた感は否めない。経営戦略論が企業行動を資源ベース論中心に論じてきた一方で，マーケティング論が消費者を中心として企業の外部環境との境界を扱ってきたことからも明らかである。

（2）拡大されたマーケティング論の研究対象と
　　　ビジネス・エコ・システム

　これまで本章で明らかになったことは，経営戦略論の資源ベース論の研究の潮流は，ダイナミック・ケイパビリティのエコ・システムのフレームワークにより，企業の外部にある資源にいかに働きかけるかという新たな研究対象が現れたということである。

　一方マーケティング論の最近の研究の潮流として本書の「はしがき」でも指摘されたように，4Pを中心とした企業活動に関する諸理論を中心に，企業のより広い外部環境への対応に関する諸理論が広く展開されてきている。その結果マーケティング研究の対象領域は極めて広範囲な領域にわたって拡大してきており，さまざまな理論が散在している状況と言えるが，その研究領域のほとんどは企業内部ではなく，企業の外部環境との境界に関する研究であることが大きな特徴となっている。

　堀越［2014］（3-11頁）はこの肥大化したマーケティング論の研究領域を4Pと4Pを成功させるための安定的な場づくりとしての分析と対応に関する諸理論として整理し，①組織内への対応行為，②他組織と組織間関係への対応行為，③市場への対応行為，④その他関連公衆および制度的環境への対応行為に関する研究領域を示した。これらの研究領域のうち②③④はすべて企業の外部環境との境界に関する研究領域である。これらのマーケティング論の研究領域と，ダイナミック・ケイパビリティのビジネス・エコ・システムすなわち「企業と企業の顧客や供給物に影響を与える組織，機関や個人からなるコミュニティ」の構成要素

の研究対象領域はかなり近づいてきていると言える。さらにマーケティング論の研究が企業の外部環境を扱ってきたその研究伝統は，資源ベース論的に言えば，もともと企業の外部にある働きかけはできても所有していない資源をその研究対象としてきたという見方もできる。

以上のことから，ダイナミック・ケイパビリティのフレームワークの外部環境分析における諸課題に対して，広範囲な企業の外部環境をその研究対象としてきたマーケティング研究の蓄積が大いに貢献できる可能性が広がってきているといえる。

（3）マーケティング研究における資源ベース論

マーケティング研究において，資源ベース論は2000年代に入るまでほとんど論じられることはなかった。たとえば，Srivastava et al. [2001] は，マーケティング理論家と資源ベース視点の提唱者はともに組織の生き残りという核心—つまり何が競争的優位性をもたらしどうすればそれが持続するのか—について最も基本的な挑戦に直接取り組んでいるにもかかわらず，マーケティング研究者は一部の例外を除き，マーケティングの理論的発展やマーケティング実践の主要な課題の分析において資源ベース論を枠組みとして応用することにほとんど関心を持ってこなかった（pp.777-778）と指摘している。

ところが，その後マーケティング研究において資源ベース論は急速に取り上げられるようになった。Kozlenkova et al. [2014] によれば90年代の10年間でマーケティングの論文で資源ベースを取り上げたのはわずか19であったのにくらべ2000年代の10年ではその数が104に増加し，2010-2012年の２年間で50と急速に増加している。しかしながら，ただ単に資源ベース論のフレームワークをマーケティング研究に導入し，マーケティング関連資源を独立変数とした実証研究の数だけが増加しても混乱を招くのみであり，理論の発展は望めない。本章で考察してきたような理論枠組みにおいてコンセンサスを取った上で理論構築がなされるべきである。こうしたマーケティング研究における展開の詳細は，次章において論じられる。

6 おわりに

本章で明らかになったことは以下の点である。

1) 経営戦略論の研究の歴史は比較的浅く，Porterの競争戦略論以降は資源ベース論が主流となっている。
2) 資源ベース論は，初期の資源そのものに着目した研究，その後の資源を活用することに着目したケイパビリティをはじめとする研究へと展開されてきた。
3) Teece et al. [1997] によるダイナミック・ケイパビリティ研究では，資源ベース論において①外部環境を考慮したうえで②経営資源の再分配を行うという動的な概念が初めて導入された。
4) さらにTeece [2007] では，企業戦略論におけるSWOTのうち，外部環境におけるOT（機会と脅威）の概念において，それまでのPorterの5つの競争要因ではなく，ビジネス・エコ・システムという新しい概念が導入され，資源ベース論において初めて企業の外部環境がフレームワークの中に取り込まれたことが確認され，その成果と問題点が明らかにされた。
5) 企業のより広い外部環境への対応行動について研究領域を拡大してきたマーケティング研究の蓄積が，ダイナミック・ケイパビリティのビジネス・エコ・システムのフレームワークの研究の精緻化に貢献できる可能性が示唆された。

〔注〕
1 米国においてマネジメント学会は1971年に「経営政策とプランニング」の分科会を結成し，その後「経営政策と戦略」分科会と改名し現在の学問領域の基礎を形成した。さらに1980年に経営戦略に特化した*Strategic Management Journal*と*Journal of Business Strategy*が創刊し，現在の主要な学術誌として発展してきている（Rumelt et al. [1994] pp.12-14）。
2 経営戦略論の学科としての歴史についてはRumelt et al. [1994] pp.9-47に詳しい。また本章では，Teece [2009] の認識に従って80年代初頭からの研究レビューを対象とし，特にダイナミック・ケイパビリティのフレームワークを中心に取り上げたが，それ以前の経営戦略論の学説の推移については堀越 [2010]，堀越 [2014] を参考のこと。

3 レントとは所定の収入（revenue）を得るために使われる資源のコストを上回って得られる収入の余剰分を意味し，経営戦略の学術的文献において会計学上の利益（profit）と区別するために頻繁に使われるようなった（Grant [1991] p.134）。

4 隔離メカニズム（isolating mechanisms）の概念は，個々の企業間のレントの均衡を制限する現象を言い，固有の資源，特殊な情報，パテントや商標などが例としてあげられている（Rumelt [1984] p.568）。

5 前項のケイパビリティの一連の研究に対し，Leonard-Barton [1995] は「いったん1つのシステムが特定のケイパビリティを生むようになると，そのシステムは慣性を持ち出し，たとえそれが時代遅れだったり，意味のないものになっても解体することが難しくなる（邦訳53頁）」点を指摘し，これをケイパビリティに対して硬直化（Rigidities）と呼んだ。永野 [2015] は，このLeonard-Bartonのコア・リジディティ（Core Rigidities）の硬直化の概念をケイパビリティ論への批判的反証として捉え，資源ベース論の理論的進化の整理を試みている（永野 [2015] 69-99頁参照）。

6 ダイナミック・ケイパビリティについてはTeeceの他にも多くの論者が存在するが（たとえばWinter [2003]，Eisenhardt and Martin [2000]，Zollo and Winter [2002] など），後に取り上げるように，Teeceの理論は企業の外部環境にエコ・システムという明確なフレームワークを導入した点で注目に値する。このエコ・システムとマーケティング論との関連を明らかにするため，本章ではTeeceによるダイナミック・ケイパビリティを取り上げる。

7 またTeece et al. [1997] によればリソースという言葉は誤解を生みやすい言葉であるため企業特有の資産（firm specific asset）と呼ぶことが望ましいと述べている。彼らがあえてこの言葉を使うのは，自らが重要であると信じる資源ベースアプローチの諸文献と一貫性を持たせるためであるとしている（p.516）。

8 この説明のようにTeece et al. [1997] はコンピタンスを組織内のルーチンに近い意味で使用している。コンピタンスには，たとえば，企業が目標を達成するのに役立つように資産の調整された配置を維持する能力であり，企業の活動が，組織的で意図的で目標達成的であるという3つの条件を満たす場合コンピタンスとみなされる（Sanchez et al. [1996]）というようにケイパビリティに近い意味で定義する説も多いが，本章ではTeece et al. [1997] によるダイナミック・ケイパビリティを中心に扱うため，Teece et al. [1997] の意味を採用する。

9 しかしながら，Teece et al. [1997] においては，企業戦略上外部環境の重要性は強調されたものの，具体的にはOTの概念，あるいはPorterによる5つの競

争要因に代わる概念が示されたわけではなかった。
10 マーケティング研究の生成から，本章で取り上げる経営戦略論が登場するまでのマーケティング論の沿革については堀越比呂志編著［2010］『マーケティング研究の展開』の第1部，第2部を参照のこと。

〔参考文献〕
嶋口充輝［1984］『戦略的マーケティングの論理』誠文堂新光社。
永野寛子［2015］『資源ベース論の理論進化―企業における硬直化を巡る分析』中央経済社。
堀越比呂志［2010］「マーケティング研究と経営戦略論」マーケティング史研究会編『マーケティング研究の展開』同文舘出版，144-162頁。
―――［2014］「マーケティング研究における戦略的領域」堀越比呂志編著『戦略的マーケティングの構図―マーケティング研究における現代的諸問題』同文舘出版，3-15頁。
三浦信［2010］「ミクロマーケティング論のパイオニア」マーケティング史研究会編『マーケティング研究の展開』同文舘出版，23-42頁。
Barney, J.B. [1986] "Strategic Factor Markets: Expectations, Luck, and Business Strategy," *Management Science*, 32 (19), pp.1231-1241.
――― [1991] "Firm Resources and Sustained Competitive Advantage," *Journal of Management*, 17 (1), pp.99-120.
――― [2002] Gaining and Sustainable Competitive Advantage, 2nd. Ed.（岡田正大訳『企業戦略論―競争優位の構築と持続』ダイヤモンド社，2003年）
Biggadike, R. E. [1981] "The Contributions of Marketing to Strategic Management," *Academy of Management Review*, 6 (Aug), pp.621-632.
Chandler, A.D., Jr. [1962] *Strategy and Structure: Chapters in the History of the Industrial Enterprise*, Cambridge, Mass.: MIT Press.
Cool, K. & Schendel, D. [1988] "Performance Differences among Strategic Group Members," *Strategic Management Journal*, 9 (3), pp.207-223.
Day, G.S. & Wensley, R. [1988] "Assessing Advantage: A Framework for Diagnosing Competitive Superiority," *Journal of Marketing*, 52 (April), pp.1-20.
Day, G.S. [1992] "Marketing's Contribution to the Strategy Dialogue," *Journal of the Academy of Marketing Science*, 20 (4), pp.323-329.
――― [1994] "The Capabilities of Market-Driven Organizations," *Journal of

Marketing, 58 (Oct), pp.37-52.
―――― & Nedungadi, P. [1994] "Managerial Representations of Competitive Advantage," *Journal of Marketing*, 58 (April), pp.31-44.
―――― & Moorman, C. [2010] *Strategy from the Outside in: Profitting from Customer Value*, McGrawHill.
Dierickx, I. & Cool, K. [1989] "Asset Stock Accumulation and Sustainability of Competitive Advantage," *Management Science*, 35, pp.1504-1511.
Eisenhardt, K. & Martin, J. [2000] "Dynamic capabilities: What are they?," *Strategic Management Journal*, 21 (10/11), pp.1105-1121.
Grant, R. M. [1991] "The Resource-based Theory of Competitive Advantage: Implications for Strategy Formulation," *California Management Review*, 33, pp.114-133.
―――― [1996] "Toward a Knowledge-based Theory of the Firm," *Strategic Management Journal*, 17, pp.109-122.
Hofer, C. W. & Schendel, D. [1978] *Strategy Formulation: Analytic Concepts*, St. Paul, MN: West.
Kogut, B. & Zander, U. [1992] "Knowledge of the Firm, Combinative Capabilities and the Replication of Technology," *Organization Science*, 3 (3), pp.383-397.
Kozlenkova, I. V., Samaha, S. A., & Palmatier, R. W. [2014] "Resource-based Theory in Marketing," *Journal of the Academy of Marketing Science* 42, pp.1-21.
Leonard-Barton, D. [1995] Wellsprings of Knowledge: Building and Sustaining the Sources of Innovation, Harvard Business School Press.（安部孝太郎，田畑暁生訳『知識の源泉―イノベーションの構築と持続』ダイヤモンド社，2001年）
Makadok, R. [2001] "Toward a Synthesis of the Resource-based and Dynamic-Capability Views of Rent Creation," *Strategic Management Journal*, 22 (5), pp.387-401.
Penrose, E. T. [1959] *The Theory of the Growth of the Firm*, London: Basil Blackwell and Mott.
Porter, M. E. [1980] *Competitive Strategy*, The Free Press.（土岐坤・中辻萬治・小野寺武士訳『競争優位の戦略』ダイヤモンド社，1982年）
Rumelt, R. P. [1984] "Toward a Strategic Theory of the Firm," In Lamb, R. (ed.), *Competitive Strategic Management*, Englewood Cliffs, NF: Prentice-Hall, pp.556-570.
―――― [1991] "How Much Does Industry Matter?," *Strategic Management*

Journal, 12 (3), pp.167-185.

―――, Schendel, D. E. & Teece, D. J. [1994] *Fundamental Issues in Strategy*, Boston: Harvard Business School Press.

Sanchez, R., Heene, A. & Thomas, H. [1996] *Introduction: Towards the Theory and Practice of Competence-based Competition*, Sanchez, R., Heene, A. and Thomas, H. eds., Oxford, UK: Pergamon Press, pp.1-35.

Srivastava, R. K., Fahey, L., & Christensen, H.K. [2001] "The Resource-based View and Marketing: The Role of Market-based Assets in Gaining Competitive Advantage," *Journal of Management*, 27 (6), pp.777-802.

Teece, D. J., Pisano, G., & Shuen, A. [1997] "Dynamic Capabilities and Strategic Management," *Strategic Management Journal*, 18 (7), pp.509-533.

Teece, D. J. [2007] "Explicating Dynamic Capabilities: The Nature and Microfoundations of (Sustainable) Enterprise Performance," *Strategic Management Journal*, 28, pp.1319-1350.

――― [2009] *Dynamic Capabilities and Strategic Management*, Oxford University Press.（谷口和弘・蜂巣旭・川西章弘・ステラSチェン訳『ダイナミック・ケイパビリティ戦略―イノベーションを創発し，成長を加速させる力』ダイヤモンド社, 2013年）

Wernerfelt, B. [1984] "A Resource-based View of the Firm," *Strategic Management Journal*, 5, pp.171-180.

Winter, S. G. [2003] "Understanding Dynamic Capabilities," *Strategic Management Journal*, 24, pp.991-995.

Zollo, M. & S. G. Winter [2002] "Deliberate Learning and the Evolution of Dynamic Capabilities," *Organization Science*, 13 (3), pp.339-351.

第 5 章
マーケティング研究における資源ベース論の展開

1　はじめに

　企業の持続可能な競争優位性の源泉を経営資源に求める資源ベース論（Resource-Based View）は、経営戦略論において1980年代以降、発展を続けており、マーケティング研究に対してもさまざまな影響を及ぼしている[1]。資源ベース論に基づく理論的・実証的研究は、マーケティング研究においても近年、増加しており、トピックとなっている（Kozlenkova et al. [2014] p.1）。資源ベース論を援用したマーケティング研究は、資源ベース論のフレームワークに、ブランド論、関係性マーケティング研究、あるいは消費者行動論といった従来のマーケティング研究の知見を加味しながら、進展を見せているのである。

　そこで本章では、第4章の流れを受けて、資源ベース論に基づくマーケティング研究を取り上げてレビューしていき、研究の進展状況について整理を行った上で、資源ベース論がマーケティング研究の抱える問題をどう解決したのか、そしてそれとは逆に、マーケティング研究が資源ベース論にどういった影響を与えているのか、という2つの問題を考察する[2]。

　経営戦略論において資源ベース論は、当初、固有の「資源」を保有することの優位性を強調し、その後、資源を効果的に活用する「ケイパビリティ[3]」の問題を明示的に扱うようになり、さらには、環境変化に対応して資源やケイパビリティを再配置する「ダイナミック・ケイパビリティ」の概念を提唱する形で、発展を遂げてきた[4]。資源ベース論を援用したマーケティング研究についても、「資

源」,「ケイパビリティ」,「ダイナミック・ケイパビリティ」という3つの概念区分を適用することが可能である。

以上の研究の経緯を踏まえて、本章の構成は次のようになる。第2節では,資源としての「ブランド」「関係性」「イノベーション」「市場知識」を取り上げたマーケティング研究を概観する。第3節では,「ブランディング・ケイパビリティ」「関係ケイパビリティ」「市場志向」という3つのマーケティング・ケイパビリティについて検討する。第4節では,「ダイナミック・ケイパビリティ」を扱ったマーケティング研究を取り上げる。第5節では,マーケティング研究の進展状況を総括した上で,資源ベース論のマーケティング研究への影響と,マーケティング研究の資源ベース論への影響の問題を考察し,マーケティング研究における資源ベース論の今後について展望する。

2 マーケティング資源に関する研究

資源ベース論を導入したマーケティング研究は1980年代後半から展開されるようになった[5]。マーケティング資源に関わる先行研究では,図表5-1に掲載したような資源が取り上げられているが,中でも,企業成果に対して重大な影響を及ぼす市場ベースの資源(Market-based resources)が着目されている(Srivastava et al. [1998] [2001], Kozlenkova et al. [2014])[6]。市場ベースの

▶図表5-1　マーケティング資源

- 人的資源（企業のマーケティング・ケイパビリティのインプットとなりうる人員）
- 物的資源（有形の施設・設備。具体的には,店舗,工場,生産設備,物的材料）
- 財務的資源（マーケティング関連活動に向けられる投資資金,マーケティング予算）
- 情報的資源（顧客,チャネル・メンバー,競合に関する情報）
- 評判としての資源（企業の評判,ブランド・エクイティ）
- 法的資源（独占商品,ブランド名・シンボル,商標,特許）
- 組織の資源（組織の規模,操業範囲,公式・非公式の組織のシステム,コミュニケーションのシステム,組織構造,組織文化）
- 関係性の資源（顧客,チャネル・メンバー,サプライヤー,従業員との関係性）

出所：Morgan [2012] およびKozlenkova et al. [2014] に基づいて筆者作成[7]。

資源としては具体的に，「ブランド」「関係性」「市場発のイノベーション」「市場知識」があげられている（Kozlenkova et al.［2014］p.10）。そこで本節では，これらの資源を取り上げた研究について検討する。

（1）資源としての「ブランド」を取り上げたマーケティング研究

　ここでは，資源としてのブランドの問題を扱ったBharadwaj et al.［1993］とCapron & Hulland［1999］の研究を取り上げる。Bharadwaj et al.［1993］は，サービス業における競争優位性の源泉は何か，それらが企業成果にどうつながるのか，といった問題を考察する中で，資源としてのブランドを取り上げている[8]。彼らはAaker［1991］のブランド研究を援用した上で，強固なブランドが競合製品との違いを生み出し，品質の代理変数として機能し，好ましいイメージを創出し，価格競争や販売競争が激化する中でも市場シェアの浸食を防ぐ，といった競争優位性をもたらすことを説明している（pp.89-90）。加えて彼らは，Shostack［1977］のサービス・マーケティング研究を援用した上で，サービスの無形性の度合いが増す場合，ブランドの活用が有形的要素の付与につながり，消費者の購買意思決定の際にブランドが有用になるがゆえに，競争優位性の源泉として，ブランドという資源がより重要になると説明している（p.90）。

　次にCapron & Hulland［1999］は，水平的買収によって資源がどのように再配置されるのか，当該資源が企業成果にどんな影響を及ぼすのかについて，実証的に研究している[9]。その中でブランドに関しては，Barney［1991］のVRIN（Value Rarity Inimitability Non-substitutability）のフレームワークを援用した上で，ブランドが競争優位性の源泉になりうることを説明している。強力なブランドは，資源として価値があり，新しい製品カテゴリーに拡張される際にも価値を有する。ブランドの「多重利用性（転用可能性）」である。また強力なブランドは希少で，広告のようなプロモーションに大々的かつ通時的に投資することによって構築されるが，その過程で，ブランドと顧客の関係は刻々と複雑に変化する。それゆえ，成功しているブランドの「模倣困難性」は高くなる。さらに，他の資源を活用して，ブランドの効果を複製することは容易ではないので，代用可能性は低いと説明している（p.43）。

(2) 資源としての「関係性」を取り上げたマーケティング研究

　ここではまず，顧客関係に焦点を当てたBharadwaj et al.［1993］の研究を取り上げ，次に企業間関係を扱ったDyer & Singh［1998］とMorgan & Hunt［1999］の研究を取り上げ，最後に，資源としての関係性の特性を整理したSrivastava et al.［2001］の研究を取り上げる。

　Bharadwaj et al.［1993］は，プレ・コミットメント[10]，FFP（Frequent Flyer Programs）等の制度，取引先企業への信頼によって，関係性が構築されるとする。その上で，構築された関係性は，顧客の維持，スイッチング・コストの創出，クロスセルの実現をもたらす形で競争優位性の源泉となり，企業成果につながることを説明している（pp.90-91）。

　次に，Dyer & Singh［1998］は，企業間関係が競争優位性を獲得して関係レントを生み出すメカニズムを体系的に説明する。関係レントとは「企業が単独で得られない，パートナーの特殊な貢献によって生み出される利益」である。この関係レントは，(1)関係特定的な資産への投資が行われ，(2)知識共有のルーチンへの投資が行われ，(3)関係構築によって生まれる資源の補完性が高く，(4)特有の効果的なガバナンスで取引する能力が高いほど，生み出される可能性が高くなる。そして生み出された関係レントは，(1)因果関係の曖昧性が認められ，(2)時間圧縮の不経済が生じ，(3)組織間の資産のストックの連結性が高く，(4)パートナーが希少で，(5)資源の不可分性が高く，(6)提携企業間で信用を促進して育む制度的環境が整備されている場合に，保護される。以上の説明は図表5-2にまとめられる。資源ベース論では従来，競争優位性の源泉を当該企業の内部に求めていたが，企業間関係という外部の資源も競争優位性の源泉となりうることを示している（pp.661-674）。

　Morgan & Hunt［1999］は，関係性マーケティング研究では，関係性のベネフィットは何か，どのようにして関係性が構築されるのか，という問題に注力してきたが，関係性の競争優位性の問題も重要であると主張する（p.281）。

　彼らは，関係性が持続可能な競争優位性を有するための5つの要件，すなわち(1)効率性・有効性，(2)異質性，(3)不完全な模倣可能性，(4)不完全な代替性，(5)不完全な移動可能性，に照らして，関係性の資源を評価する（図表5-3）[11]。資源の中では，図表5-3の下部に位置する組織的・関係的・情報的資源が持続可

▶図表5-2　資源ベース論と関係性の視点の比較

次元	資源ベース論 (Resource-Based View)	関係性の視点 (Relational View)
分析単位	・企業	・ペアまたは企業のネットワーク
超過利潤 (関係レント) の 主な源泉	・希少な物的資源（土地，原材料等） ・人的資源・ノウハウ（経営人材） ・技術資源（加工技術） ・財務的資源 ・無形の資源（評判）	・関係特定的な投資 ・知識共有のルーチン ・補完的な資源・ケイパビリティ ・効果的なガバナンス
利益を保護する メカニズム	・企業レベルの模倣障壁 　→因果関係の曖昧性 　　時間圧縮の不経済 　　資産のストックの連結性 　　資源の希少性・所有権	・ダイアディックまたはネットワークの模倣障壁 　→因果関係の曖昧性 　　時間圧縮の不経済 　　組織間の資産のストックの連結性 　　パートナーの希少性 　　資源の不可分性 　　制度的環境
資源を所有・制御 する主体	・個別企業	・（パートナーの）集合

出所：Dyer & Singh [1998] p.674に加筆・修正[12]。

能な競争優位性を有する。そして単独よりも組み合わせた方が持続可能な競争優位性がもたらされる。さらに組み合わせる資源に，組織的・関係的・情報的資源が含まれる場合に，持続可能な競争優位性がもたらされると説明している（pp.287-288）。

最後に，Srivastava et al. [2001] は，市場ベースの資源に焦点を当て，当該資源が，顧客価値，競争優位性，財務的な成果にどのように結びつくのかについて考察する。彼らは，顧客価値の創出に向けて重要となる市場ベースの資源として，「関係性に関わる市場ベースの資産」と「知識に関わる市場ベースの資産」の2つをあげている。前者の，関係性の資産の特性については，次のように説明している。関係性を構築する対象は，顧客，チャネル，戦略的パートナー，補完財の提供者，外注先等の外部組織で，資源の特性としては，無形で，測定困難で，育成困難で，入手可能ではあるが完全に所有できるものではなく，完全に統制できるものではない点をあげている。さらに，関係性は，信頼や評判のような要因

▶図表5−3　関係性マーケティングを通じて獲得される資源とその評価

獲得される資源	関係性マーケティングの事例	要件に基づく資源の評価
財務的資源	・フランチャイズ・システム。	広く入手可能で，RBCAs[13]の源泉としては限定的で持続可能ではない。資源は同質的で流動性もある。
法的資源	・製品のライセンシング。	模倣可能性や代替可能性があり，永続性も限定的であり，RBCAsの源泉としては持続可能ではない。
物的資源（工場・店舗）	・製造業者の余剰施設の使用（PB商品向け）。 ・小売店のネットワークの活用。	資源の組み合わせに基づく代用が可能で，RBCAsの源泉としては限定的で持続可能ではない。
人的資源（販売員・経営人材）	・品揃えの選択。 ・流通の意思決定。	RBCAsの源泉としては中程度。資源に流動性があり，持続可能性は限定される。
組織的資源（組織文化，ルーチン，ブランド，品質管理システム等）	・外国市場に参入する際のパートナー選び。	曖昧性があり，当該資源の創出に時間を要するがゆえにRBCAsの源泉としては高く，持続可能。
関係的資源（信頼，コミットメント，ロイヤルティに基づく）	・製造業者による小売業者の選択（顧客と関係性を構築する小売業者を選択）。	関係的資源の構築には時間を要する。知覚された曖昧性もある。RBCAsの源泉としては高く，持続可能。
情報的資源	・電子データ交換やECR（Efficient Consumer Response）をめぐるパートナーとの関係。	情報の仕組みを構築するための資源の組み合わせは複雑。RBCAsの源泉としては高く，持続可能。

出所：Morgan & Hunt [1999] p.285に加筆・修正。

に基づくもので，希少で，模倣困難なものであるとしている（Srivastava et al. [2001] pp.779-782）。

（3）資源としての「イノベーション」や「市場知識」を取り上げたマーケティング研究

　ここでは，資源としてのイノベーションの問題を扱ったBharadwaj et al.

[1993] と，資源としての市場知識を扱ったSrivastava et al. [1998] の研究を取り上げる。Bharadwaj et al. [1993] は，イノベーションの土台となる技術が，特許や商標といった知的財産権によって専有されているか，あるいは暗黙知の形で秘匿化されていれば，そのイノベーション資源が競争優位性の源泉になり，新規参入の阻止にもつながることを説明している。また彼らは，共特化された資産に着目し，当該イノベーションを商業化する上で，数多くの共特化された資産が複雑に組み合わされることが必要になる場合に，そのイノベーション資源が競争優位性の源泉になると説明している（p.89）。

Srivastava et al. [1998] は，前述のSrivastava et al. [2001] と同様に2つの市場ベースの資源に着目しているが，「知識に関わる市場ベースの資産」の特性やその競争優位性については，次のように説明している[14]。外部環境について企業が保有する知識で，市場の状況，顧客，競合他社，チャネル，供給業者等に関する事実・知覚・信念などが含まれる。こうした知識は，研究開発に組み込まれたり，イノベーションに活用されたり，マーケティングを強化したりする（「多重利用性」がある）。製造や設計を顧客に関する知識に適合させる形で，知識が有形の資産に価値を付与する側面もある。また知識には希少性があり，無形で，社会的に複雑で，暗黙知の部分もあるがゆえに，「模倣困難性」がある。さらに，知識に代替する資源を開発することは困難であり，顧客の知識を活かしてソリューションをカスタマイズしている場合，代替する資源を開発することがさらに困難を極める（pp.5-7）。

3　マーケティング・ケイパビリティ研究

経営戦略論の資源ベース論では当初，資源を保有することの優位性が議論されていたが，Grant [1991] に代表されるように，資源を効果的に活用する能力，またはインプットとしての資源を価値あるアウトプットに変換する能力としての「ケイパビリティ」概念が明示的に扱われるようになる。こうした潮流を受けて，マーケティング研究においてもケイパビリティが導入されている。

多様なマーケティング・ケイパビリティが先行研究で取り上げられているが，Morgan [2012] は，マーケティング・ケイパビリティを「戦略策定および実行に関わるマーケティング・ケイパビリティ」，「機能横断的マーケティング・ケイパビリティ」，「専門特化したマーケティング・ケイパビリティ」，に類型化して

▶図表5－4　マーケティング・ケイパビリティ

<戦略策定および実行に関わるマーケティング・ケイパビリティ（Architectural marketing capability）>
- 戦略市場計画（マーケティング戦略を立案する能力）
- マーケティング戦略の実行（組織の設計力。資源の獲得と配置の能力。戦略が結果に転換される状況のモニタリング力）

<機能横断的マーケティング・ケイパビリティ（Cross-functional marketing capability）>
- ブランディング・ケイパビリティ（ブランド資産の開発・維持・活用の能力）
- 関係ケイパビリティ（顧客や企業との関係性を構築・維持し，収益化に結びつけるケイパビリティ）
- 新製品開発のケイパビリティ（新しい価値を有する提供物を創出する能力）
- 市場志向（マーケティング・インテリジェンスの生成・普及・反応。顧客志向，競合者志向，職能間調整）

<専門特化したマーケティング・ケイパビリティ（Specialized marketing capability）>
- プロダクト・マネジメントのケイパビリティ（顧客のニーズを満たす製品・サービスを提供するプロセスに関わる能力）
- プライシング・マネジメントのケイパビリティ（効果的にプライシングを行う能力）
- チャネル・マネジメントのケイパビリティ（効率的・効果的にチャネル・メンバーを管理する能力）
- マーケティング・コミュニケーションのケイパビリティ（顧客にベネフィットを伝える能力。広告クリエイティブのノウハウ）
- セリングのケイパビリティ（販売活動に従事する個人のコンピタンス。効率的・効果的にセール・フォースを管理する能力）
- 市場調査のケイパビリティ（経営課題を意識した上で，研究計画を立て，データを収集・分析し，結果を説明する能力）

出所：Morgan［2012］およびKozlenkova et al.［2014］を参考にして筆者作成[15]。

いる（図表5－4）。本節では，この中から，市場ベースの資源に関係する「ブランディング・ケイパビリティ」「関係ケイパビリティ」「市場志向」を扱ったマーケティング研究を取り上げる。市場志向は，後述するように，イノベーションや市場知識にも関わりを持つがゆえに取り上げることになる。これらのケイパビリティは，機能横断的なケイパビリティに属するものであるが，機能横断的なケイパビリティは，マーケティング・ミックスの追求に関わるものであり，マー

ケティングの本質に関わりを持つと考えられる。

(1)「ブランディング・ケイパビリティ」を取り上げた マーケティング研究

　前節では，資源としてのブランドの競争優位性を論ずる研究を取り上げたが，マーケティング研究では，ブランドを構築する組織能力についての概念化も試みられている。以下では，阿久津・野中［2001］が提唱するブランディング・ケイパビリティを取り上げる。彼らは，野中［1990］のSECIモデルを援用し，ブランドの構築をブランド知識の創造プロセスとして捉えた上で，ブランドおよびブランディング・ケイパビリティがどのように構築されるのかを説明している。SECIモデルの考え方は，知識は，暗黙知と形式知の社会的相互作用を通じて，創造され拡大されるというもので，そのプロセスは，共同化，表出化，連結化，

▶図表5－5　組織的知識創造モデル

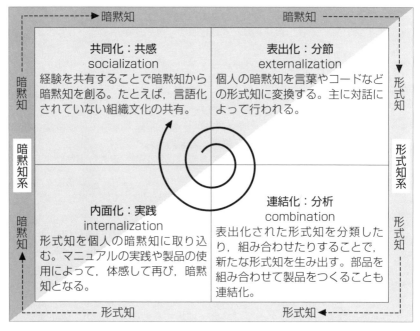

出所：野中［1990］61頁および阿久津・野中［2001］176頁より引用した上で筆者が加筆。

内面化,の4つの変換プロセスから構成される(図表5-5)。こうしたフレームワークを援用した上で,ブランディング・ケイパビリティを「組織内や顧客との間で豊かな暗黙知を共有・創造したり,暗黙知をベースに新しいブランド・コンセプトを生み出したり,それを製品に具現化したり,ブランド経験の場を作ったりする組織の能力」と定義する(阿久津・野中[2001]176頁)。

▶図表5-6　ブランディング・ケイパビリティの構成要素

構成要素	特徴
ブランド・メタ知識	・ブランド知識を創造する知識。ブランド知識を創造するための思考法,方法論,あるいは型。 ・創業者によってつくられ,修正されていく。 ・ブランディング・ケイパビリティの拠り所となり,リファレンスとして機能(ブランド知識ビジョンも同様)。
ブランド知識ビジョン	・ブランド・メタ知識を前提としながら,組織として,どのようにしてその時代にあったブランド知識を創造し,顧客と共有していくかについての指針や方向性。 ・トップが創造もしくは承認し,コミットする。 ・ブランド憲章を規定したり,ブランド・アイデンティティを付与したり,ブランド体系のあり方を示唆する。
文脈創造力	・ブランドの文脈(ブランドの意味,イメージ,ストーリー,利用のあり方,便益等)を創造する。 ・消費者が当該ブランドに対して有する文脈と,企業が有する文脈との違いをマネジメントする。違いを修正したり,違いを活かして新しいものを生み出したりする。
ブランド経験の場の構想力	・共同化・表出化・連結化・内面化を促して知識創造(=ブランド経験)につながる場を構想する。 ・愛好家が交流するイベント等の場を設けて共同化を促したり,ウェブ等を活かして対話の場を設けて表出化や連結化を進めたりすることも有効。製品の使用は内面化であるが,コンテンツ,ソフト,またはサービスによって演出された製品であれば,ブランド経験のインパクトも大きくなる。
ブランド知識資産の活用力	・ブランド知識資産は,ブランド・メタ知識,ブランド知識ビジョン,顧客が有するブランド知識資産も含む。 ・文脈創造やブランド経験の場の設定も,ブランド知識資産の活用の一形態である。 ・知識のタイプを考慮することにより,知識資産の活用力は高まる。暗黙知をそのまま活用したいのであれば共有化を進めるべき。形式知に変換してから活用するのであれば表出化が必要。

出所:阿久津・野中[2001]のまとめ。

そしてブランディング・ケイパビリティを，図表5－6に記載されたような5つの要素（ブランド・メタ知識，ブランド知識ビジョン，文脈創造力，ブランド経験の場の構想力，ブランド知識資産の活用力）に分けている。

前節では，ブランドをスナップショットのように切り取る形で，その競争優位性が静態的に論じられていたが，当研究では，ブランド構築をブランド知識の創造プロセスと捉えた上で，ブランドおよびブランディング・ケイパビリティが構築されるプロセスを動態的に論じている点に特徴がある[16]。

（2）「関係ケイパビリティ」を取り上げたマーケティング研究

ここではMorgan et al.［2009］とLages et al.［2009］の研究を取り上げる。Morgan et al.［2009］は，市場感知，CRM，ブランド・マネジメントという3つのマーケティング・ケイパビリティと，企業成果の関係を考察する。CRMのケイパビリティについては，「魅力的な顧客を識別し，顧客との関係性を構築・維持し，関係性を行使して利益に結びつける企業の能力」と定義する。その上で，CRMのケイパビリティが利益成長率に正の影響を及ぼすこと，ブランド・マネジメントのケイパビリティが利益成長率に対して及ぼす負の影響をCRMのケイパビリティが調整要因となって緩和することを明らかにしている。CRMのケイパビリティがブランド・マネジメントのケイパビリティを補完する（より効果的に発揮できるようになる）ということである（pp.286-287）。

Lages et al.［2009］は，ケイパビリティが戦略に影響を与え，戦略が企業成果に影響を与える因果関係（ケイパビリティ→戦略→成果）について考察する。その中で関係ケイパビリティについては，関係当事者間で情報を共有し，コミュニケーションを図り，問題解決に向けて双方が関わり合い，長期的な関係性を開発していく能力と捉えている。その上で，関係ケイパビリティが製品戦略に正の影響を及ぼし（製品の品質を高め，製品のイノベーションを促す），関係性の成果に影響を及ぼすことを明らかにしている[17]。

（3）市場志向研究に見られるケイパビリティ概念

市場志向に関する研究は，1987年のマーケティング・サイエンス協会が主催したフォーラムを契機に活発化し，今日に至るまで進展を続けている[18]。市場志向

とは，企業の市場に対する意識や姿勢のことであり，顧客のニーズを見出し，競合の動向を踏まえて，組織として対応していくケイパビリティとしての意味合いを含んでいると考えられる。以下では，まず市場志向概念について，ケイパビリティの視点から検討する。

　市場志向は，2つの視点から定義されている。1つめの視点が行動的視点で，Kohli & Jaworski［1990］は，「現在及び将来の顧客ニーズに関するマーケット・インテリジェンスの組織全体での生成，その部門横断的な普及，それに対する組織全体での反応である」と定義する（p.6）。彼らが定義した市場志向の概念に関してDay［1994］は，顧客を理解して満足させることについての卓越したスキルと捉えていて，当概念に能力的な要素が含まれていることを指摘している（p.37）。また嶋口他［2008］は，生成・普及・反応という市場志向の行動的要素をケイパビリティと捉えて，次のように概念化する。市場ニーズを組織的に取り入れる「情報把握力」，市場ニーズを組織に浸透・共有化させる「情報普及力」，市場ニーズに組織として対応する「情報反応力」，という3つのケイパビリティである[19]。さらに，この概念規定に基づけば，市場志向が，前節で取り上げた「市場知識」を生成して活用するケイパビリティという意味合いを含んでいることを指摘しうる。

　2つめの視点が文化的視点である。Narver & Slater［1990］は，「買手にとって優れた価値を創出して企業に優れた成果を継続的にもたらすために必要な行動を最も効果的かつ効率的に生み出す組織文化である」と定義し，具体的には顧客志向，競合者志向，職能間調整，の3つの要素から構成されると説明している（p.21）[20]。これら3つのケイパビリティの要素を含んだ形で，市場志向概念が提唱されているといえる。さらに，文化的視点から市場志向を捉える研究の延長線上に，市場志向を類型化する研究が展開されていく。Narver et al.［2004］は，既存顧客によって表出されたニーズを理解して充足しようとする反応的（Responsive）市場志向と，潜在的ニーズを理解して充足しようとする先見的（Proactive）市場志向の2類型を提唱する[21]。反応的市場志向では市場への適応力というケイパビリティが，先見的市場志向ではイノベーション力というケイパビリティが含意されているといえる。

　次に，市場志向が持つ影響力（他の要因との関わり）について，ケイパビリティの視点から検討する。Kirca et al.［2005］は，市場志向に関する諸研究をレビューし，先行要因→市場志向→成果，の因果関係について考察を行っている。

この中で,市場志向が持つ影響力に関しては,市場志向が,組織的成果(財務的成果),顧客成果(顧客満足・ロイヤルティ),イノベーション成果(新製品の成果・革新性),従業員成果(組織的コミットメント・チームスピリット・仕事の満足度等)に対して正の影響を及ぼすことが想定されている。すなわち,市場志向はこれらの成果を導くための能力を有するということである。

またMurray et al. [2011] は,資源ベース論のフレームワークを援用した上で,市場志向が他の資源やケイパビリティとどのような関係にあるのか,企業成果にどう結びつくのかを実証的に研究している(図表5-7)。彼らの研究で取り上げられたマーケティング・ケイパビリティは,「プライシングのケイパビリティ」,「新製品開発のケイパビリティ」,「マーケティング・コミュニケーションのケイパビリティ」の3要因である。これらのマーケティング・ケイパビリティは,市場志向と競争優位性(成果)の媒介要因となっている。すなわち市場志向は,ケイパビリティに正の影響を与え,ケイパビリティが競争優位性(成果)に正の影響を与える関係が想定されている。市場志向が,マーケティング・ケイパビリティの先行要因となって,各種のケイパビリティを強化する能力を持つということである。

▶図表5-7　市場志向をめぐる諸要因間の因果関係図

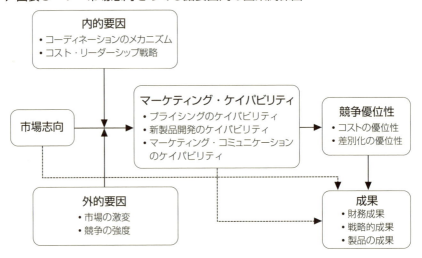

出所:Murray et al. [2011] p.254より引用(点線は直接効果を意味する)。

4 マーケティング研究分野での
    ダイナミック・ケイパビリティ

　経営戦略論において，Teece et al.［1997］等によって，「急激な環境変化に対処するために内部および外部のコンピタンスを統合・構築・再配置する企業の能力としてのダイナミック・ケイパビリティ（Teece et al.［1997］p.516）」が提唱されて以降，マーケティング研究においても当概念を援用した研究が輩出されるに至っている。ダイナミック・ケイパビリティをマーケティング分野に応用して「ダイナミック・マーケティング・ケイパビリティ」を提唱する研究や，「ダイナミック・ケイパビリティ」を直接的に援用しつつ，それが他の資源やケイパビリティとどう関わるのか，企業成果にどう結びつくのかを考察する研究が展開されている。そこで本節では，こうした研究動向を踏まえて，「ダイナミック・マーケティング・ケイパビリティ」研究と，「ダイナミック・ケイパビリティ」を扱ったマーケティング研究を取り上げる。

（1）「ダイナミック・マーケティング・ケイパビリティ」研究

　ここではBarrales-Molina et al.［2014］を取り上げる。彼らは，ダイナミック・マーケティング・ケイパビリティを扱った諸研究をレビューし，概念的な整序を試みている。ダイナミック・マーケティング・ケイパビリティ概念に関しては，次のような特性をあげている。(1)市場知識の吸収と共有に関わる，(2)ダイナミック・ケイパビリティの開発に貢献しうる，(3)マーケティング分野に特定化されたダイナミック・ケイパビリティである，(4)機能横断的なケイパビリティである，(5)マーケティング部門が主として関わる（ダイナミック・ケイパビリティはトップの役割に焦点を当てている），(6)資源やケイパビリティの再配置という役割を果たす，(7)顧客価値の向上という役割を果たす，ということである。
　そして彼らは，諸研究で扱われているダイナミック・マーケティング・ケイパビリティを一覧にした上で，自らは「新製品開発」と「先見的市場志向」という2つのダイナミック・マーケティング・ケイパビリティを提唱するに至っている（図表5－8）。論者によって，ダイナミック・マーケティング・ケイパビリティの捉え方には多少の相違がある。Morgan［2012］は，Teeceのダイナミック・

▶図表5－8　ダイナミック・マーケティング・ケイパビリティ概念

著者	ダイナミック・マーケティング・ケイパビリティについての定義・機能	特定化されたダイナミック・マーケティング・ケイパビリティ
Maklan & Knox [2009]	CRMに対する投資収益率を改善する。	・需要のマネジメント ・市場知識の創出 ・ブランドの構築 ・CRM（顧客関係管理）
Bruni & Verona [2009]	企業が進化するのを支援するような市場知識の開発・普及・統合に特化したケイパビリティ。	・新製品開発
Fang & Zou [2009]	市場の変化に反応して卓越した顧客価値を創出し，提供するための特定化された，固有の機能横断的なビジネスプロセス。	・新製品開発 ・CRM ・SCM（サプライチェーン・マネジメント）
Morgan [2012]	N.A（Not available）	・市場の学習 ・資源の再配置 ・ケイパビリティの強化
Barrales-Molina et al. [2014]	組織の資源やケイパビリティを適応させるために市場知識を活用する能力。	・新製品開発 ・先見的市場志向

出所：Barrales-Molina et al. [2014] p.404に加筆・修正[22]。

ケイパビリティとほぼ同じ意味合いで，メタ・レベルのケイパビリティとして捉えている一方で，その他の論者（Maklan & Knox [2009]，Bruni & Verona [2009]，Fang & Zou [2009]，Barrales-Molina et al. [2014]）は，前節で取り上げたような機能横断的マーケティング・ケイパビリティをほぼ同じ意味合いで用いている[23]。ここで改めて，機能横断的マーケティング・ケイパビリティをダイナミック・マーケティング・ケイパビリティとして概念化したのは，ダイナミック・ケイパビリティとの結びつきを前提にしてのことであると考えられる。換言すれば，機能横断的マーケティング・ケイパビリティは，変化した環境下で，ダイナミック・ケイパビリティと連動した形で，ダイナミック・マーケティング・ケイパビリティとして機能しうるということである。

(2)「ダイナミック・ケイパビリティ」を取り上げたマーケティング研究

　ここではダイナミック・ケイパビリティが，その他のケイパビリティを媒介して企業の成果にどのような影響を及ぼすのかを実証的に研究したWilden & Gudergan［2015］と，ダイナミック・ケイパビリティがマーケティング資源やマーケティング・ケイパビリティをどのように再配置するのかを研究した菊澤［2015］を取り上げる。Wilden & Gudergan［2015］は，変化する環境にマーケティング・ケイパビリティと技術のケイパビリティを合わせていく際に，ダイナミック・ケイパビリティがいかに影響を及ぼすのかについて実証的に研究している。本研究では図表5－9のような因果関係が想定されている。実証研究の結果，競争環境が激変する状況下においては，感知—（正の影響）→マーケティング・ケイパビリティ，感知—（正の影響）→技術のケイパビリティ，再配置—（正の影響）→マーケティング・ケイパビリティ，再配置—（正の影響）→技術のケイパビリティ，が増幅されることを明らかにしている[24]。すなわち，ダイナミック・ケイパビリティがケイパビリティの再配置を促していくが，そうした影響が，環境が激変する状況下では増幅されるということである。

　一方で，競争環境の変化が激しくない状況下においては，感知→マーケティング・ケイパビリティの影響が負になり，感知→技術のケイパビリティの影響も負になることを明らかにしている。この結果から，環境が安定的な場合にはケイパ

▶図表5－9　ダイナミック・ケイパビリティが及ぼす影響[25]

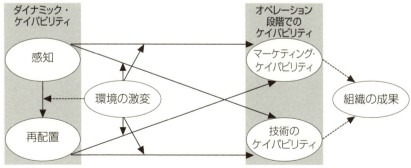

出所：Wilden & Gudergan［2015］p.185に加筆。

ビリティのギャップが小さくなり，改善する必要性が低くなり，感知に従事することが有用ではなくなることが示唆されると説明している[26]。

次に，ダイナミック・ケイパビリティを流通チャネルの再編成（垂直的統合）の問題に援用した菊澤［2015］の研究を取り上げる。当研究は，Williamsonの取引費用理論では説明できない垂直的統合の問題を，Teece［2009］のダイナミック・ケイパビリティ論によって説明することが可能になることを示した上で，事例分析を幾つか行っている。その中から，英国バーバリー社による日本の流通チャネルの垂直的統合の事例の分析を取り上げる。バーバリーは，日本ではこれまで三陽商会と戦略的提携関係を結び，同社に委託販売をさせてきたが，2015年6月末以降，直営店を展開する戦略に転じた（垂直的統合）。バーバリーは，日本国内での売上高を2016年度までに1億ポンド以上に伸ばす計画を立てている（同社の2013年度の日本国内での売上高は2,500万ポンド）。このケースに対して菊澤［2015］は，ケイパビリティの問題が関わっていると分析する。すなわち，日本市場は成熟化し，しかも高額商品を購入できる層が増加している。そうした状況下にあってバーバリーは，三陽商会が持っているような「販売ケイパビリティ」をすでに持ち合わせているわけではない。そこで同社は，「ダイナミック・ケイパビリティ」を発揮し，自社内の「販売ケイパビリティ」や「流通チャネルの資源」を再構成・再配置する形で日本市場に対応して，成果をあげようとしたということである。

以上のように，Wilden & Gudergan［2015］や菊澤［2015］の研究で，環境が変化する状況下で，ダイナミック・ケイパビリティが，マーケティング・ケイパビリティを強化する方向で影響を及ぼしていることが確認されたことになる。

5　マーケティング研究と資源ベース論の新たな展開

前節までの議論で，マーケティング資源，マーケティング・ケイパビリティ，ダイナミック・ケイパビリティを取り上げた諸研究をレビューしてきたが，本節ではまず，得られた知見を総括的に整理する。その上で，資源ベース論がマーケティング研究の抱える問題をどう解決したのか，そしてそれとは逆に，マーケティング研究が資源ベース論にどういった影響を与えているのか，という2つの問題を考察する。

（1）マーケティング研究における資源ベース論の展開

本章ではこれまで、マーケティング研究で展開されてきた資源ベース論の研究をレビューしてきたが、その研究の系譜は図表5-10にまとめられている。マーケティング資源としては、ブランド、関係性（顧客関係および企業間関係）、市場発のイノベーション、市場知識が取り上げられ、それぞれ該当する研究が存在していることが確認された。次に、マーケティング・ケイパビリティとしては、ブランディング・ケイパビリティ、関係ケイパビリティ、市場志向が取り上げられ、本章でレビューした研究が記載されている。市場志向については、第3節で考察したように、それぞれ3つのケイパビリティを構成要素として持っていることになる。ダイナミック・マーケティング・ケイパビリティについては、ブランド、関係性、イノベーション、市場知識に対応する概念が提唱されている。第4節で考察したように、環境が変化した状況下で、ダイナミック・ケイパビリティと連動する形で、ダイナミック・マーケティング・ケイパビリティとして機能しうるということである。以上のように、経営戦略論における資源およびケイパビ

▶図表5-10　マーケティング研究における資源ベース論の展開[27]

マーケティング資源		マーケティング・ケイパビリティ				ダイナミック・マーケティング・ケイパビリティ	ダイナミック・ケイパビリティ	
ブランド	Bharadwaj et al.[1993] Capron & Hulland[1999]	ブランディング・ケイパビリティ				阿久津・野中[2001] Morgan et al.[2009]	Maklan & Knox[2009]	感知	感知
顧客間関係	Bharadwaj et al.[1993] Srivastava et al.[2001]	関係ケイパビリティ				Morgan et al.[2009]	Maklan & Knox[2009] Fang & Zou[2009]		
企業間関係	Dyer & Singh[1998] Morgan & Hunt[1999] Srivastava et al.[2001]					Lages et al.[2009]	Fang & Zou[2009]		捕捉
市場発のイノベーション	Bharadwaj et al.[1993]	市場志向	生成	普及	反応	Kohli & Jaworski[1990] 嶋口他[2008]	Bruni & Verona[2009] Fang & Zou[2009] Barrales-Molina et al.[2014]	再配置	
			プライシング	新製品開発	マーケ・コミュ	Murray et al.[2011]			
市場知識	Srivastava et al.[1998] Morgan & Hunt[1999]		顧客志向	競合志向	職能間調整	Narver & Slater[1990] Kirca et al.[2005]	Maklan & Knox[2009] Morgan[2012] Barrales-Molina et al.[2014]		変革
							Wilden & Gudergan[2015]	Teece[2009] 菊澤[2015]	

リティの取り扱いが「資源」,「ケイパビリティ」,「ダイナミック・ケイパビリティ」と変遷してきたことに対応する形で，マーケティング研究においても，「マーケティング資源」「マーケティング・ケイパビリティ」「ダイナミック・マーケティング・ケイパビリティ」の研究が進展してきたといえる。

　本章を通じて扱ってきた資源，ケイパビリティ，ダイナミック・ケイパビリティは，市場ベースの資源やケイパビリティであった。マーケティング研究では，市場ベースの資源やケイパビリティに関する議論を継続して展開してきたことになる。本章での議論を通じて得られた洞察は，これらの資源やケイパビリティが「無形性」と「補完性」という２つの特性を有し，これらの特性が持続可能な競争優位性を創出する上で鍵を握っているということである。１つめの「無形性」に起因したベネフィットとしては「模倣困難性」と「多重利用性」があげられる。本章で取り上げた無形の市場ベースの資源やケイパビリティは，模倣困難性が高く，多重利用が可能であるということである。

　２つめの「補完性」とは１つの資源（およびケイパビリティ）のベネフィットが別の資源の存在によって増幅されることを意味するが，無形性と同様，この補完性についても「模倣困難性」がついてまわることになる。競合にとっては，どの要因が優位性に結びつくのかが容易に判断できず，因果的曖昧性があるからである。

（２）資源ベース論のマーケティング研究への貢献

　既存研究を検討した結果，経営戦略論の資源ベース論がマーケティング研究に導入されたことで，下記のような研究上の進展が得られたことを指摘しうる。

　まず第１に，マーケティングの伝統的な戦略研究では，戦略のコンテンツに焦点が当てられ，「内部組織」の側面に焦点を当てて考察してこなかったことが指摘されている（山下他［2012］6-7頁）。そうした状況下で資源ベース論を援用することにより，従来の経営戦略論で扱われていた内部的な資源も含めて，多様な資源・ケイパビリティを広範にわたって統合的に扱いながら，マーケティング資源やマーケティング・ケイパビリティにも研究の焦点を当てることとなり，内部組織に関する知見を蓄積することが可能になった。とりわけ，資源ベース論のケイパビリティ研究による貢献が認められる。具体的には，第３節で取り上げたブランド・ケイパビリティ研究，市場志向研究に加えて，第４節で取り上げたダ

イナミック・ケイパビリティに関わるマーケティング研究において，内部組織に関する知見が蓄積されてきたといえる。

　第2に，マーケティング研究では，「競争優位性」の問題に関する議論が不十分であったことが研究上の課題とされてきた[28]。資源ベース論の援用により，マーケティング上の資源やケイパビリティがどのような競争優位性を持つのか，企業の成果にどう結びつくのかについて，理論的・実証的に探究することが可能になった。具体的には，第2節で取り上げたブランドや関係性の研究において，資源ベース論を援用することで，当該資源の競争優位性の問題が精緻化された形で説明されたことになる。第3節においては，ケイパビリティが取り上げられたが，当概念は，無形性と補完性によって特徴づけられるがゆえに，模倣困難性があり，持続可能な競争優位性の獲得につながる。こうした競争優位性に関わる知見が蓄積されてきたことを指摘しうる。

　第3の影響は，資源ベース論が当初，資源をスナップショットのように切り取ってその競争優位性を静態的に分析する研究アプローチをとっていた点に関わる。青島・加藤［2003］によれば，資源ベース論を含む，4つの経営戦略論のアプローチは図表5－11のように類型化される。資源ベース論の研究アプローチとしての特徴については，「要因」に注目している点と[29]，利益の源泉が企業の「内部」にある点に見出している[30]。こうした説明に基づけば，資源ベース論がマーケティング研究へ援用された結果，さまざまな経営・マーケティングに関わる諸事象を「要因化（要素に還元）」して要因間の関係を実証的に研究する動きが活発化した，ということがいえる[31]。実証研究としては，資源やケイパビリ

▶図表5－11　戦略論の4つのアプローチ

出所：青島・加藤［2003］26頁。

ティと,財務的成果との因果関係を検証し,どういった資源やケイパビリティが好業績に結びつくのかを明らかにして,実践的な示唆を導出していく手法が確立されている。たとえば,前掲の図表5-7および図表5-9は,要因間の因果関係を図式化した枠組みである。実に多種多様な形で,要因を識別し,相互の関連性を仮説化し,実証する研究が展開されるようになったのである。実証研究の活発化も,資源ベース論をマーケティング研究に導入したことの1つの産物である。

第4に,ダイナミック・ケイパビリティ研究のマーケティング研究への貢献である。第4節において,当概念を援用したマーケティング研究について検討した結果,資源やケイパビリティの再配置を促す「ダイナミック・ケイパビリティ」というメタ・レベルのケイパビリティ概念を導入することで,環境変化に応じて資源やケイパビリティをどのように再配置するのかという「動態的なマーケティング問題」を説明することが可能になったといえる。

次に,マーケティング研究として,資源ベース論の研究を今後どのように発展させるべきかについては下記の2点を指摘しうる。

第1に,現在,資源ベース論を援用したマーケティング研究は増加の一途をたどっているが,各々の資源やケイパビリティに関する概念規定が研究ごとに拡散している状況にある。今後は概念規定の統一化や精緻化を図っていくことも必要である。ケイパビリティ概念に関しては,測定の尺度の問題もある。現状では行動ベースで測定されているが,行動ベースで測定することの妥当性も含めて検討を続けていく必要がある。

第2に,資源,ケイパビリティ,企業成果等の諸要因間については,現在,多様な関係が想定され,実証結果も提起されている。中には相反する関係が並存している状況もある。今後,これらの要因間の関係については,さらなる理論的精緻化,体系化,統合化が必要とされている。資源ベース論において従来から指摘されてきた研究課題がトートロジー的問題の解消であるが[32],理論的精緻化の進展がこうした課題の克服にもつながることが期待される。

(3) マーケティング研究の資源ベース論への貢献

前掲の議論とは逆方向の,マーケティング研究が経営戦略論の資源ベース論に及ぼした影響については,次の3点を指摘しうる。

まず第1に,経営戦略論における資源ベース論では,企業の「内部」の経営資

源に焦点を当ててきた。それに対して資源ベース論を援用したマーケティング研究では，ブランド研究，関係性マーケティング研究，チャネル研究等々，さまざまなマーケティング分野の知見を導入することで，「外部」の資源やケイパビリティに関する研究成果を蓄積してきた。具体的には，企業の「外部」に存在する資源やケイパビリティが競争優位性の源泉となりうること，さらにはマーケティングの資源やケイパビリティが「無形性」や「補完性」を有すること，等の重要な知見をもたらしたといえる。

第2に，経営戦略論の資源ベース論では，競争の問題や企業の内部の資源に主眼が置かれ，顧客視点が絡む資源の「価値」の問題には焦点があまり当てられてこなかった[33]。そうした中，資源ベース論を援用したマーケティング研究は，ブランド研究，消費者行動研究，サービス・マーケティング研究等の知見を援用し，顧客視点を含んだ研究成果を蓄積してきた。具体的には，第2節の資源としてのブランド，関係性，市場知識を取り上げた研究で，顧客視点を含んだマーケティング研究の知見が援用されていた。第3節の市場志向の研究領域においても，顧客視点を含んだ研究成果が蓄積されていた。第4節で取り上げたダイナミック・ケイパビリティ研究においても，「先見的市場志向」といった，顧客視点を盛り込んだ市場志向研究の知見が援用されている。「感知」「捕捉」といった，外部環境をより意識した概念を内包するダイナミック・ケイパビリティ概念が提唱されるに至って，今後は，当該領域での知見を有するマーケティング研究が資源ベース論をさらに進展させることも可能である。

第3に，経営戦略論の資源ベース論では近年，ダイナミック・ケイパビリティ研究が大きな進展をもたらしているが，ダイナミックな視点による研究はマーケティング研究でも展開されていた。第3節で取り上げたブランディング・ケイパビリティ研究がこれに該当する[34]。当研究では，ブランド構築をブランド知識の創造プロセスと捉えた上で，ブランドおよびブランディング・ケイパビリティが構築されるプロセスが動態的に論じられていた[35]。こうした研究が展開されることで資源ベース論が進展してきた側面がある。Barney［2014］は，資源やケイパビリティがどこからくるのか，それらをどう構築するのか，というプロセスの問題をより詳細に探求する段階にきており，ブランド構築についての情報は，異質的で模倣困難な資源の構築のあり方についての深い洞察をもたらしうると説明している（p.26）。こうしたBarney［2014］のコメントは，マーケティング研究で蓄積してきた知見が，今後もさまざまな形で資源ベース論の研究の進展をもた

らす可能性があることを示唆するものであり，引き続き，研究成果を蓄積していくことが望まれる。

次章では，資源ベース論も含めてさまざまな学問領域を取り込みつつ，現実的な競争を動態的に捉えて不均衡理論として説明しようとするS. D. Huntの資源-優位論が取り上げられ，マーケティングの一般理論の構築に向けた議論が展開されることになる。

6　おわりに

本稿で明らかになったことは以下の4点である。
1) 資源ベース論は，経営戦略論において発展を遂げてきたが，マーケティング研究においても資源ベース論に基づく理論的・実証的研究が盛んに行われるようになり，さまざまな研究成果を輩出するに至っている。
2) 経営戦略論における資源ベース論の研究の焦点が，「資源」「ケイパビリティ」「ダイナミック・ケイパビリティ」へと変遷していくに従って，資源ベース論を援用したマーケティング研究においても「マーケティング資源」「マーケティング・ケイパビリティ」「ダイナミック・マーケティング・ケイパビリティ」に関する諸種の知見が蓄積されるに至っている。
3) 資源ベース論を援用したマーケティング研究が展開されたことにより，ケイパビリティ等の企業の内部組織に関する知見や，競争優位性に関する知見をマーケティング研究分野に蓄積することが可能になった。
4) 資源ベース論を援用したマーケティング研究が展開されたことにより，企業の外部の無形の資源についての知見や顧客視点に絡んだ知見が充実化されたことで，マーケティング研究が経営戦略論の資源ベース論に貢献を果たしてきた。

〔注〕
1 経営戦略論とマーケティング論の各々の研究の系譜と，相互の影響関係については，堀越［2010］［2014］において明快に説明されている。
2 Barney［2014］は，マーケティング上の問題を分析し，理解するために資源ベース論を援用することが可能であるとともに，資源ベース論の問題を分析し，理解するためにマーケティング研究を援用することが可能であり，相互補完的に研究が進展しうることを指摘している（p.24）。本章は，その具体的な影響関係を考察するものである。
3 組織能力については，ケイパビリティ以外にも，コア・ケイパビリティ，コンピタンス，コア・コンピタンス，スキル，等々，さまざまな形で呼称されているが，本章ではケイパビリティを統一的に使用する。
4 本章において，「資源ベース論」という用語を使用する際の「資源」という用語は，「資源」「ケイパビリティ」「ダイナミック・ケイパビリティ」という3つの概念を総称する意味で用いている。
5 紙面の制約上，本文では言及しないが，資源ベース論を導入した初期のマーケティング研究が幾つか存在する。嶋口［1986］は，競争地位類論を展開する際に，資源ベース論を援用し，経営資源の量と，経営資源の質によって，競争地位や競争戦略が規定されることを提唱している。また，オールウェイズ研究会編［1989］は，資源ベース論を援用し，リーダー企業の興亡に関わる諸問題を考察している。
6 Srivastava et al.［1998］は，市場ベースの資源がオフバランス資産である点にも着目している。
7 Morgan［2012］およびKozlenkova et al.［2014］の論文の中で列挙されていたマーケティング資源を参考にして，表にまとめたものである。
8 Bharadwaj et al.［1993］は，「規模の経済性」，「シナジー」，「イノベーション」，「ブランド・エクイティ」，「関係性」，「空間的占有」，「コミュニケーション財の効果」，「組織文化」，「組織の専門性・生産者の学習・経験効果」，「情報技術」等の競争優位性の源泉をあげている（pp.85-93）。「関係性」「イノベーション」については後述する。
9 Capron & Hulland［1999］で扱われている資源（およびケイパビリティ）は「ブランド」「販売力」「マーケティング全般の専門性」である。
10 プレ・コミットメント（Precommitment）とは，事前のコミットメントのことであり，それが自己拘束的に機能していくことになる。Bharadwaj et al.［1993］は，プレ・コミットメントの契約が，既存の契約から顧客企業が離脱することや，新規参入を抑止しうると説明する。具体的には，病院管理の契約の事

例を取り上げて，契約更新の際に，取引関係を結んでいる既存企業が優位になると説明している（p.91）。
11　資源が競争優位性を獲得する条件については，幾つか提唱されている。Barney［1991］のVRIN，Barney［1996］のVRIOの他，Peteraf［1993］も4つの条件，すなわち(1)資源の異質性，(2)競争への事前的制限，(3)競争への事後的制限，(4)資源の不完全な移動可能性を提示している。

　Jap［2001］は，このPeteraf［1993］が提示した4つの条件を援用した上で，産業財の顧客企業と供給業者の関係性に関わる資源が競争優位性を獲得しうることを説明している。
12　Dyer & Singh［1998］では，「資源ベース論」と「関係性の視点」に「産業構造の視点（Industry Structure View）」を加えて，3つの立場の比較を行っている。
13　Relationship-Based Competitive Advantagesの略。
14　Srivastava et al.［1998］の方が市場知識に関してより詳細に説明されているので，当研究を援用する。
15　Morgan［2012］およびKozlenkova et al.［2014］の論文の中で列挙されていたマーケティング・ケイパビリティを参考にして，表にまとめたものである。
16　ある時点からある時点までのブランドおよびブランディング・ケイパビリティの変化を扱っている点で動態的な視点で研究されているといえる。
17　Lages et al.［2009］が取り上げたケイパビリティは，組織学習のケイパビリティ，関係ケイパビリティ，質のケイパビリティの3つである。関係性の成果は，パートナーの忠実度，関係性の質，当該企業についてのパートナーからの評判で測定されている。
18　市場志向に関するレビュー論文としては，Kirca et al.［2005］，水越［2006］，猪口［2012］等がある。
19　嶋口他［2008］は，これらのケイパビリティの発揮のあり方について，事例を通して考察している。市場志向研究を援用しながら，日本企業のマーケティング・ケイパビリティについて論じた研究として，他には，田村［1996］や山下他［2012］があげられる。
20　この点に関して堀越［2014］は，1960年代頃のマーケティング・コンセプトの研究では消費者志向，統合志向，利益志向が提唱されていたのに対して，市場志向の研究で競争志向が明確に追加され，消費者志向との調和の問題が組み込まれるようになったことを指摘している（107頁）。
21　堀越［2014］は，この2分類では消費者志向と競争志向の調和という内容が

示されていない点を問題視し，さらなる精緻化のために4分類を提唱する。具体的にはまず「消費者志向」と「競争志向」を各々2分類化する。消費者志向を，企業からの提案を消費者に向かって説得する「説得型消費者志向」（内から外への志向）と，消費者の要求に向かってそれに応えたことを消費者に向かって伝える「適応型消費者志向」（外から内への志向）に2分類化する。競争志向を，先見的市場志向において想定されるイノベーションを展開する「先見的競争志向」（内から外への志向）と，反応的市場志向において想定されるイノベーションを展開する「反応的競争志向」（外から内への志向）に2分類化する。その上で，(1)「先見的競争志向」で「説得型消費者志向」の「市場創造志向」，(2)「先見的競争志向」で「適応型消費者志向」の「市場革新志向」，(3)「反応的競争志向」で「説得型消費者志向」の「市場浸透志向」，(4)「反応的競争志向」で「説得型消費者志向」の「市場誘導志向」，の4類型を提唱するに至っている（106-112頁）。その他，Ketchen et al. [2007] による4類型も存在する。

22 　特定化されたダイナミック・マーケティング・ケイパビリティを具体的に提示した研究を抽出している。

23 　こうした概念上の相違に関する整序をさらに進めていくことが，今後研究として求められていることを指摘しうる。

24 　仮説化されていない関係ではあるが，ケイパビリティと組織成果の関係についても実証研究が実施され，ケイパビリティが組織成果に正の影響を及ぼしていることが確認されている。それゆえダイナミック・ケイパビリティは，マーケティング・ケイパビリティを媒介して，組織成果に対して正の影響を及ぼしていることになる。

25 　図中の実線は仮説でもって想定した関係を表し，破線は仮説としては想定していない関係（ただしデータでは検証している）を表している。

26 　他にもProtogerou et al. [2012] が，同様の因果関係を想定した上で研究を行っている。すなわち，ダイナミック・ケイパビリティがマーケティング・ケイパビリティと技術のケイパビリティを媒介して，企業成果に影響を及ぼすことを明らかにしている。ただしProtogerou et al. [2012] では，環境が動態的に変化している状況と変化していない状況の双方において，同様の影響関係が見られることを明らかにしている。

27 　図表5-10は，慶應義塾大学の堀越比呂志教授との議論によって得た知見である。

28 　第2節でも取り上げたMorgan & Hunt [1999] によって指摘されている（p.281）。

29 青島・加藤［2003］によれば，要因に着目する場合，分析対象をスナップショットのように切り取って，静態的に分析する志向性が強く，プロセスに着目する場合，ある時点からある時点までの変化が入った，より動態的な分析となる。
30 資源ベース論に関して付言すれば，利益の源泉を企業の「内部」だけではなく「外部」にも求めていることや，ダイナミック・ケイパビリティ研究のように「プロセス」に焦点を当てた研究も輩出されている。いまや資源ベース論は，「内部」と「外部」，「要因」と「プロセス」を全般的にカバーしつつある。
31 換言すれば，実証研究がやりやすくなったということである。
32 幾人かの研究者によって提起されている問題であるが，たとえばPriem & Butler［2001］は，Barney［1991］の，資源の属性と競争優位性との関係についての説明がトートロジー的であると指摘している（p.27）。
33 Srivastava et al.［2001］は，経営戦略論における資源ベース論では，資源の価値は外部環境に依存するとされ，資源が価値に転換されるプロセスの問題に焦点が当てられてこなかったことを指摘している（p.779）。端的にいえば，顧客が当該企業の提供物を選んだ場合に，その企業は顧客ベースの競争優位性を有する，という後付け的な説明が展開されうるということである（p.782）。
34 その他，第2節で取り上げたCapron & Hulland［1999］は，ダイナミック・ケイパビリティ概念を明示的に導入しているわけではないが，水平的買収によって資源がどのように再配置されるのか，という動態的な問題を議論している。

　また，同じく第2節で取り上げたMorgan & Hunt［1999］は，関係性マーケティング研究ではこれまで，どのようにして関係性が構築されるのか，というプロセスの問題を議論してきたと説明している（p.281）。それゆえ，ブランド研究と同様，関係性マーケティング研究においても，資源の構築のプロセスの問題が扱われてきたことを指摘しうる。
35 なお，Teece et al.［1997］が提唱するダイナミック・ケイパビリティは，変化した環境下で資源を再配置する能力と捉えられるが，ブランディング・ケイパビリティで言及されているブランド構築プロセスのダイナミック性は環境変化を前提とするものではない点で違いがあると考えられる。

〔参考文献〕
青島矢一・加藤俊彦［2003］『競争戦略論』東洋経済新報社。
阿久津聡［2004］「ブランディング・ケイパビリティ：強いブランドを構築する組織能力」青木幸弘・恩蔵直人編著『製品・ブランド戦略』，227-262頁。
阿久津聡・野中郁次郎［2001］「ブランド知識創造のケイパビリティ」『DIAMOND

ハーバード・ビジネス・レビュー』August, 173-186頁。

伊藤友章［2004］「マーケティング戦略と資源ベース視角」『経営論集（北海学園大学）』第2巻，第1号，33-59頁。

猪口純路［2012］「市場志向研究の現状と課題」『季刊マーケティングジャーナル』第31巻，第3号，119-131頁。

大竹光寿［2015］「マーケティング研究における資源ベースの戦略論：市場ベースの資源と不均衡ダイナミズム」『経済研究（明治学院大学）』第149号，47-63頁。

オールウェイズ研究会編・和田充夫・青井倫一・矢作恒雄・嶋口充輝［1989］『リーダー企業の興亡』ダイヤモンド社。

菊澤研宗［2015］「ダイナミック・ケイパビリティと垂直的統合―取引コスト，ケイパビリティ，そしてダイナミック・ケイパビリティ―」『三田商学研究』第58巻，第2号，75-86頁。

嶋口充輝［1986］『統合マーケティング―豊饒時代の市場志向経営』日本経済新聞社。

嶋口充輝・石井淳蔵・黒岩健一郎・水越康介［2008］『マーケティング優良企業の条件―創造的適応への挑戦』日本経済新聞出版社。

田村正紀［1996］『マーケティング力：大量集中から機動集中へ』千倉書房。

野中郁次郎［1990］『知識創造の経営』日本経済新聞社。

堀越比呂志［2010］「マーケティング研究と経営戦略論」マーケティング史研究会編『マーケティング研究の展開』同文舘出版，144-162頁。

――――［2014］「第4章 競争戦略研究の諸問題」堀越比呂志編著『戦略的マーケティングの構図』同文舘出版，92-116頁。

水越康介［2006］「市場志向に関する諸研究と日本における市場志向と企業成果の関係」『季刊マーケティングジャーナル』第26巻，第1号，40-55頁。

山下裕子・福冨言・福地宏之・上原渉・佐々木将人［2012］『日本企業のマーケティング力』有斐閣。

Aaker, David A. [1991] *Managing Brand Equity: Capitalizing on the Value of a Brand Name*, New York: The Free Press.（陶山計介・中田善啓・尾崎久仁博・小林哲訳［1994］『ブランド・エクイティ戦略：競争優位をつくりだす名前，シンボル，スローガン』ダイヤモンド社）

Auh, Seigyoung & Bulent Menguc [2009] "Broadening the Scope of the Resource-Based View in Marketing: The Contingency Role of Institutional Factors," *Industrial Marketing Management*, Vol.38, No.7, pp.757-768.

Barney, J. B. [1991] "Firm Resources and Sustained Competitive Advantage,"

Journal of Management, Vol.17, No.1, pp.99-120.

—— [1996] *Gaining and Sustaining Competitive Advantage*, Addison-Wesley.

—— [2014] "How Marketing Scholars Might Help Address Issues in Resource-Based Theory," *Journal of the Academy of Marketing Science*, Vol.42, No.1, pp.24-26.

Barrales-Molina, V., F. J. Martínez-López, & J. C. Gázquez-Abad [2014] "Dynamic Marketing Capabilities: Toward an Integrative Framework," *International Journal of Management Reviews*, Vol.16, No.4, pp.397–416.

Bharadwaj, Sundar G., P. Rajan Varadarajan, & John Fahy [1993] "Sustainable Competitive Advantage in Service Industries: A Conceptual Model and Research Propositions," *Journal of Marketing*, Vol.57, No.4, pp.83-99.

Bhuian, Shahid N. [1997] "Exploring Market Orientation in Banks: An Empirical Examination in Saudi Arabia," *The Journal of Services Marketing*, 11 (5), pp.317-328.

Boulding, W. & M. Christen [2003] "Sustainable Pioneering Advantage? Profit Implications of Market Entry Order," Marketing Science, Vol.22, No.3, pp.371–392.

Bruni, D.S. & Verona, G. [2009] "Dynamic Marketing Capabilities in Science-Based Firms: an Exploratory Investigation of the Pharmaceutical Industry," *British Journal of Management*, Vol.20, pp.101–117.

Capon, Noel & Rashi Glazer [1987] "Marketing and Technology: A Strategic Coalignment," *Journal of Marketing*, Vol.51, No.3, pp.1-14.

Capraro, A. & Srivastava, R. [1997] "Has the Influence of Financial Performance on Reputation Measures Been Overstated?," *Corporate Reputation Review*, Vol.1, No.1, pp.86–93.

Capron, Laurence & John Hulland [1999] "Redeployment of Brands, Sales Forces, and General Marketing Management Expertise Following Horizontal Acquisitions: A Resource-Based View," *Journal of Marketing*, Vol.63, No.2, pp.41-54.

Day, G. S. [1994] "The Capabilities of Market-Driven Organizations," *Journal of Marketing*, Vol.58, No.4, pp.37–52.

—— [2011] "Closing the Marketing Capabilities Gap," *Journal of Marketing*, Vol.75, No.4, pp.183–195.

Deshpandé, R., J.U. Farley & F.E. Webster, Jr. [1993] "Corporate Culture

Customer Orientation, and Innovativeness in Japanese Firms: A Quadrad Analysis," *Journal of Marketing*, Vol.57, No.1, pp.23-37.

Dutta, S., Narasimhan, O., & Rajiv, S. [1999] "Success in High- Technology Markets: Is Marketing Capability Critical?," *Marketing Science*, Vol.18, No.4, pp.547-568.

Dyer, J., & H. Singh [1998] "The Relational View: Cooperative Strategy and Sources of Interorganizational Competitive Advantage," *Academy of Management Review*, Vol. 23, No.4, pp.660-679.

Dyer, J., H. Singh, & P. Kale [1998] "Relational Capability: Drivers and Implications," *Dynamic Capabilities, Understanding Strategic Change in Organization, Wiley-Blackwell*.（谷口和弘他訳［2007］「5章 関係ケイパビリティ」『ダイナミック・ケイパビリティ―組織の戦略変化』勁草書房）

Evanschitzky, Heiner [2007] "Market Orientation of Service Networks: Direct and Indirect Effects on Sustained Competitive Advantage," *Journal of Strategic Marketing*, Vol.15, No.4, pp.349-368.

Fang, E., Palmatier, R., & Grewal, R. [2011] "Effects of Customer and Innovation Asset Configuration Strategies on Firm Performance," *Journal of Marketing Research*, Vol.48, No.3, pp.587-602.

Fang, E. & Zou, S. [2009] "Antecedents and Consequences of Marketing Dynamic Capabilities in International Joint Ventures," *Journal of International Business Studies*, Vol.40, pp.742-761.

Felton, Arthur P. [1959] "Making the Marketing Concept Work," *Harvard Business Review*, 37（July/August）, pp.55-65.

Frederick E. Webster Jr., Alan J. Malter, & Shankar Ganesan [2005] "The Decline and Dispersion of Marketing Competence," *MIT Sloan Management Review*, Vol.46, No.4, pp.35-43.

Gao, Gerald Yong, Yigang Pan, David K. Tse, & Chi Kin Yim [2006] "Market Share Performance of Foreign and Domestic Brands in China," *Journal of International Marketing*, Vol.14, No.2, pp.32-51.

Grant, R. M. [1991] "The Resource-Based Theory of Competitive Advantage: Implications for Strategy Formulation," *California Management Review*, Vol.33, No.3, pp.114-135.

Hooley, Graham, Gordon Greenley, John Fahy, & John Cadogan [2001] "Market-focused Resources, Competitive Positioning and Firm Performance," *Journal of*

Marketing Management, Vol.17, No.5-6, pp.503-520.

Hult, G. T. M., Ketchen, D. J., & Slater, S. F. [2005] "Market Orientation and Performance: An Integration of Disparate Approaches," *Strategic Management Journal*, Vol. 26, No.12, pp.1173–1181.

Hult, G. T. M., Ketchen, D. J., & Arrfelt, M. [2007] "Strategic Supply Chain Management: Improving Performance through a Culture of Competitiveness and Knowledge Development," *Strategic Management Journal*, Vol.28, No.10, pp.1035–1052.

Hunt, Shelby D. & Robert M. Morgan [1995] "The Comparative Advantage Theory of Competition," *Journal of Marketing*, Vol.59, No.2, pp.1-15.

Ketchen, D. J., G. T. M. Hault, & S. F. Slater [2007] "Research Note and Commentaries Toward Greater Understanding of Market Orientation and the Resource-Based View," *Strategic Management Journal*, Vol.28, No.9, pp.961-964.

Kirca, Ahmet H., Satish Jayachandran, & William O. Bearden [2005] "Market Orientation : A Meta-Analytic Review and Assessment of Its Antecedents and Impact on Performance," *Journal of Marketing*, Vol.69, No.2, pp.24-41.

Kohli, A.K. & Jaworski, B.J. [1990] "Market Orientation: the Construct, Research Propositions, and Managerial Implications," *Journal of Marketing*, Vol.54, No2, pp.1–18.

Kozlenkova, Irina V., Stephen A. Samaha, & Robert W. Palmatier [2014] "Resource-Based Theory in Marketing," *Journal of the Academy of Marketing Science*, Vol.42, No.1, pp.1-21.

Jap, Sandy D. [2001] "Perspectives on Joint Competitive Advantages in Buyer-Supplier Relationships," *International Journal of Research in Marketing*, Vol.18, No.1, pp.19–35.

Lages, L. F., Silva, G., & Styles, C. [2009] "Relationship Capabilities, Quality, and Innovation as Determinants of Export Performance," *Journal of International Marketing*, Vol.17, No.4, pp.47–70.

Luo, Xueming, David A. Grith, Sandra S. Liu, & Yi-Zheng Shi [2004] "The Effects of Customer Relationships and Social Capital on Firm Performance: A Chinese Business Illustration," *Journal of International Marketing*, Vol.12, No.4, pp.25-45.

Maklan, S. & Knox, S. [2009] "Dynamic Capabilities: the Missing Link in CRM Investments," *European Journal of Marketing*, Vol.43, No.11-12, pp.1392–1410.

Menguc, Bulent & Seigyoung Auh [2006] "Creating a Firm-Level Dynamic Capability through Capitalizing on Market Orientation and Innovativeness," *Journal of the Academy of Marketing Science*, Vol.34, No.1, pp.63-73.

Merrilees, Bill, Sharyn Rundle-Thiele, & Ashley Lye [2011] "Marketing Capabilities: Antecedents and Implications for B2B SME Performance," *Industrial Marketing Management*, Vol.40, No.3, pp.368-375.

Moorman, C., & Slotegraaf, R. [1999] "The Contingency Value of Complementary Capabilities in Product Development," *Journal of Marketing Research*, Vol.36, No.2, pp.239-257.

Morgan, Neil A., Rebecca J. Slotegraaf, & Douglas W. Vorhies [2009] "Linking Marketing Capabilities with Profit Growth," *International Journal of Research in Marketing*, Vol.26, No.4, pp.284-293.

Morgan, Neil A. [2012] "Marketing and Business Performance," *Journal of the Academy of Marketing Science*, Vol.40, No.1, pp.102-119.

Morgan, Robert M. & Shelby D. Hunt [1999] "Relationship-Based Competitive Advantage: The Role of Relationship Marketing in Marketing Strategy," *Journal of Business Research*, Vol.46, No.3, pp.281-290.

Murray, Y. J., G. Y. Gao, & M. Kotabe [2011] "Market Orientation and Performance of Export Ventures: the Process through Marketing Capabilities and Competitive Advantages," *Journal of the Academy of Marketing Science*, Vol.39, No.2, pp.252-269.

Narver, J. C. & S. F. Slater [1990] "The Effect of a Market Orientation on Business Profitability," *Journal of Marketing*, Vol.54, No.4, pp.20-35.

Narver, J. C., S. F. Slater, & D. L. MacLachlan [2004] "Responsive and Proactive Market Orientation and New-Product Success," *Journal of Product Innovation Management*, Vol.21, No.5, pp.334-347.

Orr, Linda M., Victoria D. Bush, & Douglas W. Vorhies [2011] "Leveraging Firm-Level Marketing Capabilities with Marketing Employee Development," *Journal of Business Research*, Vol.64, No.10, pp.1074-1081.

Palmatier, Robert W., Rajiv P. Dant, & Dhruv Grewal [2007] "A Comparative Longitudinal Analysis of Theoretical Perspectives of Inter Organizational Relationship Performance," *Journal of Marketing*, Vol.71, No.4, pp.172-194.

Peteraf, M. [1993] "The Cornerstones of Competitive Advantage: A Resource-Based View," *Strategic Management Journal*, Vol.14, No.3, pp.179-191.

Priem, Richard L. & John E. Butler [2001] "Is the Resource-Based "View" a Useful Perspective for Strategic Management Research?," *The Academy of Management Review*, Vol.26, No.1, pp.22-40.

Protogerou, A., Y. Caloghirou & S. Lioukas [2012] "Dynamic Capabilities and Their Indirect Impact on Firm Performance," *Industrial and Corporate Change*, Vol.21, No.3, pp.615-647.

Ramaswami, S., R. Srivastava, & M. Bhargava [2009] "Market-Based Capabilities and Financial Performance of Firms: Insights into Marketing's Contribution to Firm Value," *Journal of the Academy of Marketing Science*, Vol.37, No.2, pp.97-116.

Shostack, G. L. [1977] "Breaking Free from Product Marketing," *Journal of Marketing*, Vol.41, No.2, pp.73-80.

Slater, S. F. & Narver, J. C. [1998] "Customer-Led and Market-Oriented: Let's Not Confuse the Two," *Strategic Management Journal*, Vol.19, No.10, pp.1001-1006.

Slotegraaf, R., C. Moorman, & J. Inman [2003] "The Role of Firm Resources in Returns to Market Deployment," *Journal of Marketing Research*, Vol.40, No.3, pp.295-309.

Slotegraaf, R. & Peter R. Dickson [2004] "The Paradox of a Marketing Planning Capability," *Journal of the Academy of Marketing Science*, Vol.32, No.4, pp.371-385.

Srivastava, Rajendra K., Tasadduq A. Shervani, & Liam Fahey [1998] "Market-Based Assets and Shareholder Value: A Framework for Analysis," *Journal of Marketing*, Vol.62, No.1, pp.2-18.

Srivastava, Rajendra K., Liam Fahey, & H.K. Christensen [2001] "The Resource-Based View and Marketing: The Role of Market-Based Assets in Gaining Competitive Advantage," *Journal of Management*, Vol.27, No.6, pp.777-802.

Teece, D. J., G. Pisano, & A. Shuen [1997] "Dynamic Capabilities and Strategic Management," *Strategic Management Journal*, Vol.18, No.7, pp.509-533.

Teece, D. J. [2007] "Explicating Dynamic Capabilities: the Nature and Micro Foundations of (Sustainable) Enterprise Performance," *Strategic Management Journal*, Vol.28, No.13, pp.1319-1350.

―――― [2009] *Dynamic Capabilities and Strategic Management*, Oxford University Press.（谷口和弘・蜂巣旭・川西章弘・ステラ・S．チェン訳 [2013]

『ダイナミック・ケイパビリティ戦略：イノベーションを創発し，成長を加速させる力』ダイヤモンド社）

Verhoef, Peter C., Peter S. H., & Leeflang [2009] "Understanding the Marketing Departmen's Influence Within the Firm," *Journal of Marketing*, Vol.73, No.2, pp.14-37.

Vorhies, Douglas W. & Neil A. Morgan [2005] "Benchmarking Marketing Capabilities for Sustainable Competitive Advantage," *Journal of Marketing*, Vol.69, No.1, pp.80-94.

Vorhies, Douglas W., Linda M. Orr, & Victoria D. Bush [2011] "Improving Customer-Focused Marketing Capabilities and Firm Financial Performance Via Marketing Exploration and Exploitation," *Journal of the Academy of Marketing Science*, Vol.39, No.5, pp.736-756.

Weerawardena, Jay [2003] "The Role of Marketing Capability in Innovation-Based Competitive Strategy," *Journal of Strategic Marketing*, Vol.11, No.1, pp.15-35.

Wernerfelt, B. [1984] "A Resource-based View of the Firm," *Strategic Management Journal*, Vol.5, No.2, pp.171-180.

────── [2014] "On the Role of the RBV in Marketing," *Journal of the Academy of Marketing Science*, Vol.42, No.1, pp.22-23.

Wilden, R. & S. P. Gudergan [2015] "The Impact of Dynamic Capabilities on Operational Marketing and Technological Capabilities: Investigating the Role of Environmental Turbulence," *Journal of the Academy of Marketing Science*, Vol.43, No.2, pp.181-199.

第6章

S.D. Huntの資源-優位理論とマーケティング研究の関係性

1 はじめに

　本章では，（第4章，第5章で紹介した）資源ベース論に基礎を置きながら「競争の一般理論」を提唱したマーケティング研究者S.D. Huntの資源-優位理論（resource-advantage theory：以下，R-A理論）を取り上げ，マーケティング研究におけるその位置づけを考察する。

　我が国においてもR-A理論に関する研究が2000年頃から増加しており，学説の紹介にとどまらず，理論の評価や学説的な位置づけなど，さまざまな角度から研究が行われてきた（関根 [2000] [2001]，伊藤 [2001]，佐藤 [2001]，宮崎 [2003]，齊藤 [2008] [2010] [2013]）。その一方で，競争の一般理論としてのR-A理論がマーケティング研究とどのように関連し，どういった含意をもたらすのかについては検討の余地が残されていると思われる。

　本章で取り組み，明らかにしようとするのはまさにこの点であるが，本論に入る前に，その問題意識を明確にしておきたい。

　R-A理論とマーケティング研究の関係については，R-A理論が提出された1995年当初から必ずしも明確な形で語られてきたわけではなかった。Hunt自身がR-A理論に関わる研究期間を，(1)導入期（1995-1996年），(2)発展期（1997-2000年），(3)研究伝統期（2001年以降）に区分しているけれども（Hunt & Morgan [2005]），R-A理論とマーケティング研究の関係性を明示的に論証するようになったのは研究伝統期以降，特に2002年の著作*Foundations of Marketing Theory: Toward a*

*General Theory of Marketing*からである。

　本章の主たる関心は，この著作においてHuntがどういった主張を展開しているかにある。大まかに言うと，その著作では「マーケティングの一般理論」なるものの構築が目指されており，R-A理論はその理論的な基礎や土台を提供すると主張されている。「マーケティングの一般理論」がどういった性質のものかは後述するとして，その構築という文脈でR-A理論はマーケティング研究に関わってくるのである。そこで，こうした彼の主張を再構成しつつ，両者の関係性を明らかにしていくことがここでの目的である。

　本章の構成は以下のとおりである。次節でR-A理論の概要を示すとともに，その知的背景を探る。第3節では，R-A理論の展開をレビューし，R-A理論が開発され，マーケティング研究に接合されるプロセスを概観する。そして，第4節においては，Huntの主張を再構成し，R-A理論とマーケティング研究がどのような関係にあるかを明らかにしていきたい。

2　R-A理論の概要とその登場背景

（1）R-A理論の概要

　R-A理論が初めて登場したのは1995年である。当初，それは「競争の比較優位理論（comparative advantage theory of competition：CATC）」と呼ばれていたが，後にその名称が「資源–優位理論（R-A理論）」に改められるとともに，その内容は幾度となく修正されてきた。そして，その成果が2000年の著作 *A General Theory of Competition: Competences, Productivity, Economic Growth* にまとめられ，「競争の一般理論」として一応の完成を迎えたのである。

　Huntによれば，R-A理論は競争に関する進化的なプロセス理論である。それは，(1)オーストリア経済学，進化経済学，制度派経済学，産業組織経済学，資源ベース論，差別的優位性の理論，異質需要理論，コンピタンス・ベース論，取引費用経済学，歴史研究，経済社会学を含む11の研究伝統の成果に依拠しているという意味で学際的な性格をもつとともに，(2)いわゆる新古典派経済学の完全競争理論のような静態的な均衡理論とは異なり，均衡からの逸脱過程に注目し，説明を試みる動態的な不均衡理論である。

　その理論構成は比較的単純であり，①R-A理論の基本的諸仮定，②3ボック

ス・ダイアグラム，③競争ポジション・マトリクスという3つの要素から構成されている。その3者の関係を科学哲学者Lakatos［1970］の用語を用いて説明すれば，①が「ハードコア」，②と③が「防御帯」に相当し，前者は実際の理論やモデルを導出するための諸前提，後者はその組み合わせから導出された理論構成物であると言えるだろう。

R-A理論の基本的諸仮定には，完全競争理論とは異なり，需要・供給両サイドが異質的であることや，プレイヤーの情報は不完全であること，競争は非均衡（イノベーション）を誘発することなど，われわれが日々観察している現実に近いことがらが盛り込まれている（図表6－1）。実際に，Huntは競争を以下のような現象として規定している（Hunt & Morgan［2005］p.158）。

> 競争は進化的で不均衡誘発的なプロセスである。それは競争的優位の市場ポジションをもたらし，ひいては優れた財務的成果をもたらす，資源の比較優位をめぐる企業間の不断の格闘である。ある特定企業が資源の比較優位からもたらされる特定の市場セグメントでの競争優位を通じて優れた成果を獲得する。すると今度は，競争者が資源の獲得・模倣・代替，あるいは大きなイノベーションを通じて，優位に立つ企業を中和化し，そして／あるいは超

▶図表6－1　完全競争理論と資源-優位理論の基本的諸仮定の対比

	完全競争理論	資源-優位理論
P1．需要は	産業間では異質的で，産業内では同質的，そして静態的	産業間では異質的で，産業内では異質的，そして動態的
P2．消費者情報は	完全でコストがかからない	不完全でコストがかかる
P3．人間の動機は	自己利益の最大化	制約された自己利益追求
P4．企業の目的は	利益最大化	優れた財務的成果
P5．企業の情報は	完全でコストがかからない	不完全でコストがかかる
P6．企業の資源は	資本，労働，土地	財務的，物理的，法的，人的，組織的，情報的，関係的
P7．資源の特徴は	同質的で完全に移転可能	異質的で不完全に移転可能
P8．経営者の役割は	生産数量と生産手段の決定	戦略の認識，理解，想像，選択，実行，変更
P9．競争のタイミングは	外生的イノベーションを伴う均衡の追求	内生的イノベーションを伴う不均衡の誘発

出所：Hunt［2000a］p.106.

えようと試みる。それゆえR-A理論は本来的に動態的であり、均衡ではなく非均衡こそがその規範になるのである。

こうした競争の原理とその動態的なプロセスを説明するものが3ボックス・ダイアグラムである（図表6－2）。企業間での競争の結果としての企業の財務的成果を決定するのが競争優位の市場ポジションであり、さらにそこに正負の影響をもたらしているのが企業の内部環境（資源）と5つの外部環境（競争者-供給業者、消費者、公共政策、社会的資源、社会制度）である。また、図中の矢印は「時間」や「プロセス」を表しており、財務的成果から資源や市場ポジションに伸びる矢印は、将来的なイノベーションをもたらす種々の「学習プロセス」[1]を含意しているのである。

また、産業内の異質需要を仮定するR-A理論においては、企業間での競争は特定の市場セグメントで生じると考えられており、その動向や動態を分析するためのツールが競争ポジション・マトリクスである（図表6－3）。その利用法についてはあまり詳しく論じられていないが、企業が負担する資源のコスト（縦軸）と資源がもたらす価値（横軸）の2軸の組み合わせから、特定企業の製品・サービスが他社に比べて競争上優位をもつか、同等か、劣位かが判断され、マトリクス上にプロットされる。その上で、自社や他社の市場提供物や資源に関する分析

▶図表6－2　3ボックス・ダイアグラム

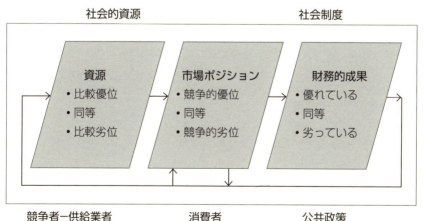

出所：Hunt [2000a] p.136.

▶図表6-3　競争ポジション・マトリクス

		相対的資源－生産された価値		
		低い	同等	高い
相対的資源コスト	低い	1 非決定的ポジション	2 競争的優位	3 競争的優位
	同等	4 競争的劣位	5 同等ポジション	6 競争的優位
	高い	7 競争的劣位	8 競争的劣位	9 非決定的ポジション

出所：Hunt [2000a] p.137.

や，経時的な競争動向を追跡する動態分析に用いられるのである。

（2）R-A理論登場の背景

次に，R-A理論が登場した背景についても言及しておこう。

① 資源ベース論の導入

R-A理論の開発や構築に影響を与えた要因はいくつか考えられるが[2]，まずもって指摘すべきは，その理論の基礎というべき資源ベース論に注目し，その成果を取り入れたことであろう。

Hunt [2012] によれば，彼が資源ベース論に初めて接したのは1994年の春である。Morganの提案により，資源ベース論に関する共著論文を執筆したことがそのきっかけであったが，その後，資源ベース論の関連文献（特にConner [1991]）をレビューしていくうちに，それが企業の存在理由やその規模や範囲について新古典派経済学以上にうまく説明できると考え，新しい競争理論の胎動を感じるようになったという。

周知のとおり，競争に関わる研究は伝統的に，新古典派経済学における完全競争理論が現象の説明や公共政策の基礎として独占的な地位を築いてきたが，その一方で，それは均衡分析の用具としての性質が強く，分析や予測のために現実の競争からかけ離れた，非現実的な諸仮定から構成されていると数多くの批判が投

げかけられてきた（詳しくは8章を参照）。いま企業が保有する資源について言えば，完全競争理論は企業が提供する財やサービスやそこに投入される資源，そして市場やライバルに関する知識といった面で，競争者の間に差異はないとみなすのである（図表6-1を参照）。こうした企業の無差別性の仮定を見る限り，この理論においては実際の企業の競争行為が考慮される余地はないのであり[3]，こうした点を補うべく，Huntは，保有資源の多様性を軸にして供給サイドの異質性を主張する資源ベース論に注目したのであった[4]。

　このような経緯でR-A理論の構築プロセスがスタートしたわけであるが，R-A理論の骨格を作り上げるまでにはもう一工夫する必要があった。というのも，資源ベース論だけでは説明しきれない競争の領域が存在したからであり，需要サイドの異質性がまさしくそれであったのである。マーケティングにおいてはSmith［1956］以降，市場細分化政策や市場セグメントの概念が定着して久しく，現在では消費者の嗜好・選好の多様性は当然のものとして認識されている。また，消費者間での知覚の違いが企業の資源の価値や財務的成果に影響するといったことも明らかにされてきた。だが，資源ベース論においては，こうした需要側の異質性や消費者間での知覚や反応の違いはあまり考慮されてこなかったのである（伊藤［2004］36-37頁）。

　そこで，この点を補うために借用されたのがAlderson［1957］［1965］の機能主義的な理論である。周知のように，Aldersonは市場セグメントを想定し，それに対していかに価値ある財・サービスの品揃えを提供できるかを考えていたのであるが，HuntはAldersonの理論を異質需要に関わる主要理論とみなし，それを資源ベース論と接合することで，需要・供給両サイドの異質性を組み込んだ独自の競争理論を構築できると考えたのである（Hunt & Morgan［2005］p.159）。

　以上のように，Huntの研究においては，資源ベース論とAldersonの理論との接合を試みた点がひじょうにユニークであると同時に，その学際主義的で，理論統合的な発想によって，R-A理論の骨格が形成されることになったのである。

②　過去の方法論研究

　これまで見てきたように，R-A理論は学際主義を志向した統合理論であるところに1つの特徴を見出せるけれども，では，こうした理論統合的な発想はどこからもたらされたのだろうか。その回答を突き詰めていくと，それ以前の彼の研究，特にマーケティング方法論に関する研究に求められるのである。

周知のとおり，Huntを研究者として一躍有名にしたのは1970年代初頭からはじまる一連の方法論研究やメタ研究であった。その業績は（論文・著作を含めて）50以上にも及ぶので[5]，ここでそのすべてを紹介するわけにはいかないが，彼が取り組んだ主要な問題に絞って言及することはできるだろう。なかでも，1945年のConverseの論文に端を発し，1960年代中頃まで続けられたいわゆる「マーケティング・サイエンス論争」における議論の内容は，彼の初期のメタ研究に重要なテーマをもたらしたのであった。

マーケティング・サイエンス論争が本格的に展開し始めたのは1948年のAlderson & Cox［1948］の論文以降である。彼らはマーケティングの基礎学科としての経済学の限界を指摘し，それ以外の社会学や人類学，社会心理学などの隣接諸科学を基礎にすれば体系的なマーケティング理論の開発が可能であり，マーケティング研究は科学になり得ると主張した。これ以降，研究者の間で，(1)マーケティング研究は科学たりうるか否か，(2)マーケティング研究の基礎を経済学理論に求めるのか，それとも隣接諸科学をベースに学際主義的な視点から統合的な理論（一般理論）の構築を目指すのかが活発に議論されたのである（堀越［2005］187-194頁）。

Huntの初期の研究はおおよそ，この2つの問いに解答すべく展開されたと言ってよい。最初の問いについては，営利-非営利，ミクロ-マクロ，実証的-規範的という3軸の組み合わせからなるマーケティング研究の8つの領域を示し，実証的な領域において現象を説明・予測する営みは科学的であると主張した（Hunt［1976a］［1976b］）。第2の問いについては，経済学を基礎にするかどうかよりも，マーケティングの一般理論を構築することは可能かという点にウェイトが置かれ，それは可能であるという信念の下に理論構築のための「ロードマップ」が示されたのである（Hunt［1983a］p.12）。この点については後の議論にも関わってくるので，もう少し詳しく確認しておこう。

Huntは，マーケティング研究は慣例的に「交換」現象に関わっているとみなし，その理論化の方途を定式化した。具体的には，(1)交換の達成に向けられた買い手行動と(2)交換の達成に向けられた売り手行動，(3)交換の達成および（もしくは）促進に向けられる制度的枠組，(4)交換の達成および（もしくは）促進に向けられる買い手の行動，売り手の行動，制度的枠組の社会的帰結という4つの被説明項があり，このうちどれか1つの領域について説明する理論を「マーケティングにおける一般理論（a general theory in marketing）」，4つの領域すべてを包括的

に説明するものを「マーケティングの一般理論 (a general theory of marketing)」と呼んだ。そして，後者の意味における一般理論の構築のためには，前者の理論構築からはじめ，それらを包括的な図式に統合することが現実的な手順であると主張したのである (*ibid.*, p.14)。

R-A理論はあくまで「競争の一般理論」であって，厳密には，ここで紹介した「交換」を取り扱う「マーケティングの一般理論」とは異なる。しかしながら，その理論構築の方法や手順において，新古典派経済学以外の隣接諸科学の知見を組み合わせて統合理論を導き出そうとする点では共通性が見出せるのであり，上述のロードマップや方法論に準拠した試みであることは明らかであろう。したがって，R-A理論に関する一連の研究は，Huntがメタ・レベルから降りてきて，一般理論を構築する試みであることに変わりはなく，彼自身の方法論の延長線上に位置づけられるのである (塚田 [1991] 107-108頁)。

以上，簡単であるが，R-A理論の知的背景について論じてきたが，次にR-A理論がマーケティング研究やマーケティングの一般理論と接合されていく展開を見ていこう。

3 R-A理論の展開

R-A理論に関するHuntの研究は，1995年に初めて登場してから，現在まで継続的に実施されている。その研究プログラムの展開については，Hunt自身がやや独断的であると弁明をしつつも，(1)導入期 (1995-1996年)，(2)発展期 (1997-2000年)，(3)研究伝統期 (2001年－) という3つの期間に区分している (Hunt & Morgan [2005])。こうした研究の時代区分は，R-A理論の史的展開を把握する上ではむしろ好都合である。

よって本節では，この区分をアウトラインにしてR-A理論の展開を追っていくことにする (図表6-4)。すなわち，R-A理論が導入され (導入期)，競争の一般理論としてまとめられた (発展期) 後で，それがマーケティング研究にどう接合されるのか (研究伝統期) をレビューする。なお，紙幅の関係上，ここでのレビューは概略的にならざるを得ないことを断っておく[6]。

▶図表6－4　R-A理論の展開

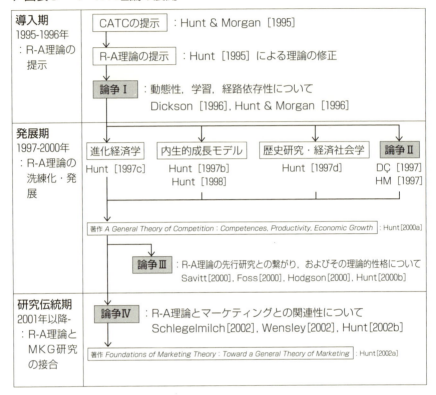

注：DÇ [1997] はDeliogönül & Çavuşgil [1997]，HM [1997] はHunt & Morgan [1997] の略。
出所：Hunt & Morgan [2005] およびその補遺をもとに筆者作成。

（1）導入期：1995年－1996年

　導入期とは，文字通り，R-A理論が提示された時期のことである。
　先述のように，R-A理論の前身である「競争の比較優位理論（以下，CATC）」が初めて登場したのはHunt & Morgan [1995] の論文においてである。ここでは完全競争理論とは異なる，新たな理論の構築を目指して，①CATCの基本的諸仮定，②3ボックス・ダイアグラムの原型（図表6－5），③競争ポジション・マトリクスの3点セットがすでに提示されており，（現在とは若干形が異なるに

▶図表6-5　競争の比較優位理論

出所：Hunt & Morgan [1995] p.9.

せよ）R-A理論の基礎が示されたのである。

その直後のHunt [1995] においては，CATCという名称が国際貿易論を連想させ，誤解を招きやすいという理由から，名称が正式に「資源-優位理論（R-A理論）」に改められるとともに，その基本的な諸仮定と上図が修正される（図表6-5が図表6-3に近い3ボックス・ダイアグラムに再定式化される）など，大小含めた理論の修正・変更，内容の追加がなされた[7,8]。

導入期における最後の論文はHunt & Morgan [1996] であるが，これはR-A理論に対するマーケティング研究者Dickson [1996] からの批判に答える内容であった。DicksonはR-A理論が動態的理論と称する割に，あまり動態的ではなく，イノベーションをもたらす組織学習や経路依存性について注意を払っていないと指摘した。これに対して，Hunt & Morgan [1996] はDicksonの批判が建設的であると謝意を表しつつも，過去に論じた先見的（proactive）および対抗的（reactive）イノベーションの議論と，Hunt [1995] において3ボックス・ダイアグラムを再定式化した際に組織学習を明確に考慮するようになったことを引き合いに出し，R-A理論が競争の動態性を全く論じていないわけではないと反論したのである[9]。

しかしながら，Dicksonの批判はかなり核心をついていたようで，その後も尾を引くように，Huntは「R-A理論は果たして動態的な理論か」を自問し，検討するのである。

（2）発展期：1997年－2000年

続く発展期は，R-A理論の構造が精緻化され，その成果が2000年の著作A

General Theory of Competition: Competences, Productivity, Economic Growth として，あるいは「競争の一般理論」としてまとめられていく過程である。

その過程においては，R-A理論に関わるさまざまなトピックが検討され，論じられている。たとえば，(1)R-A理論が進化経済学の中に位置づけられ，改めて動態的理論であることが強調された（Hunt ［1997c］)。次に，競争のマクロ的議論に関わることとして，(2)R-A理論が1980年代にマクロ経済学で登場した内生的成長モデルの理論的基礎を提供すると論じられたり（Hunt ［1997b］［1998］)，(3)企業間の競争を促す，社会的信頼をベースとした社会的・政治的制度の性質が探求されたりした（Hunt ［1997d］)。さらには，最も重要なこととして，(4) Deliogönül & Çavuşgil ［1997］との論争のなかで，Hunt & Morgan ［1997］は，R-A理論と完全競争理論の関係の問題に着手し，R-A理論は完全競争理論を特殊ケースとして取り組む競争の一般理論であると主張したのである[10]。

以上の4つの議論を新たに加えて，それまでの成果を一挙にまとめあげたものが，2000年の著作*A General Theory of Competition: Competences, Productivity, Economic Growth*である。その著作は4部10章構成であるが，その内容については，これまで確認してきた従来の研究成果を10章に振り分ける形になっている。

よって，その内容を改めてレビューすることは避けるが，一点，追加的な議論に触れておきたい。第10章の結論部分において，R-A理論が（完全競争理論よりも）説明力・予測力が高いことを示すために，それが説明・予測可能な現象がリストアップされているのである。後の議論に関わる重要なポイントなので，以下，その一覧を示しておく（Hunt ［2000a］pp.258-259, イタリックは原典)。

R-A理論は，
(1) 企業の多様性の説明に貢献する。
(2) 財務的成果の多様性に関する正確な予測を行う。
(3) 市場ベースの経済と指令経済の間の品質，革新性，生産性における観察された違いを説明できる。
(4) 市場ベースの経済が動態的である理由を示す。
(5) 企業の資源ベースの視点を導入する。
(6) 企業のコンピタンス的視点を導入する。
(7) 競争に関する不均衡誘発的な非完結的系統発生論の要件を有している。
(8) 競争が知識発見のプロセスであるという見解を説明する。

(9) 条件が整った場合にのみ，社会的関係が資源を構成する理由を説明する。
(10) 緩やかに社会化された競争理論の要件を有している。
(11) どのように経路依存効果が生じるかを示す。
(12) 資本の概念を拡張する。
(13) 技術進歩が経済成長のK/L比率を決定することを正確に予測する。
(14) 経済成長の増加による投資の増加を正確に予測する。
(15) 経済成長を駆動させる技術進歩の多くが，利益追求する企業行為から生じることを正確に予測する。
(16) R-A競争によって資本の深化から生じる経済の停滞が抑制されることを正確に予測する。
(17) （旧）ソビエト連邦の成長パターンの説明に貢献する。
(18) 所有権と経済的自由を促進するフォーマルな制度が経済成長を促進する理由に対する理論的基礎を提供する。
(19) 同様に，社会的信頼を促進するインフォーマルな制度が経済成長を促進する理由に対する理論的基礎を提供する。
(20) 完全競争を限定的な特殊ケースとして組み込んでいるという，競争の一般理論の要件を有している。そのため，新古典派理論の予測的成功を取り込み，経済科学の累積性を保持している。
(21) 反トラスト法制とその実施をめぐる論争が誤解をもたらしてきた理由を示す。
(22) 公共政策に対するいくつかの勧告を提示する。

以上が，発展期の概要である[11]。

（3）研究伝統期：2001年以降の展開

HuntがR-A理論とマーケティング研究の関連性について本格的に取り組み始めたのは2001年以降である[12]。

その契機となったのは，2002年に*Journal of Marketing Management*誌上でR-A理論に関する特集が組まれ，マーケティング研究者SchelegelmilchとWensleyによる論評が寄せられたからである（それに対するHunt［2002b］の反論も同時掲載されている）。Schelegelmilch［2002］はR-A理論が実際のマーケティング戦略

の構築や意思決定にどう貢献するかが明確ではないと述べ，「Huntの著作は私が期待していたものとは全く異なるものであった」と不満を漏らしている（p.225）。Wensley［2002］も同様に，R-A理論は「マーケティングの実践の世界と消費の世界のなかの重要な問題について取り組んでいない。それらの問題は実際には，その本の外側にあるものとして，あるいは未完成の仕事とみなされている」と評したのである（p.230）。つまり，彼らは共通して，R-A理論がマーケティング実践にどう関係し，どのような理論的な含意をもたらすのかが不明瞭であると指摘したのであった。

これに対してHunt［2002b］は，確かに，R-A理論そのものは競争理論であり，マーケティング理論ではないことに同意する。だが一方で，R-A理論は，(1)マーケティング実践（戦略構築）に関わっており，規範的含意をもたらすことは十分可能であること，および，(2)マーケティング研究とも密接な関わりをもち，「マーケティングの一般理論」構築にとって重要な基盤を提供すると応答したのである（pp.243-244）。ただし，詳しい論証はその場で展開されず，直後の2002年に出版された著作*Foundations of Marketing Theory: Toward a General Theory of Marketing*に持ち越されることになった。

2002年のHuntの著作（Hunt［2002a］）は，それ以前のマーケティング方法論に関する著作（Hunt［1976b］［1983b］［1991］）の改訂版であり，こうした本の性格上，その内容のほとんどが方法論の記述に充てられている。それは9章立てで構成されており，最初の8章分が方法論の議論に割かれ，最後の第9章でようやくR-A理論とマーケティングの関係に言及されるのである。R-A理論とマーケティングの関係に関わる記述は，上述の如く，(1)理論と実践（R-A理論とマーケティング実践）の関係と(2)理論と理論（R-A理論とマーケティングの一般理論）の関係という2つの論点から構成されているが，さしあたって本章の問題関心は(2)の議論に関わっているのであり，以下ではこの点に絞ってHuntの主張を紹介する。

Huntは，R-A理論がマーケティングの一般理論の構築のための理論的な基礎を提供することについて，次のように述べている（Hunt［2002a］p.248，傍点は筆者）。

> マーケティングは競争という文脈で実施されるので，マーケティングの一般理論は競争の一般理論と一致するはずである。従って，R-A理論は競争の

一般理論であるが，それがマーケティングの一般理論に向けた取組みのための適切な基礎であると主張する。今日，マーケティングの一般理論に最も近づいているのはAlderson [1957] [1965] の市場行動に関する機能主義的な理論である (Hunt [1983a])。従って，R-A理論はAlderson理論の概念や一般化に同意を示し，より広い理論にそれらを統合するがゆえに，マーケティングの一般理論の基礎であると主張するのである。

さらにR-A理論がAldersonの機能主義的な理論を包摂することの裏付けとして，Huntは以下の5つの共通点を指摘している。R-A理論とAldersonの理論[13]はどちらも，(1)競争が動態的であると主張している。(2)完全競争理論に対する次善の理論として擁護されているわけではない。(3)競争が攻撃的側面と防衛的側面をもつと考えている。(4)競争がライバル同士の優位性をめぐる戦いであるという見解をもっている。そして，(5)数学的な方程式ではなく，言語によって構成されている (Hunt [2002a] pp.266-268)。

4　R-A理論とマーケティング研究の関連性

これまで見てきたように，R-A理論はもともと競争理論として提出されたものであるが，2002年以降，マーケティング研究との関連性が本格的に追求されるようになり，最終的に，R-A理論はAldersonの機能主義理論を包摂するがゆえに，マーケティングの一般理論のための基礎を提供すると主張されたのである。

だが，以上のようにR-A理論の史的展開を再構成してもなお，それがマーケティング研究にどう関係し，貢献するのかについては未だ不明確なところがある。それはR-A理論の説明力に関わっている。理論は「われわれが『世界』とよんでいるものを捉えるために，つまり，世界を合理化し，説明し，支配するために，投げかけた網である」とみなすならば (Popper [1959] 邦訳70頁)，R-A理論はマーケティング理論として，マーケティング現象の一側面を捉え，何かを説明するものでなければならない。では，R-A理論は数あるマーケティング現象のどういった側面を捉え，説明することができるのであろうか。

さしあたって，この問題を検討していくためにはマーケティング現象とは何かということが問題になるけれども，この点についてはすでにHunt自身が解答を導き出している。本章2節で確認したように，マーケティングの一般理論は「交

換」現象に関わっており、それに関する4つの被説明項(説明対象)をもつと定義されたのであった。よって、R-A理論がこの4つの領域の説明にどう資するのかが、ここでの主たる検討課題になるのである。

競争理論としてのR-A理論がどれほどの説明力をもつかは、本章前節で取り上げたとおりである。Hunt [2000a] において、R-A理論が説明・予測可能な22項目の現象がリストアップされたのであった。これらを交換現象に関わる4つの被説明項(図表6-6)に振り分けてみると、興味深い事実が浮かび上がってくるのである。項目(1)(2)(4)(5)(6)(7)(8)(11)(12)(15)(20)は被説明項2(売り手)に、項目(9)(10)(11)(18)(19)(21)(22)は被説明項3(制度)に、そして、項目(3)(13)(14)(15)(16)(17)(18)(19)(22)は被説明項4(マクロ的帰結)に分類される[14]。その一方で、被説明項1(買い手)にカウントされる項目は一つも見当たらないのである[15]。この事実についてどのように考えればよいのだろうか。

端的に言って、それは買い手である消費者について説明していない(できない)ということを意味しており、R-A理論のウィークポイントである需要サイドの説明力の低さ(なさ)を露呈しているのである。

本章3節で紹介したDickson [1992] [1996] が指摘しているとおり、動態的な競争理論であれば、「現在の供給と需要の異質性」のみならず、それらがどう変化するかに関わる「供給側と需要側の変化率」を説明できなければならない。企業間の競争において、供給側の変化(イノベーションや製品差別化)が生じた後で、買い手である需要側がそれを受け取り、特定の反応(購買/非購買)を示した結果、その需要の異質性の分布はどう変化するのか。さらには、その反対の

▶図表6-6 R-A理論の説明力

被説明項1:買い手行動の理論	被説明項2:売り手行動の理論
該当なし	項目　(1)(2)(4)(5)(6) 　　　(7)(8)(11)(12)(15) 　　　(20)
項目　(9)(10)(11)(18)(19) 　　　(21)(22)	項目　(3)(13)(14)(15)(16) 　　　(17)(18)(19)(22)
被説明項3:制度に関する理論	被説明項4:1〜3のマクロ的帰結の理論

出所:筆者作成。

過程として需要側の反応を学習した結果，供給側の異質性にどういった変化がもたらされるのかといった，この種の循環的な調整過程を説明できなければならないのである。

ところが，現時点でR-A理論はこうした需給の調整過程を部分的にしか捕えられず，その全体を包括的に説明する枠組みを有していない。確かに，R-A理論には競争ポジション・マトリクス（図表6－3）という，競争の動向や動態を詳細に追跡するための分析ツールはあるが，それはあくまで供給側の変化（イノベーションや製品差別化）を分析するためのものであって，需要側の変化（それらに対する消費者側の知覚や反応）の分析に役立つものではない。またHuntは一枚のマトリクス上で双方の動きを同時に説明しようとしているけれども，それは実際には不可能であろう。なぜなら，Dickson［1992］がいみじくも主張しているとおり，供給側の変化は需要側の変化をもたらすが，供給と需要の変化率は異なる（たとえば，同一の製品・サービスの供給に対して，需要が別様に反応する）のであり，それらは別個に分析される必要があるからである（pp.71-72）。別言すれば，R-A理論においては，競争ポジション・マトリクス以外に，需要側の分布を分析するツールが別個に必要だということである[16]。

そして，以上のような理論構成上のウィークポイントが，今度は，R-A理論とマーケティング研究の関係性に関するHuntの主張に重大な亀裂をもたらすのである。改めて指摘するまでもなく，交換も売り手と買い手の間の相互作用によって成立するもので，両者を切り離して交換現象は存在し得ない。そうであるとすれば，買い手行動の説明力を欠いたR-A理論を交換理論（マーケティングの一般理論）の基礎理論とみなしてよいのか，それは供給側を理解するための単なる企業理論（中範囲の理論）にすぎないのではないか，といった疑問が生じる。結局のところ，R-A理論は交換（マーケティング）の基礎理論であるとするHuntの見解はいささか早計であり，かつ過大な評価であると言わざるを得ないのである。

本稿では詳しく取り上げなかったけれども，産業組織論者Foss［2000］がR-A理論の統合的性格を折衷主義的だと批判した上で，以下のように評している（p.67）。

　　Hunt［2000］が明らかにしているのは，彼が最終的に見事に磨き上げられた理論を提示しているわけではないということである。彼は研究プログラムを提示し，また，あるアジェンダを発展させているにすぎない……（中

略)……さらに，この本は更なる研究のための価値ある出発点を提案しているのである。具体的には，需要サイド（異質需要）をもっと明示的に供給サイド（資源）の要素と結びつける試みが，極めて価値あるものであることは確かである。

　確かに，R-A理論は異質需要と異質供給を結びつけようとする価値ある試みである。しかしながら，現時点でそれは「完成された理論」ではなく，あくまで今後の研究の出発点となる「アジェンダ」を提供しているにすぎない。こうしたFossの評価は短いながらもかなり正鵠を射たものであろう。上の引用文中の「理論」という用語を「マーケティングの一般理論」に置き換えれば，R-A理論に対する，われわれの評価をかなり代弁してくれるように思えるのである。

5　おわりに

　本稿で明らかになったことは以下の4点である。
1) 1995年に登場したR-A理論は，新古典派経済学における完全競争理論の競合理論としてスタートした。それは，資源ベース論を基礎にして，オーストリア学派や進化経済学などを含めた11の研究伝統に知的影響を受けた学際的な理論であるとともに，現実的な競争を捉えようとする動態的な不均衡理論である。その理論構成自体は比較的単純であり，R-A理論の基本的諸仮定，3ボックス・ダイアグラム，競争ポジション・マトリクスという3つの要素から構成されている。
2) R-A理論はもともと競争に関する理論であるが，その発展過程のなかで，徐々にマーケティング研究との関連性が追求されるようになった。本章では，そのプロセスを導入期・発展期・研究伝統期という3つの時期に分けレビューし，特に研究伝統期においてその動きが本格化したことを論じた。すなわち，それはR-A理論を基礎にして，マーケティングの一般理論を構築しようとする試みであることを確認した。
3) Huntによれば，R-A理論がマーケティングの一般理論の基礎理論たる理由はAldersonの機能主義的な理論を包摂しているからである。だが，R-A理論をマーケティングの一般理論が説明すべき4つの被説明項に照らし合わせて批判的に検討してみると，買い手側の説明力が極端に低いという

ウィークポイントが明らかになった。そして，ミクロ的な交換現象を構成する売り手と買い手のうちの片方の要素を説明できない理論をマーケティングの一般理論と呼ぶのは，いささか早計かつ過大な評価であると結論づけた。

4) こうした欠点を抱えているとは言え，マーケティングの一般理論の構築や，異質需要と異質供給の間の交換現象を理論化しようとするHuntの試みはひじょうに重要であり，かつ先駆的な業績であることは間違いない。こうした試みによって，今後の研究が刺激・活性化され，競争や交換のダイナミズムを捉えるための新たな理論的枠組みが登場することが多いに期待されるのである。

〔注〕

1　企業の学習プロセスには，マーケティング・リサーチや競合製品の分析，ベンチマーキング，テスト・マーケティングなどが含まれる（Hunt & Morgan [1996] p.109）。

2　Hunt [2012] はR-A理論に関する回顧論文であり，それまでのR-A理論の研究を振り返って，その開発や発展に影響を与えた6つの要因が挙げられている。簡単に紹介しておくと，(1)1960年代にミシガン州立大学の博士課程在籍中にAldersonの機能主義的な理論をすでに学んでいたこと，(2)1994年春に資源ベース論を知ったこと，(3)Roy Howellが同僚や学生の前でR-A理論に関する研究発表をするよう提案したこと，(4)1994年にオーストリア学派の成果（社会主義計算論争）を知ったこと，(5)Kim BoalがR-A理論の発表の場として*Journal of Management Inquiry*を提案したこと，そして，(6)企業効果対産業効果の議論を知ったことである。

3　樫原 [2006] の用語を借用すれば，完全競争理論における競争の説明は競争の存在ではなく，「競争の消滅」を意味しているのである（20頁）。

4　R-A理論に対する資源ベース論の知的影響は，3ボックス・ダイアグラム（図表6-3）における企業の保有資源の違い→市場ポジションの違い→財務的成果の違いのパスにはっきりと見て取れるのである。

5　Huntが研究者としてのキャリアをスタートさせたのは1970年初頭であるが，そこで取り扱われている領域はチャネル研究，科学哲学や方法論研究，マクロ・マーケティングやマーケティング倫理に関する研究，消費者行動研究，リレーションシップ・マーケティング研究と多岐にわたり，その研究成果も膨大である。

Huntの研究業績については，次のテキサス工科大学の教員紹介ホームページを参照した（http://www.depts.ttu.edu/rawlsbusiness/people/faculty/marketing/shelby-hunt/index.php（閲覧日2016年2月1日））。
6 R-A理論の学説的展開の詳細については，改めて別稿で取り扱う予定である。
7 理論の名称の変更以外に，以下のような修正・変更がなされた。(1)CATCの10の基本的仮定のうち，9番目・10番目が削除され，代わりに競争の動態性に関する項目が追加された（図表6－1を参照）。(2)3ボックス・ダイアグラムの原型（図表6－5）が大幅に変更され，現在に近い形として再提示された。具体的には，マクロ的帰結が図中から省略されるとともに，財務的帰結から市場ポジションや資源への組織的学習のフィードバック・ループが追加された。(3)マクロ現象を説明する「豊かさ」や「生産性」という概念がそれぞれ，競争ポジション・マトリクス上の「水平移動」と「垂直移動」として明確に規定された。そして(4)市場ベース経済と指令経済の生産性の違いを裏づけるマクロ的な議論として「社会主義経済計算論争」がレビューされ，その議論の成果が初めて経営学やマーケティング文献に導入された。
8 筆者が把握している限り，R-A理論は2008年までに計5回（基本的諸仮定が1回，3ボックス・ダイアグラムが3回，競争ポジション・マトリクスが1回の合計）修正・変更されている。こうした理論の修正・変更に際して，Huntはその理由をほとんど説明していない。この点についても，別稿で論じる予定である。
9 また，Hunt & Morgan［1996］は産業需要が「異質的で，動態的である」ことや「市場は均衡しない」ことを示すために，論文のなかでDicksonの論文を2回ほど引用し，R-A理論のなかに彼の動態的な研究の成果を導入しているとも主張している（p.107）。
10 Deliogönül & Çavuşgil［1997］とHunt & Morgan［1997］の論争については，関根［2001］と宮崎［2003］に詳しい。
11 Hunt［2000a］の出版の直後に，R-A理論に関するシンポジウムが開かれ，マーケティング研究者（Savitt［2000］）と産業組織経済学者（Foss［2000］），現代制度派経済学者（Hodgson［2000］）によるコメントや疑問が寄せられた（図表6－4の論争Ⅲ）。そこではさまざまな意見が交わされたが，特にR-A理論と先行研究の繋がりや，R-A理論自体の理論的性格について議論が集中した。詳しくは，関根［2001］や齊藤［2008］を参照のこと。
12 確かに，Hunt［1997a］においても，R-A理論がリレーションシップ・マーケティングの理論や実践にどう貢献するかの論証があり，2001年以前にマーケティング研究との関連性に言及されていないわけではない。しかしながら，それらは

あくまでも部分的な論証にとどまっており，本格的に，また体系的にマーケティング研究との関連性が追求されるようになるのはやはり，研究伝統期以降と言うべきであろう。その他にも，R-A理論と市場志向戦略の関係性がHunt & Morgan [1995] で論じられている。
13　より正確に言えば，Hunt [2002a] においては，R-A理論がAldersonの機能主義的な理論だけでなく，それに大きな影響を与えたClarkの有効競争の理論を含めた「差別的優位性の理論（differential advantage theory：D-A理論）」を包摂すると論じられている (p.266)。
14　図表6-6の分類には，単一のカテゴリーにおさまらず，複数のカテゴリーに分類される項目がいくつかある。項目(18)を例にとると，私的所有権という制度は一般的に企業の経済活動を促進させ，効率化させるという「制度」に関する説明と，その制度を特定の国家が採用していることで国家全体として経済成長を遂げてきたという「マクロ的帰結」の説明の両方に関わっていると解釈可能である。このように複数の説明に関わっていると思われるものについては，図表6-6においてダブルカウントしている。具体的には，項目(11)は「売り手」と「制度」，項目(15)は「売り手」と「マクロ的帰結」，そして項目(18)(19)(22)は「制度」と「マクロ的帰結」の両方に分類した。
15　項目(2)の財務的成果の多様性の予測については，供給側の異質性とともに，異質需要からの反応を反映したものであるはずであって，「買い手」の説明にカウントできるのではないかという反論が提起されるかもしれない。確かに，Huntも買い手の知覚や反応を考慮していないわけではないが，文中で後述するように，Huntによる需要サイドの分析は手薄であるという事情を勘案して，「買い手」の説明にカウントしなかった。
16　R-A理論には需要サイドを分析するための理論が欠けているという指摘については，慶応義塾大学商学研究科の堀越比呂志教授のアドバイスを参考にした。この場をお借りし，貴重なアドバイスをいただいたことに対して謝意を表したい。

〔参考文献〕
伊藤友章 [2001]「市場ポジショニングと資源優位との関係の再検討」『北海学園大学経済論集』北海学園大学経済学会，第48巻第3・4号。
―――― [2004]「マーケティング戦略と資源ベース視角」『北海学園大学経営論集』北海学園大学経営学会，第2巻第1号。
樫原正勝 [2006]「マーケティング競争の性格」『三田商学研究』慶應義塾大学商学会，第49巻第4号。

齊藤典晃［2008］「資源優位性理論に関する一考察―2つの論争を中心として」『商学研究論集』明治大学大学院商学研究科，第29号．
―――［2010］「資源優位性理論の学問的系譜に関する研究―資源ベース理論との関係を中心に」『商学研究論集』明治大学大学院商学研究科，第32号．
―――［2013］「資源優位性理論の理論的妥当性に関する考察」『商学研究論集』明治大学大学院商学研究科，第39号．
佐藤敏久［2001］「S.D. Huntの資源優位理論とその性格―戦略的マーケティング論としての可能性」『商学研究論集』明治大学大学院商学研究科，第14号．
関根孝［2000］『小売競争の視点』同文舘出版．
―――［2001］「ハントのCATC（CTC）論争第2幕と小売競争」『専修商学論集』第73号．
塚田朋子［1991］「S.D. ハントの『メタマーケティング論』における内的矛盾と方法論的問題点」堀田一善編著『マーケティング研究の方法論』中央経済社．
堀越比呂志［2005］『マーケティング・メタリサーチ』千倉書房．
宮崎哲也［2003］「資源-優位理論と新古典派経済学―S.D. Huntらの所説をめぐる論争を中心として」『九州情報大学研究論集』九州情報大学，第5巻第1号．
Alderson, W. [1957] *Marketing Behavior and Executive Action,* Richard D. Irwin. （石原武政他訳『マーケティング行動と経営者行為』千倉書房，1984年）
――― [1965] *Dynamic Marketing Behavior,* Richard D. Irwin. （田村正紀他訳『動態的マーケティング行動』千倉書房，1981年）
Alderson, W. & Cox, R. [1948] "Towards a Theory of Marketing," *Journal of Marketing,* Vol.13 (October).
Conner, K.R. [1991] "A Historical Comparison of Resource-Based Theory and Five Schools of Thought within Industrial Organization Economics: Do We Have a New Theory of the Firm?" *Journal of Management,* Vol.17, No.1.
Deliogönül, Z. S. & Çavuşgil, S.T. [1997] "Does the Comparative Advantage Theory of Competition Really Replace the Neoclassical Theory of Perfect Competition?" *Journal of Marketing,* Vol.61 (October).
Dickson, P.R. [1992] "Toward a General Theory of Competitive Rationality," *Journal of Marketing,* Vol.56 (January).
――― [1996] "The Static and Dynamic Mechanics of Competition: A Comment on Hunt and Morgan's Comparative Advantage Theory," *Journal of Marketing,* Vol.60 (October).
Foss, N.J. [2000] "The Dangers and Attractions of Theoretical Eclecticism,"

Journal of Macromarketing, Vol.20, No.1.

Hodgson, G.M. [1993] *Economics and Evolution*, Ann Arbor, MI: University of Michigan Press.(西部忠監訳・森岡真史他訳『進化と経済学』東洋経済新報社, 2003年)

―― [2000] "The Marketing of Wisdom: Resource-Advantage Theory," *Journal of Macromarketing*, Vol.20, No.1.

Hunt, S.D. [1976a] "The Nature and Scope of Marketing," *Journal of Marketing*, Vol.40 (July).

―― [1976b] *Marketing Theory: Conceptual Foundations of Research in Marketing*, Grid, Inc.(阿部周造訳『マーケティング理論』千倉書房, 1979年)

―― [1983a] "General Theories and the Fundamental Explananda of Marketing," *Journal of Marketing*, Vol.47 (Fall).

―― [1983b] *Marketing Theory: The Philosophy of Marketing Science*, Homewood, IL:Irwin.

―― [1991] *Modern Marketing Theory: Critical Issues in the Philosophy of Marketing Science*, Cincinnati: South-Western.

―― [1995] "The Resource-Advantage Theory of Competition: Toward Explaining Productivity and Economic Growth," *Journal of Management Inquiry*, Vol.4 (December).

―― [1997a] "Competing Through Relationships: Grounding Relationship Marketing in Resource-Advantage Theory," *Journal of Marketing Management*, Vol.13.

―― [1997b] "Evolutionary Economics, Endogenous Growth Models, and Resource-Advantage Theory," *Eastern Economic Journal*, Vol.23, No.4.

―― [1997c] "Resource-Advantage Theory: An Evolutionary Theory of Competitive Firm Behavior?" *Journal of Economic Issues*, Vol.31 (March).

―― [1997d] "Resource-Advantage Theory and the Wealth of Nations: Developing the Socio-Economic Research Tradition," *Journal of Socio-Economics*, Vol.26, No.4.

―― [1998] "Productivity, Economic Growth, and Competition: Resource Allocation or Resource Creation?" *Business and the Contemporary World*, Vol.10, No.3.

―― [2000a] *A General Theory of Competition: Competences, Productivity, Economic Growth*, Sage Publications, Inc.

―――［2000b］"A General Theory of Competition: Too Eclectic or Not Eclectic Enough? Too Incremental or Not Incremental Enough? Too Neoclassical or Not too Neoclassical Enough?" *Journal of Macromarketing*, Vol.20, No.1.

―――［2002a］*Foundation of Marketing Theory: Toward a General Theory of Marketing*, Armonk, NY: M.E. Sharpe.

―――［2002b］"Marketing and a General Theory of Competition," *Journal of Marketing Management*, Vol.18.

―――［2012］"The Evolution of Resource-Advantage Theory: Six Events, Six Realizations, Six Contributions," *Journal of Historical Research in Marketing*, Vol.4 , No.1.

Hunt, S.D. & Morgan, R.M. ［1995］"The Comparative Advantage Theory of Competition," *Journal of Marketing*, Vol.59（April）.

―――［1996］"The Resource-Advantage Theory of Competition: Dynamics, Path Dependencies, and Evolutionary Dimensions," *Journal of Marketing*, Vol.60 （October）.

―――［1997］"Resource-Advantage Theory: A Snake Swallowing Its Tail or a General Theory of Competition?" *Journal of Marketing*, Vol.61（October）.

―――［2005］"The Resource-Advantage Theory of Competition, A Review" *in Review of Marketing Research, Volume 1*, N.K. Malhotra, Emerald Group Publishing Ltd.

Lakatos, I. ［1970］"Falsification and the Methodology of Scientific Research Programmes," in Worrall, J. & Currie, G.（eds.）, *The Methodology of Scientific Research Programmes : Philosophical Papers*, Vol.1, Cambridge University Press, 1978.（村上陽一郎他訳『方法の擁護』新曜社，1986年）

Popper, K.R. ［1959］*The Logic of Scientific Discovery*, London: Hutchinson.（大内義一・森博訳『科学的発見の論理』恒星社厚生閣，1971年）

Savitt, R. ［2000］"A Philosophical Essay about A General Theory of Competition: Resources, Competences, Productivity, Economic Growth," *Journal of Macromarketing*, Vol.20, No.1.

Schlegelmilch, B.B. ［2002］"Comments," on *A General Theory of Competition*, *Journal of Marketing Management*, Vol.18.

Smith, W.D. ［1956］"Product Differentiation and Market Segmentation as Alternative Marketing Strategies," *Journal of Marketing*, Vol.21（July）.（片岡一郎他訳『マネジリアル・マーケティング〈上〉』丸善，1969年）

Wensley, R. [2002] "Marketing for a New Century," Comments on *A General Theory of Competition, Journal of Marketing Management,* Vol.18.

第 III 部

交換理論とマーケティング論

第 7 章

S-Dロジックと交換理論

1　はじめに

　マーケティング論においては，交換という概念に焦点を当て，マーケティング理論の構築を試みようとする流れがある。2004年にVargo & Luschにより提唱されたS-Dロジック（service-dominant logic）という枠組みにおいても，交換概念を基礎に据えてマーケティング理論の構築が目指されており，交換についての実証的理論がマーケティング理論の基礎にあるべきであるという主張が展開されている。

　S-Dロジックは，サービスとグッズの関係性に関する問題を解決する過程を通じて，Vargo & Luschにより提唱された。その後，Vargo & LuschはこのS-Dロジックを用いてマーケティング理論の基礎としての交換理論の構築を目指すことになる。

　本章では，2004年から2014年までのS-Dロジックを対象とし，S-Dロジックからそのような交換理論を構築できるか否かという問いを扱う。ただし，S-Dロジックにおける交換理論の内容については，十分に具体化されていない。そこで，本章では2つの課題に取り組むことにする。1つめの課題は，S-Dロジックにおいて目指されている理論すなわち交換理論の内容を明らかにすることである。2つめの課題は，S-Dロジックの目指す交換理論をS-Dロジックから構築できるか否かという問いに答えることである。

　本章の構成であるが，まず2節において，S-Dロジックにおいて目指されてい

るものは何かという問いを通じて，S-Dロジックの展開の方向性について言及し，その方向性が交換理論の構築であることを示す。

続いて，S-Dロジックが目指す交換理論の内容の具体化を，3節，4節，5節を通じて行う。3節では，S-Dロジックにおいて目指されている理論の諸前提を明確にするために，交換理論の構築に向けてS-Dロジックの諸仮定がどのように変化してきたのかという問いを扱う。具体的には，S-Dロジックの基本的前提（foundational premises）の変遷について述べる。4節，5節では，S-Dロジックにおける交換理論の説明対象として想定されているものについて整序する。4節では，S-Dロジックの目指す理論が実証的な交換理論であると明言される以前からS-Dロジックの説明対象として想定されていたものについて言及する。5節では，交換理論の説明対象である交換の範囲について述べる。

最後に，6節において，S-Dロジックにおける理論形成の諸仮定，S-Dロジックの目指す理論の説明対象を手掛かりとして，S-Dロジックから交換理論を構築する試みに内在する課題を指摘する。

2　S-Dロジックにおいて目指されているもの

2004年，Vargo & Luschにより，人々が交換しているものは何であるのかという問いに対して新たな視点が示された（Vargo & Lusch ［2004a］［2004b］）。それは，S-Dロジックと呼ばれるようになる枠組みである。

Vargo & Lusch ［2004a］は，マーケティング研究が，有形財や離散的取引に焦点を当てた論理すなわちグッズを基本的な交換単位であるとみなす論理から，無形性・交換プロセス・関係性に焦点を当てた新しい論理に移ってきていることを指摘し，この新しい論理をサービス中心的な論理であるとして性格づけた（p.4）。後に，前者の論理はG-Dロジック（goods-dominant logic）と呼ばれ，後者の論理はS-Dロジック（service-dominant logic）と名付けられるようになる（Vargo & Lusch ［2006］）。

S-Dロジックでは，交換プロセスの中で交換されるものを，財（有形財と無形財）ではなく知識や技能の適用として捉え，他者の便益もしくは自身の便益のために一連の行為・営み・遂行を介して専門化されたコンピタンス（competences）（技能や知識）を適用することを単数形の「サービス」（service）と規定している（Vargo & Lusch ［2004b］p.44）。このサービス概念は，グッズを起点にし，

グッズとの対比から導かれる無形物としてのサービシィーズ（services）概念とは異なるものである（Vargo & Lusch［2004a］p.4）。このように，グッズと対比される無形物ではなく知識や技能の適用をサービスと規定することで，グッズはサービスを伝達するための手段として性格づけられ（Vargo & Lusch［2004b］p.44），サービスがグッズの上位概念となる。その意味で，サービス一元論が展開される。そのため，S-Dロジックは有形財マーケティングとサービシィーズ・マーケティングを統合できる枠組みとして提示された。

　このS-Dロジックは2つの過程を経て提示されるに至った。1つめは，サービスとグッズの関係性に関する問題を解決する過程である。ここでは，グッズとサービスは並列的関係にあるのか，それとも，包含関係にあるのかということが問われ，サービスがグッズを包摂する関係にあるということが主張された（Vargo & Lusch［2004b］）。2つめは，グッズを基本的な交換単位とする論理から分離的に派生したマーケティング諸研究の共通項を抽出しようとする過程である。グッズを基本的な交換単位とみなす論理から分離的に派生したマーケティング諸研究として，Vargo & Lusch［2004a］は，市場志向，サービシィーズ・マーケティング，リレーションシップ・マーケティング，品質管理，資源管理などを挙げている。これらの共通点は，S-Dロジックの内容を示す基本的前提(foundational premises（FPs））として提示されることになる（Vargo & Lusch［2004a］）。

　この後，Vargo & Luschは，S-Dロジックを用いて，交換についての実証的理論の構築を目指すことになる。これは，Vargo［2007a］において，「それ（S-Dロジック）は，交換についての真の実証的理論を構築するために必要な最初の段階である」（p.57，括弧内引用者）と述べられていることからも明らかであろう。

　たしかに，O'Shaughnessy & O'Shaughnessy［2009］はS-Dロジックの焦点は，理論ではなく技術であると主張している。しかしながら，このようなO'Shaughnessy & O'Shaughnessy［2009］の主張に対して，Lusch & Vargo［2011］は，「真っ当な学問上の準備をしているなら，一体どのようにして，われわれが（個々の論文と共著において）理論を求めているということを見逃すのであろうか」（p.1304）と反論している。その論拠として，Lusch & Vargo［2011］においては，いくつかの証拠となる論文が挙げられている。たとえば，Lusch & Vargo［2006a］，Vargo［2007a］において，彼らはVenkatesh et al.［2006］による市場理論の要請に賛同の意を示している。そして，Vargo［2007a］においては，マーケティングについての理論が実現され得る前に「市場の理論（a theory of the market)」が必要であり，S-Dロジックというものが「市場の理論」すなわち「交換についての真なる実証的理論（a true positive theory of exchange）」の構築に向けての最初の段階であると述べられている（p.57）。加えて，この実証的な交換理論を構築するための4つの条件も提示されている。それらは，①分析の焦点を製品から価値創造へと移行すること，②受益者によって独自に現象学的に決定される価値概念の導入，③生産者と消費者の区別を取り除くこと，④交換と価値創造についてのパースペクティブを，ダイアディックとしての観点から，ネットワークとしての観点に移行させること，であった（Vargo [2007a] pp.57-58）。さらに，Lusch & Vargo [2011] においても，「理論の進歩はマーケティングにとって極めて重要であり，S-Dロジックは理論の開発を極めて重視している」（p.1298）と指摘されている。

　これらのことからも，Vargo & Luschが考えるS-Dロジックの展開の方向性とは，方法・手段に関する知識の開発ではなく，交換についての実証的理論すなわち市場理論の構築であるということが確認できる。

　ただし，前述したように，S-Dロジックの目指す交換理論の内容については，十分に言及されておらず，不明瞭な状態にある。つまり，理論形成の諸前提についてはFPsというかたちで提示されているが，その理論の説明対象については明確には示されていない状態にある。そこで，以下では，S-Dロジックの目指す交換理論の内容を具体化するために，3節でこのような交換理論を構築するに際して依拠している諸仮定について述べた後，4節・5節で交換理論の説明範囲および説明対象を明らかにする。

3　理論形成における諸仮定

（1）基本的前提（FPs）の変遷

　Vargo & Lusch [2006] やVargo & Lusch [2008a] においても言及されているように，S-Dロジックは観点であって理論ではない。
　この節では，そのような観点としてのS-Dロジックの内容，すなわち，FPsの変遷とその関係性について取り上げていく。FPsの変遷をまとめると，図表7－1のようになる。
　図表7－1からもわかるように，FP1，FP2，FP4，FP5，FP6，FP7，

▶図表7-1　FPsの変遷

	2004年	2006年	2008年
FP1	専門化された技能・知識を適用することが，交換の基本単位である。	同左	サービスが交換の基本的基盤である。
FP2	間接的な交換は，交換の基本単位を覆い隠す。	同左	間接的な交換は，交換の基本的基盤を覆い隠す。
FP3	グッズはサービス供給のための流通手段である。	同左	同左
FP4	知識は競争優位の基本的源泉である。	同左	オペラント資源は競争優位の基本的源泉である。
FP5	すべての経済はサービシィーズ経済である。	同左	すべての経済は，サービス経済である。
FP6	顧客は常に共同生産者である。	顧客は常に価値の共創者（a co-creator of value）である。	同左
FP7	企業は価値を提案することしかできない。	同左	企業は，価値を提供することはできず，価値を提案することしかできない。
FP8	サービス中心の考え方は，顧客志向的であり，関係的なものである。	同左	サービス中心の考え方は，そもそも(inherently)，顧客志向的であり，関係的なものである。
FP9		組織が存在するのは，非常に専門化されたコンピタンス（competences）を，市場で需要される複雑なサービシィーズへと統合・変換するためである。	すべての社会的・経済的行為者が，資源統合者(resource integrators)である。
FP10			価値は受益者によって常に，独自に，現象学的に判断される。

出所：Vargo & Lusch [2004a] pp.10-20, Vargo & Lusch [2006] p.44, 53, Vargo & Lusch [2008a] pp.196-201をもとに，筆者作成。

FP8，FP9に変化がみられ，FP10が追加されている。そこで，S-Dロジックの内容を把握するために，以下では，これらのFPsが変更された理由，これらのFPsの内容がどのように変わったのかという点について言及する。

　まず，FP1，FP2の変更理由については，Vargo & Lusch［2008a］において，「交換におけるサービスの中心的な役割をより直接的に示すために，FP1を単純化した」（p.196）ということが述べられており，これによって，「単位（unit）」が「基盤（basis）」に変更された。FP1の変更に伴い，FP2において使用されていた同様の語彙も変更されることになる。しかしながら，語彙的な変化が見られるとはいえ，語彙が指示する対象はVargo & Lusch［2004a］とVargo & Lusch［2008a］において変化していない。Vargo & Lusch［2008a］においては，「サービス」が「オペラント資源（知識と技能）を適用すること」（p.197）と定義されており，これは図表7-1の2004年のFP1における「専門化された技能・知識を適用すること」と一致している。そして，「単位（unit）」から「基盤（basis）」への変更は，サービスの中心的役割をより明確に示すためであると述べられている（Vargo & Lusch［2008a］）。これら2点から，FP1とFP2については，実質的な内容に変化はないと考えられる。

　次に，FP4の変更理由についてである。Vargo & Lusch［2008a］において，FP4は「オペラント資源は競争優位の基本的源泉である」（Vargo & Lusch［2008a］p.198）へと修正されることとなった。その理由として，Vargo & Lusch［2004a］のときにおいてはオペラント資源とオペランド資源の区別は馴染みのないものであったが，Vargo & Lusch［2008a］のときにおいては一般的なものとなってきているので，知識や技能をオペラント資源と表現することにした，ということが述べられている（Vargo & Lusch［2008a］pp.197-198）。ゆえに，オペラント資源が知識・技能と同義である以上，FP4の内容も変化していないと言える。なお，オペラント資源（operant resources）は，オペランド資源（operand resources）と対になる概念であり，オペランド資源とは，「効果を生むためには，何らかの作用を必要とする資源」（Vargo & Lusch［2004a］p.7）であり，「大抵は，有形で，それ自体では意味をなさない資源」（Vargo & Lusch［2006］p.43）である。それに対して，オペラント資源とは，「オペランド資源に作用するために用いられる資源」（Vargo & Lusch［2004a］p.7）であり，「他の資源に作用する動的な資源」（Vargo & Lusch［2006］p.43）である。あえて日本語に訳すとすれば，オペランド資源とは被作用財であり，オペラント資源とは作用財というこ

とになるであろう。

　FP5は，Vargo & Lusch［2008a］において，「すべての経済はサービス経済である」（Vargo & Lusch［2008a］p.198）という言明に修正された。その理由として，「S-DロジックのFPsを最初に開発したとき，複数形のサービシィーズ（services）から，他者のベネフィットのために自身の資源を使用するプロセスをより明確に示す単数形のサービス（service）へと十分に移行していなかった。しかし，今や十分に移行したので，FP5を変更することは適切である」（Vargo & Lusch［2008a］p.198）ということが述べられている。Vargo & Lusch［2004a］においては，servicesという用語によって2つのものを示していた。1つめは，Vargo & Lusch［2008a］における「サービス」すなわち「オペラント資源（知識と技能）を適用すること」（p.197）である。2つめは，産出物としてのサービシィーズである。しかしながら，FPsを述べる文脈においては，Vargo & Lusch［2004a］においても，servicesを「他者・自身の便益のために行為・プロセス・パフォーマンスを通じて専門化された能力（知識や技能）を適用すること」（p.4）という意味で用いているため，Vargo & Lusch［2008a］のサービス（service）と同義である。よって，FP5においても，用語上の変化は見受けられるが，内容の変化は生じていないと考えられる。

　FP6は，2004年において使用されていた「共同生産者（a co-producer）」という用語が，2006年において「価値の共創者（a co-creator of value）」という用語に変更された。その変更理由として，共同生産者という用語が，グッズ支配的で生産志向のロジックを提起するものであり，共創者という用語の方がサービス支配的なロジックと調和するということが述べられる（Vargo & Lusch［2006］p.44）。しかしながら，FP6に関しても，語彙上の変化であって，意味内容は同じである。Vargo & Lusch［2004a］において，「顧客は常に価値を生産することに関係している。有形のグッズの場合でさえ，生産は製造過程で完結するのではない。生産とは媒介的過程である」（p.18）というかたちで，通常の生産とは異なる意味で「生産」という概念が用いられており，その生産とは価値を生み出すという意味である。そのため，共同生産者と価値の共創者という概念は同義であるということになる。よって，FP6に関しても意味上の変化は生じていない。

　FP7に関しても，企業は価値を提供することはできないという内容が2008年に付加されたが，その実質的内容は変化していないと思われる。Vargo & Lusch［2008a］においても言及されているように，2004年のFP7の意図は，企業は単

独では価値創造や価値提供を行うことができないということを示す点にあったからである（Vargo & Lusch［2008a］p.199）。また，2008年のFP7の変更は，「価値創造と価値提案との違いをより明確にすることを意図したものである」（Vargo & Lusch［2008a］p.199），と述べられている。

続いて，FP8の変更理由についてである。Vargo & Lusch［2008a］によれば，FP8は実証的言明を意図したものであったが，FP8の顧客志向的・関係的という部分が消費者志向などのような規範的なものとして解釈されうる状況にあった。それゆえ，「このような規範的か実証的かということの区別を強調するために，われわれは，FP8に『そもそも』（inherently）という用語を加えた」（Vargo & Lusch［2008a］p.200）ということが，FP8の変更理由として述べられている。

FP9については，個人も資源統合をするということから，「組織」という用語は不適切であると判断され，「すべての社会的・経済的行為者」に変更された（Vargo & Lusch［2008a］p.200）。よって，FP9に関しては，資源統合を行う主体が拡張されたという点で，意味内容が変化したと考えられる。また，この変更については，市場理論構築のための条件③が具体化されたものと思われる。

FP10の導入理由については，Vargo & Lusch［2004a］において価値の経験的性格について十分明確に述べていなかったためである，と説明されている（Vargo & Lusch［2008a］p.201）。上で見たように，FP6においても価値について言及されていたが，FP6では価値の意味内容については明確には述べられていなかった。それゆえ，FP10は，FP6におけるあいまいな価値概念の意味内容を特定化する役割を果たしているようにも思われる。また，FP10は，市場理論構築のための条件②を反映したものであるとみなせるだろう。

以上より，FP9，FP10を除くFPsの変更は，誤解を避けるためのものであって，FPsの内容，すなわち，Vargo & Lusch［2004a］におけるS-Dロジックの内容そのものを変化させるものではない。

（2）FPsの関係性

続いて，FPsの諸関係について言及する。2004年や2008年においては，FPsは並列的に取り扱われていた。しかし，2014年の著作においてその諸関係が修正されることとなる。行為者，サービス，資源，価値という4つの核となる諸概念を基礎に据えた上で，FPsが体系化された（Lusch & Vargo［2014］）。FPsの関係

性については，図表7－2のようになる。

　まず，これら4つの諸概念について言及する。行為者は，時間制約性，限定合理性を有した資源統合者として性格づけられる（Lusch & Vargo［2014］pp.55-56）。サービスは，「他の行為者の便益もしくは自身の便益のために資源を適用すること」（Lusch & Vargo［2014］p.56）というVargo & Lusch［2004a］におけるものと同じ定義であり，サービス提供の仕方については，「サービスは直接的に（たとえば，散髪というかたちで）他の行為者に提供される場合もあれば，サービスの装置もしくは流通手段として役立つグッズを通して（たとえば，車を用いた個人的な輸送サービス），あるいは，貨幣を通じて，間接的に提供される場合もある」（Lusch & Vargo［2014］p.56）と述べられている。これもまたVargo & Lusch［2004a］と同じ考え方である。新しい点は，貨幣についてであり，貨幣は「未来のサービスを受ける権利を与えるもの」（Lusch & Vargo［2014］p.57）として性格づけられた。また，S-Dロジックにおいては，無形物としてのサービシィーズという概念が存在しないことが明確になった。このことは以下2つの主張から根拠づけられる。1つは，「S-Dロジックは，単数形の用語である『サービス』を用いて，他の行為者のために，そして，他の行為者とともに，便益をもたらすことを行う過程を示しているのであって，生産単位すなわち複数形の『サービシィーズ』が意味する無形のグッズを示しているわけではない」（Lusch & Vargo［2014］p.88）という主張である。そして，もう1つは，「この（サービスとサービシィーズの）区別は重要である。なぜなら，この区別がS-Dロジックにおいては『サービシィーズ』が一切存在しないという結論を導くからである」（Lusch & Vargo［2014］p.88，括弧内引用者）という主張である。ゆえに，サービス提供の形態としては，直接的なサービス提供と間接的なサービス提供とがあり，間接的なサービス提供の形態としてグッズと貨幣があるという関係である。サービスは，大藪［2010］や田口［2010］において述べられているようなグッズとサービシィーズを包含する概念ではない。資源と価値に関しては，2008年までどおりの性格づけであり，変化はないとみなせる（Lusch & Vargo［2014］p.57）。

　では，FPsの関係性は，Lusch & Vargo［2014］ではどのように変化したのだろうか。FPsは，FPsのうち4つが公理として性格づけられ，他のFPsはそれらの公理から導かれる言明として位置づけられるようになる（Lusch & Vargo［2014］）。FPsの関係性を図にすると，以下のようになる。

▶図表7-2　FPsの関係性

```
公理1（FP1）→ FP2，FP3，FP4，FP5
公理2（FP6）→ FP7，FP8
公理3（FP9）
公理4（FP10）
```

出所：Lusch & Vargo［2014］をもとに筆者作成。

　公理として性格づけられたのは，FP1，FP6，FP9，FP10であり，公理1をFP1，公理2をFP6，公理3をFP9，公理4をFP10とした（Lusch & Vargo［2014］）。そして，公理1（FP1）から演繹されるものとしては，FP2，FP3，FP4，FP5が位置づけられた（Lusch & Vargo［2014］）。公理2（FP6）から演繹されるものとしては，FP7，FP8が挙げられた（Lusch & Vargo［2014］）。そして，公理3（FP9）と公理4（FP10）から導かれるFPsはないとされた（Lusch & Vargo［2014］）。

4　マーケティング理論とS-Dロジックにおける交換理論

　この節では，S-Dロジックにおける交換理論の説明範囲を明確にするために，S-Dロジックの目指す理論が交換理論であると明言される前からS-Dロジックの説明対象として想定されていたものについて整序する。その説明対象を明らかにするために，Lusch & Vargo［2006a］においても言及されているHuntにおけるマーケティング理論の構想を取り上げる。その後，そのマーケティング理論の構想と関連づけるかたちで，交換理論の説明対象について述べる。

（1）Huntにおけるマーケティング理論の構想

　上沼［1991］も指摘していることだが，Huntは，マーケティング研究の科学化ということを目指し，マーケティング論は科学たり得るかどうかという問題，科学的方法とは何かという問題，科学であることの証としての中心理論もしくは一般理論がマーケティング研究において存在するのかどうかという問題に取り組んでいた。

▶図表7-3　マーケティング科学の性質

基本的な主題	基本的被説明項（FE）
交換関係	FE1：交換の達成に向けられた買手の行動
	FE2：交換の達成に向けられた売手の行動
	FE3：交換の達成および促進に向けられた制度的枠組み
	FE4：交換の達成および促進に向けられた買手の行動・売手の行動・制度的枠組みが社会に対してもたらす帰結

出所：Hunt［1983］をもとに筆者作成。

　Huntにおけるマーケティング理論の構想は主としてこの3つめの問題との関連で提示される。このマーケティング理論の構想を提示するにあたり，Hunt［1983］は，次のような疑問，すなわち，もしマーケティングにおける一般理論もしくはマーケティングの一般理論が広い領域を有し，法則的に一般化されたものを統合するならば，これらの一般理論が説明・予測しようとする現象は何であるのかという疑問を提起し，マーケティング科学の基本的主題とマーケティング科学における基本的被説明項（Fundamental Explananda）を提示する。図表7-3はそれらを図示したものである。Hunt［1976b］(p.20)において示されたミクロ・マクロの区分を用いれば，FE1とFE2は個々の行為者の活動という意味でミクロ的次元に属し，FE3とFE4は個々の行為者の活動の相互作用の結果という意味でマクロ的次元に属するものと解釈できるだろう。

　そして，Hunt［1983］において提示されたこのような4つの基本的被説明項の説明に際し，Hunt［1983］はマーケティングの一般理論の構築における2つの方向性を提示する。

　第1の方法は，非常に少数の基礎原理または公理から演繹することによってマーケティングの一般理論（a general theory of marketing）すなわち4つの基本的被説明項をすべて説明する理論を構築するやり方である（Hunt［1983］p.14）。

　第2の方法は，まず複数の下位理論を構築し，その後，それらを体系的に結合させるというものである。すなわち，基本的被説明項のそれぞれに対する一般理論すなわちマーケティングにおける一般理論（a general theory in marketing）をまず構築し，それらをより包括的な図式へと統合することによって，4つの基本的被説明項をすべて説明するマーケティングの一般理論（a general theory of marketing）の構築を目指すやり方である（Hunt［1983］p.14）。

（2）S-Dロジックにおける理論形成の方法と
　　交換理論の説明範囲

　S-Dロジックにおける理論形成の方法であるが，Hunt［1983］で言及されている第1の方法，すなわち，少数の基礎原理または公理を用いて対象とする現象を原理的・演繹的に説明する方法と整合的であると考えられる。Lusch & Vargo ［2006a］において，「Hunt［1983］によれば，マーケティングの一般理論は4つのマーケティングの基本的被説明項を説明することができるものである。S-Dロジックはこれらの基本的被説明項のそれぞれに対して取り組むことができる」（p.417）と述べられている。このことから，Vargo & LuschがFPsという少数の原理からなるS-Dロジックという1つの枠組みを用いて，マーケティングの基本的被説明項すべてを説明しようとしていることがわかる。マーケティングの基本的被説明項には，ミクロ的次元に属するものとマクロ的次元に属するものがあることを考慮した場合，それは，ミクロ的現象とマクロ的現象を共通の枠組みから説明しようとする試みだと考えられる。また，「S-Dロジックが説明するのは，ミクロ的活動がいかにしてマクロ的構造体を生み出すのかということである」（Lusch & Vargo［2006a］p.407）とも述べられている。これは2つの主張から成り立っている。1つは，S-Dロジックの基礎にあるのがミクロレベルの人間の活動すなわち，コンピタンス（competences）の発展を通じた専門化とこの専門化に続いて生じる自身のコンピタンスと自身が有していないコンピタンスとの交換であるという主張である（Lusch & Vargo［2006a］pp.406-407）。もう1つは，S-Dロジックは，専門化や交換の一連の営みの自生的な結果としてのマクロの制度や構造体，たとえば，グッズ，貨幣，組織，仲介物，市場などの制度の形成に対しても妥当な説明を提供できるというLusch & Vargo［2006a］の主張である（p.407）。よって，Lusch & Vargo［2006a］においては，S-Dロジックはミクロとマクロの両方のレベルで働く広範囲で抽象的な特性を備えているということが主張されている（pp.406-407）。

　以上からわかることだが，S-Dロジックにおける交換理論では，少数の基礎原理を用いた原理的説明，また，ミクロ的現象に属する要素を用いたマクロ的現象の説明が目指されている。加えて，S-Dロジックにおいて目指されている交換理論の説明範囲は，ミクロ的現象とマクロ的現象の両方である。

5　S-Dロジックにおける交換概念

　この節では，S-Dロジックにおいて，そもそも交換というものがどのように捉えられているのかという問いを扱う。この問いを通じて，S-Dロジックにおける交換理論の説明対象である交換の内容を明らかにしていく。

　「他者の便益のために，もしくは，自身の便益のために，一連の行為・営み・遂行を介して，専門化されたコンピタンス（competences）（技能や知識）を適用すること」（Vargo & Lusch［2004b］p.44）というかたちでサービスを概念規定し，これをロジックの中心に据えた場合，どのような変化が生じるだろうか。その変化は，価値概念，消費者の位置づけ，交換概念において，あらわれる。

　まず，価値概念についてだが，サービスという概念が新しい支配的な論理を説明する核となることによって，使用価値が上位概念になると主張される（Vargo & Lusch［2008b］p.31）。つまり，「サービスをマーケティングにおける上位のものとすることによって，使用価値も交換価値との関係において上位のものとなり，そして，サービスとグッズの関係性は明確になる」（Vargo & Lusch［2008b］p.31）ということである。これは，「たとえ，サービスが直接的に与えられようとグッズを通して与えられようと，サービスが顧客に規定される便益の観点から定義されているゆえに，それ（サービス）は必然的に使用価値と結びついている」（Vargo & Lusch［2008b］p.31，括弧内引用者）ためである。また，交換価値と使用価値との関係性については，「交換価値は依然として重要であるが，それは主として使用価値に由来するのであり，グッズのように，間接的な価値創造において役割を果たす」（Vargo & Lusch［2008b］p.31）ということが主張される。

　サービス概念を中核に据えることで生じたこの使用価値（Chandler & Vargo［2011］においては文脈価値（value-in-context）と呼ばれているもの）への焦点の移行によって，消費者の役割と交換概念にも変化が見受けられる。

　消費者の役割に関しては「最も重要であるのは，それ（使用価値への移行）により，価値創造過程において消費者が内生的存在であると示されていることである」（Vargo & Lusch［2008b］p.31，括弧内引用者）と述べられている。すなわち，使用価値の創造という状況に至るまでに消費者にも果たすべき役割があるということである。これは分析の焦点が使用価値の創造という点に置かれたためで

ある。

　交換概念についてはどうであろうか。S-Dロジックにおいては，「交換という概念は，相互利益（reciprocity）を意味しているのであり，それゆえ，実際には関係性を意味する」（Vargo & Lusch［2008b］pp.31-32）のであり，さらに，「S-Dロジックという文脈において交換という概念を考えてみた場合，その焦点は使用価値にあり，それゆえ，取引でさえ，顧客が獲得した資源から益を得る未来のときまで続くことになる」（Vargo & Lusch［2008b］p.32）と述べられている。ゆえに，S-Dロジックの場合，交換概念が，時間軸と空間軸の面において拡張されていると考えられる。実際，Vargo & Lusch［2008b］においても，以下のように述べられている。

　　S-Dロジックは交換の領域を，時間軸において，拡張させる。すなわち，交換価値によって評価される貨幣的なやりとりをするときから，使用価値によって評価される新しい段階まで拡張される。また，S-Dロジックでは，それ（交換の領域）が空間的次元に関しても拡張される。すなわち，生産者と消費者の間で取引を行うダイアディックなものから，価値の星座（value constellations）やネットワークによって示されるものにまで拡張される（Vargo & Lusch［2008b］p.32，括弧内引用者）

　よって，S-Dロジックの特徴は，個々の顧客の使用価値が実現した状態つまり欲求充足をS-Dロジックにおいて描写する世界の到達点として設定し，その使用価値が相互的なサービスの提供・交換を通じて「関係的に」創造される「過程」に焦点を当てようとする点にある。それゆえ，Vargo & Lusch は，S-Dロジックへの移行を通じてマーケティングがこれまで依拠してきた「交換パラダイム」から離れようと意図しているわけではない。この点は，Vargo & Lusch［2008b］の次の言葉において明確である。「したがって，サービスを中心に据える利点の一つは，サービスを中心に据えたとしても，交換パラダイム，そして，このような交換パラダイム（this rubric）において学ばれてきていることのすべてを捨てる必要はないということである」（p.32）。

　では，従来の「交換パラダイム」に基づくマーケティングとS-Dロジックはいかなる点で異なるのか。この点についてVargo & Luschは，グッズの交換よりもサービスの交換のほうが，「より広くより関係的な交換」（Vargo & Lusch

[2008b] p.32）であるという主張を展開する。S-Dロジックは交換の領域を，時間軸・空間軸において，拡張させるのである（Vargo & Lusch [2008b] p.32）。

　このようなものとして交換概念が規定されている点，また，S-Dロジックにおいて交換パラダイムの保持が意図されているという点を踏まえれば，S-Dロジックにおける交換理論の説明対象には，取引的交換が成立するまでの過程に加え，そのような取引的交換の成立後から欲求充足までの消費過程も含まれているとみなすことができる。そして，S-Dロジックにおける交換理論の説明対象には，市場交換と非市場交換が含まれている。取引的交換の過程はもちろん市場交換に属する。それに対して，取引的交換後から欲求充足までの消費過程における交換は市場を介したものではない。たとえば，グッズと消費者の相互作用という意味での交換や贈与がそうである。

6　交換理論の構築に際してS-Dロジックが有する課題

　この節では，2節から5節までを踏まえて，交換理論の構築に際してS-Dロジックが有している課題を提示する。

　4節を通じては，S-Dロジックにおいて取り組まれている問題の1つが，ミクロ的活動とそこから帰結するマクロ的構造体を同じ枠組みを用いて説明するという問題であることを明らかにした。そして，以下2つの主張，すなわち，「S-Dロジックの基礎にあるのは，ミクロレベルの人間の活動，つまり，コンピタンスの発展を通じて専門化すること，そして，これらのコンピタンスをその個人が有していないコンピタンスと交換することである」（Lusch & Vargo [2006a] pp.406-407）という主張，そして，「S-Dロジックが論証するのは，ミクロ的活動がいかにしてマクロ的構造体に帰結するのかということである」（Lusch & Vargo [2006a] p.407）という主張を踏まえると，S-Dロジックにおいては，マクロ的構造体を説明する際にミクロ的活動すなわち取引的交換を前提としていることがわかった。

　5節を通じては，S-Dロジックが取り組んでいることになるもう1つの問題が，取引的交換の成立過程と取引的交換成立後から欲求充足までの過程を1つの枠組みを用いて理論的かつ統一的に説明することであると示した。

　よって，1つめの問題を解決するに際しても，2つめの問題を解くに際しても，S-Dロジックという枠組みによって取引的交換が成立する過程を説明することが

必要条件であり，この必要条件を満たさなければ，1つめの問題も2つめの問題も解けないということである。

そこで，S-Dロジックによって取引的交換を論じることができるかどうかという点については確認しておく必要がある。取引的交換は，欲望を可能な限り満足させようと努力する人間を想定すれば，交換に従事する人々がお互いにとって価値あるものを持っているという状況がなければ成立しないだろう。S-Dロジックの核概念の1つである行為者（actor）は，2節で言及したように，上記の人間仮定と整合的である。そこで，S-Dロジックが取引的交換を説明できるか否かという問いを扱う際に着目すべきは，S-Dロジックの核概念の1つである価値という概念であると考える。S-Dロジックの価値概念については，FP10においても述べられており，FP10の内容は，価値は受益者によって常に独自に現象学的に判断される，というものであった（Vargo & Lusch［2008a］）。この価値概念は，使用時に感じる価値であるのか，それとも，使用前すなわち取引的交換過程における見積もりや予測としての価値なのか。Lusch & Vargo［2014］においては，価値について以下のように述べられている（p.57）。

(1) 価値とは，便益であり，特定の行為者の福祉の増大である。
(2) 価値は行為者に特有のものであり，価値創造のすべての具体的状況は文脈によって異なっているので，すべての出来事はただ一つのものである。
(3) 価値とは，全体論的に現象学的に決定されるものであり，経験的な概念である。
(4) 価値は共創される。なぜなら，価値を創造するために複数の行為者に由来する資源を統合するからである。

このような価値のとらえ方を踏まえると，S-Dロジックにおける価値とは，欲求充足もしくは消費の望ましさと同義ということになる。すなわち，使用時に感じる価値だと考えられる。では，このような価値概念によって，果たして取引的交換を論じることができるのだろうか。ある行為者が取引的交換を行うか否かの意思決定を行って交換に従事する際には，欲求充足に対する予測，すなわち，予測や見込みとしての使用価値というものを用いていると思われる。なぜなら，時間軸を考えた場合，行為者が取引的交換を行うか否かを意思決定する際に依拠することができるのは，取引的交換の後の消費の段階において事後的に感じる使用価値や消費の望ましさではなく，事前に見積もられた使用価値であるからである。つまり，ある行為者を交換へと動機づけることができるのは，その交換に先んじ

て存在していた要素すなわち事前に見積もられた使用価値であるからだ。その交換の後に生じた要素すなわち消費時における使用価値では取引的交換への活動を動機づけるには遅すぎるのである。取引的交換より時間的に後に生じるものによって，取引的交換を説明することはできない。一方，交換パラダイムについて，Achrol & Kotler［2006］は「交換パラダイムは相互に有益なものをもたらす二者間での過程を強調しているという点において，交換パラダイムは，マーケティング・マネジメントのパラダイムと大きく異なっている」(p.323) と述べ，交換パラダイムの本質的な点として，相互に利益をもたらすという点を指摘している。この相互利益については，消費時の使用価値ではなく，見積もりとしての使用価値と考えるべきであろう。

　以上を踏まえた際，FP10を導入した2008年以降のS-Dロジックでは，このような見積もりとしての価値という概念が欠如しており，FP 1 で取引的交換を論じる土壌はあるものの，FP10による価値規定により，取引的交換を論じる土壌を失うとともに，交換パラダイムから逸脱することになる。つまり，FP 1 単独であるならば，事前の見積もられた使用価値という概念が存在しうるが，FP 1 とFP10を合わせて考えた場合，FP10の価値規定により，S-Dロジックにおいて存在する価値概念が使用時における価値に限定されることになるため，取引的交換を論ずることは困難であると思われる。もしこのようなS-Dロジックで論ずることができるものがあるとすれば，それは，予測的価値のもとになされる取引的交換後に展開される使用時の価値を実現するための相互作用という意味での交換であると思われる。さらに，説明に使用可能な価値概念が消費活動後の充足度のみであれば，公理 2 （FP 6 ）における価値共創という概念も，極めて限定的な領域にしか使用できなくなるだろう。たしかに，消費過程を扱い得る枠組みという点で新しさは有するかもしれない。しかし，消費活動後の価値しか存在しないならば，予想的にそれぞれの価値づけを投影するかたちで交換を行うがゆえに消費時における価値が交換を行う当事者間において発生しないような取引では，S-Dロジックという枠組みは使用できないということになるからである。たとえば，企業間の取引がそうであろう。

　また，S-Dロジックとりわけ2008年以降のS-Dロジックは，価値概念に加え，もう 1 つ別の理由により，相互利益という観点を本質とする交換パラダイムから逸脱してしまうことになると考える。それは，交換パラダイムにおける各主体が提供者であると同時に受益者であるという点に関わるものである。 5 節において

言及したことだが，使用価値への焦点の移行により，消費者は価値創造過程において内在的存在となった。その理由は，使用価値を現象学的に判断するのが消費者であるからであり，消費者がいなければ使用価値が生じないからである。その意味で，消費者はFP10で言及されている受益者に合致する。しかし，企業はFP10で言及されている受益者として性格づけることができるだろうか。FP7では，企業は価値を提供することはできず価値を提案することしかできない存在として性格づけられている。これは，企業は価値の共創に参加することはできるとしても，価値を創造することができない，ということを意味している。使用価値の創造がFP10で言及されている価値を判断するという行為から生まれる以上，そのような役割を担うものとしてFPsで特徴づけられていない企業は，受益者としての性格を有しないということになる。つまり，S-Dロジックにおける企業と消費者の交換を考えた際に，企業を提供者かつ受益者として性格づけることができない。よって，S-Dロジックは交換パラダイムから逸脱していると思われる。

　このように，S-Dロジックという枠組みでは取引的交換を論ずることができないため，取引的交換と消費過程の統一的説明という問題にも，ミクロ的現象とマクロ的現象の統一的説明という問題に対しても，S-Dロジックは解決策を提供できないと考える。

　もし仮に現在のS-Dロジックによって取引的交換を論ずることができるとしても，それだけでは上述した2つの問題を解くことはできない。

　ミクロ的現象とマクロ的現象の統一的説明という問題については，ミクロ的現象とマクロ的現象を架橋する方法が必要になるからである。この点については，第8章において言及される。

　取引的交換と消費過程の統一的説明という問題については，理論化における困難性に直面する。5節で言及したように，S-Dロジックの描写する世界の終着点は，価値創造すなわち行為者個人の使用価値が実現する点である。Lusch & Vargo［2014］において述べられているように，「価値とは，便益であり，特定の行為者の福祉の増大であり」(Lusch & Vargo［2014］p.57)，「それ（価値）は行為者に特有のものであり，その創造のすべての具体的状況は文脈によって異なっているので，すべての出来事はただ一つのものである」(Lusch & Vargo［2014］p.57，括弧内引用者）ため，説明対象である状態が人によって異質的である。その上，そこに至る過程までもが人によって異質的である。そのため，何らかの反復性や規則性の存在は見込みにくい。さらに，行為者個人の使用価値の

実現という主観的世界を対象とする場合，もしくは，取引的交換後から消費までの過程を対象とする場合，市場交換とは異なる種類の交換までもが含まれてしまい，それらは価格のように客観的に認識可能な対象ではない。それゆえ，S-Dロジックの焦点もしくは終着点として設定されている主観的領域，すなわち，市場交換とは異なる種類の交換がなされる領域については，取引的交換を説明する際の方法と同じものを用いるのであれば，理論的に接近することが困難になると思われる。

7　おわりに

本論文で明らかになったことは以下の点である。
1）交換理論の構築を試みているものの1つとして，S-Dロジックという枠組みを取り上げた。
2）S-Dロジックにおいては，サービスという概念を基礎に据え，少数の原理によって，取引的交換過程と消費過程，ミクロ的現象とマクロ的現象を統一的に説明することのできる理論の構築が目指されていた。
3）しかし，4つの核概念と10個のFPsを構成要素とするS-Dロジックという枠組みでは，上記の2つの問題に対して十分な解決をもたらすことができていない。
4）これらの問題に答える理論を構築するには，少なくとも，取引的交換を論じる際に必要となる見積もりとしての価値概念を公理体系に導入する必要がある。そして，ミクロ的現象とマクロ的現象を架橋する方法およびS-Dロジックが焦点を当てるべき領域を吟味するとともに，市場交換と非市場交換を説明する際に同様の方法を用いることができるか否かという問いに答える必要がある。

〔参考文献〕
大藪亮［2010］「第11章　S-Dロジックと価値共創フレームワーク」井上崇通・村松潤一編『サービス・ドミナント・ロジック』同文舘出版。
上沼克徳［1991］「第7章　マーケティング科学哲学論争と相対主義的科学観の台頭」堀田一善編『マーケティング研究の方法論』中央経済社。
田口尚史［2010］「第3章　S-Dロジックの基礎概念」井上崇通・村松潤一編『サー

ビス・ドミナント・ロジック』同文舘出版。
Achrol, R.S. & Kotler, P. [2006] "The Service-Dominant Logic for Marketing: A Critique," in Lusch, R.F. & Vargo, S.L. (eds.), *The Service-Dominant Logic of Marketing: Dialog, Debate, and Directions*, M.E.Sharpe, pp.320-333.
Chandler, J.D. & Vargo, S.L. [2011] "Contextualization and Value-in-Context: How Context Frames Exchange," *Marketing Theory*, Vol.11, No.1, pp.35-49.
Hunt, S.D. [1976a] *Marketing Theory: Conceptual Foundations of Research in Marketing*, Grid, Inc. (阿部周造訳『マーケティング理論』千倉書房, 1979年)
────── [1976b] "The Nature and Scope of Marketing," *Journal of Marketing*, Vol.40 (July), pp.17-28.
────── [1983] "General Theories and the Fundamental Explananda of Marketing," *Journal of Marketing*, Vol.47 (Fall), pp.9-17.
Lusch, R.F. & Vargo, S.L. [2006a] "Service-Dominant Logic as a Foundation for a General Theory," in Lusch, R.F. & Vargo, S.L. (eds.), *The Service-Dominant Logic of Marketing: Dialog, Debate, and Directions*, M.E.Sharpe, pp.406-420.
────── [2006b] "Service-Dominant Logic: Reactions, Reflections and Refinements," (Reprint) in Steve Baron (ed.) [2010] *Service Marketing*, Vol. Ⅳ, SAGA Publication, pp.69-76.
────── [2008] "The Service-Dominant Mindset," in Hefley, B. & Murphy, W. (eds.), *Service Science, Management, and Engineering: Education for the 21st Century*, Springer, pp.89-96.
────── [2011] "Service-Dominant Logic: a Necessary Step," *European Journal of Marketing*, Vol.45, No.7/8, pp.1298-1309.
────── [2014] *Service-Dominant Logic: Premises, Perspectives, Possibilities*, Cambridge University Press.
Lusch, R.F., Vargo, S.L., & Malter, A.J. [2006] "Marketing as Service-Exchange: Taking a Leadership Role in Global Marketing Management," *Organizational Dynamics*, Vol.35, No.3, pp.264-278.
Lusch, R.F., Vargo, S.L., & O'Brien, M. [2007] "Competing through Service: Insights from Service-Dominant Logic," *Journal of Retailing*, Vol.83, No.1, pp.5-18.
Lusch, R.F., Vargo, S.L., & Tanniru, M. [2009] "Service, Value Networks and Learning," *Journal of the Academy of Marketing Science*, Springer Netherlands, published online, 29 January, pp.19-31.

O'Shaughnessy, J. & O'Shaughnessy, N.J. [2009] "The Service-Dominant Perspective: A Backward Step?," *European Journal of Marketing*, Vol.43, No5/6, pp.784-793.

Vargo, S.L. [2007a] "On A Theory of Markets and Marketing: From Positively Normative to Normatively Positive," *Australasian Marketing Journal*, Vol.15, No.1, pp.53-60.

―――― [2007b] "Paradigms, Pluralisms, and Peripheries: On the Assessment of the S-D Logic," *Australasian Marketing Journal*, Vol.15, No.1, pp.105-108.

―――― [2011a] "Market Systems, Stakeholders and Value Propositions: Toward a Service-Dominant Logic-Based Theory of the Market," *European Journal of Marketing*, Vol.45, No.1/2, pp.217-222.

―――― [2011b] "On Marketing Theory and Service-Dominant Logic: Connecting some Dots," *Marketing Theory*, Vol.11, No.1, pp.3-8.

Vargo, S.L. & Lusch, R.F. [2004a] "Evolving to a New Dominant Logic for Marketing," (Reprint) in Lusch, R.F. & Vargo, S.L. (eds.) [2006] *The Service-Dominant Logic of Marketing: Dialog, Debate, and Directions*, M.E.Sharpe, pp.3-28.

―――― [2004b] "The Four Service Marketing Myths: Remnants of a Goods-based, Manufacturing Model," (Reprint) in Steve Baron (ed.) [2010] *Service Marketing*, Vol. Ⅳ, SAGA Publication, pp.41-59.

―――― [2006] "Service-Dominant Logic: What It Is, What It Is Not, What It Might Be," in Lusch, R.F. & Vargo, S.L. (eds.), *The Service-Dominant Logic of Marketing: Dialog, Debate, and Directions*, M.E.Sharpe, pp.43-56.

―――― [2008a] "Service-Dominant Logic: Continuing the Evolution," (Reprint) in Steve Baron (ed.) [2010] *Service Marketing*, Vol. Ⅳ, SAGA Publication, pp.187-204.

―――― [2008b] "Why 'Service'?," *Journal of the Academy of Marketing Science*, Vol.36, No.1, pp.25-38.

―――― [2008c] "From Goods to Service(s): Divergences and Convergences of Logics," *Industrial Marketing Management*, Vol.37, No.3, pp.254-259.

Vargo, S.L., Lusch, R.F., & Morgan, F.W. [2006] "Historical Perspective on Service-Dominant Logic," in Lusch, R.F. & Vargo, S.L. (eds.), *The Service-Dominant Logic of Marketing: Dialog, Debate, and Directions*, M.E.Sharpe, pp.29-42.

Vargo, S.L., Maglio, P.P., & Akaka, M.A. [2008] "On Value and Value Co-

Creation: A Service Systems and Service Logic Perspective," *European Management Journal*, Vol.26, No.3, pp.145-152.

Vargo, S.L. & Morgan, F.W. [2005] "Services in Society and Academic Thought: An Historical Analysis," *Journal of Macromarketing*, Vol.25 (June), pp.42-53.

Venkatesh, A., Penaloza, L., & Firat, A.F. [2006] "The Market as a Sign System and the Logic of the Market", in Lusch, R.F. & Vargo, S.L. (eds.), *The Service-Dominant Logic of Marketing: Dialog, Debate, and Directions*, M.E.Sharpe, pp.251-265.

第8章
交換・制度進化・マーケティング

1　はじめに

　本章では，マーケティング近隣諸学科において交換や制度進化に関わる問題がいかに論じられてきたかを分析すると同時に，この一連の議論とマーケティングにおける理論的問題との知的連関を明らかにする。ここで対象とするのは，個々の交換現象がいかにルーティン化して制度が生成されるか，そのメカニズムを学習や知識共有および知識創造といった論点を中心に解明する研究潮流である。これは無形資産の知識が競争優位の源泉であるという点や交換行為を通じた価値創造に着目する点で，前章で取り上げられたS-Dロジックに基づく交換理論と問題意識を共有していると言える。

　まず次節では，1970年代後半から経済学において市場メカニズムに代わる資源配分の方法として組織取引を提唱して注目を集めるようになった，制度の経済学の理論的内容を概観する。この分析を通じて，制度進化の理論的枠組みが整理されるとともに，経済分析において知識のコーディネーションが重要な理論的問題であると認識されるようになった点が明らかにされる。

　そして第3節では，前節の分析で明らかになった知識をめぐる論点について経営学でいかなる展開がみられたかを整理する。知識研究は経営組織論や経営戦略論のなかで独自の展開をみせてきた領域であり，それは知識ベース論として分類されている。近年，企業の無形資産である知識やルーティン，ノウハウに理論的関心が向けられ，知識ベース論が注目されるようになってきた。この節では，一

連の知識ベース論を整理するとともに，その問題点を明らかにする。

さらに第4節では，マーケティング研究における知識研究の展開を探り，制度進化の問題を議論する。1990年代以降，徐々にチャネルの組織間関係において協調的な関係の構築や維持が重要な研究課題であると認識されるようになり，また企業—顧客関係の文脈においても，いかに強固な関係性を構築するかが重要な実践的・理論的問題となっている。第4節では，チャネル研究，協働型マーケティング研究，市場志向研究において，交換行為を通じた学習や知識創造，価値共創といった論題の下でいかに制度進化が議論されるのか，その可能性を分析する。

2 経済学における制度進化

(1) コーディネーション問題と制度の経済学

経済学は伝統的に，資源配分の調整メカニズムの問題，すなわち「コーディネーション」問題をその主題としてきた（Foss & Loasby [1998] p.2）。そしてこのコーディネーションを実現するための手段として，伝統的に経済学では経済当事者間の市場における交換による価格メカニズムが議論の中心を占め，価格調整メカニズムに基づく自由な市場取引を通して，資源は効率的に配分され利用されると考えられてきた（菊澤［2006］15頁）。

こうした市場に代替するコーディネーション・メカニズムとして，1920年代から1940年代にかけて展開された社会主義計算論争[1]では計画経済メカニズムの有効性が議論されたが，この論争の場合，集合的な計画経済における計画者たちの人為的な資源配分がどれだけ市場メカニズムを模倣できるかが争点となった（海老塚［1998］27頁）。この論争における反社会主義の立場を貫いたオーストリア学派の経済学者F. A. Hayekは，経済主体は競争のプロセスを通じて何が効率的で何がそうでないかについての膨大な知識を得ると主張し，競争の存在しない計画経済の下では計画者たちは効率的な資源配分にとって必要な知識を欠くという点から，計画経済メカニズムの有効性を否定した（Hayek [1945]）。それに対して社会主義者たちは，将来，コンピューターが膨大な情報を処理することができるようになれば，計画経済は市場と同等，もしくはそれ以上の効率的な資源配分を実現することができると反論したのであった（Hunt [2000] Chap.7）。この論争で明らかにされたことは，経済計算を市場に委ねるか計画者が行うかという方

法の違いはあれども，主流派経済学者と社会主義経済学者はともに一般均衡理論で示されるようなパレート最適な資源配分を実現する均衡価格をいかに導出できるかを問題にしており (*ibid.*, Chap7)，市場も計画も共にワルラス均衡に向かう機械的なメカニズムにすぎないと考えられていたという点であった（海老塚 [1998] 27頁）。

しかしながら1970年代になると，これとは異なるアプローチでコーディネーション問題に取り組む新たな視角が登場した。それは資源配分のメカニズムとして，企業組織内部の取引に注目するものである。その背景にあるのは，第一に，資源配分は機械的なメカニズムではなく固有の意思をもった人々を通して行われるものであるから，人々のインセンティブに合致したメカニズムでなければならないという問題意識が高まったこと，第二に，資源配分は市場における分権的取引と中央計画当局による集権的指令だけによって機能するのではなく，企業組織内部の資源配分や組織間の明示的あるいは暗黙の契約に基づく資源配分の方がより重要であるという認識が高揚したことが指摘されている（海老塚 [1998] 27頁）。

ワルラス均衡の普遍性に依拠する新古典派経済学は資源配分のための制度としては市場のみを考えるが（青木・奥野 [1996] 23頁），企業制度が経済活動に大きな役割を果たすという問題意識に基づいて制度の経済分析に道を切り開いたのが，R. Coaseの成果を発展させたO. E. Williamsonの取引費用経済学である。Williamsonは自らの立場を新制度派経済学と称し，企業制度によるコーディネーションの重要性を喚起した。次項では，新制度派経済学を提唱したO. E. Williamsonの主張を整理しよう。

（2）新制度派経済学

Williamson [1975] は，1つの制度形態によって取引を完遂することに伴う費用が，他の制度形態による場合のそれとどのように異なるのかを比較することに焦点を置き，「市場か組織か」のいずれによるコーディネーションが費用効率的であるのかを問うものとして[2]，新しい制度の経済学（今日では新制度派経済学と称される）を提唱した。この問題意識の背景には，標準的なミクロ理論は多くの目的にとって有用かつ強力ではあるが，あまりに抽象度が高いために多くの重要なミクロ的現象について不自然な取り組み方しか許さないことが指摘されてい

る（Williamson［1975］邦訳5頁）。伝統的な経済人モデルにおいては完全情報や完全合理性が前提とされているが，経済人をより現実的な人間の特性に近づけるべく，Williamsonは限定的にしか合理的でないという意味の限定合理性の概念と，相手を騙してでも自分の利得を得ようとするという意味の機会主義の概念を導入し（同書14頁），市場における取引に生じる費用[3]を定式化した上で，階層組織による企業内取引が費用面で市場取引よりも効率的になる条件について議論した。資産特殊的投資の存在が機会主義的行動を制限するとして，市場を利用する費用と内部化する費用との比較により，費用低減的な方法が資源配分のために選択されることを主張する。これは，市場制度と組織制度を代替的な統治形態と考え，その選択基準を取引費用として分析する「比較制度論的な研究アプローチ」（同書35頁）である。

　経済主体が結ぶ契約が将来起こりうるあらゆる事態と，それへの対処を盛り込んだ完備契約を実現することができれば，すべての取引は市場取引によって行われ市場が唯一最適な制度となるが，限定合理性を前提とすると，経済主体が結ぶ契約は必然的に不完備契約となる（渡辺他（編著）［2011］16頁）。限定合理性しか持ちえない経済主体は完備契約を結ぶことが不可能であるため，市場以外の制度が存在する余地が生じ（同書17頁），こうした他の制度によってコーディネーション問題が解決されなければならないのである。Williamsonによって提唱された新制度派アプローチは，取引費用分析にとどまらず，限定合理性と不完備契約という共通の認識を有すエージェンシー理論や所有権理論も内包するものとして今日では理解されている[4]。

　新制度派のアプローチは，どのような状況の下でいかなる制度が選択されるか，すなわち制度選択問題に力点を置くが，新たな制度発生や既存の制度の進化問題を十分に議論しているとは言えない。1980年代以降，Williamsonの取引費用経済学と並行しながら，新たな制度発生や既存の制度進化の問題を正面から捉え，制度分析に取り組むさまざまな研究群が出現した。その1つが制度分析に進化論的な視点を与えて制度の創発や変化のメカニズムを解明しようとする進化論的な経済学なのである。

(3) 進化論的な制度の経済学[5]と
　　制度論的ミクロ・マクロ・ループ

　経済学において進化論的なアプローチを意識的に取り入れた先駆者は，旧制度派経済学の創始者として知られるT. Veblenである。旧制度派経済学は共通したテーマで新古典派経済学に対する批判を展開しており，それは第一に最大化合理性や合理的経済人の仮定が非現実的で実際の人間行動を説明するものではないという点，第二に均衡概念に基づく静態的な分析に固執するあまり，経済活動の動態的な変化過程を分析し損ねているという点である（Hodgson [1988]）。

　Williamsonの新制度派経済学は新古典派経済学を全面から否定するというよりは，自らの立場を伝統的な分析を補完するものと考える折衷主義を採用するが（Williamson [1975] 邦訳5頁），これとは異なり「現代制度派経済学」を標榜するG. M. Hodgsonは主流派の経済学を真っ向から否定する立場を採り，その知的源流を最大化合理性や合理的経済人の仮定を厳しく批判したT. Veblenに求めている。Veblenは合理的経済人の仮定が抽象的推論にとって便宜的なものであることを十分理解していたが，その上で個人の行動が制度的性質をもった諸関係によって影響を受けることに注目した（Hodgson [1988] 邦訳18-22頁）。そして制度を「大多数の人間に共通する，固定化された思考習慣一般」（Veblen [1919] p.239）と定義し，ある社会において多数の人々が共有するルーティン化された思考過程の所産である社会制度と結びついたものとして，経済主体の行動を理解する必要性を強調したのである（Hodgson [1993] 邦訳190頁）。

　さらにVeblenは制度や習慣が進化していく過程に注目し，制度の形成には意識的な選択と目的保有的行為が関わることを強調した。しかしながら，「習慣的行為と熟慮的行為との間の相互作用，およびその結果としての制度的安定と構造的破壊との間の緊張が重視されるべき」（Hodgson [1988] 邦訳145頁）であり，社会的諸制度が人間行為の動機づけを行う一方で，必ずしも各個人の行為が制度によって機械的に決定されるわけではなく，「行為は部分的に決定されていて，部分的に非決定的である」（同書11頁）と主張した[6]。常に社会的現象はある程度パターンや秩序としてあらわれるが，同時に不確実性や潜在的な脆弱性にさらされていることも指摘し，人間行動の部分的な非決定性を主張するのであった。

　Veblenはダーウィンの進化論に影響を受けながら，経済システムを自己調整

メカニズムとしてではなく、近代産業社会における技術的・社会的変動や、また経営や技術における各種のイノベーションによって伝統が破壊されることによる累積的な性格を持つものとして考察し、均衡状態ないし停止状態には決して至らない因果過程を探求する（Hodgson［1988］邦訳145頁，Hodgson［1993］邦訳195頁）。Veblenは新古典派の理論が基礎を置く一般均衡および部分均衡といった均衡概念や、均衡化のメカニズムといった機械的均衡概念を放棄し、進化論的制度主義の理論的枠組みによって経済学の視野を拡大することを企図している（Veblen［1919］p.77, Hodgson［1988］邦訳146頁）。

HodgsonはVeblenのこうした考えに基づき、何かしらの進歩的な秩序をもたらすものとして制度の進化論を考察しようと試みる（Hodgson［1988］）。それはHayek［1973］によって定式化された自生的秩序の考え方に類似している。自生的秩序とは「人間の行動の結果ではあるが、人間の企図の結果ではない」ものとしての「人間の行動の意図せざる諸帰結」であり、人間が自覚的、目的的に作り出したものではないのに、結果的に高度に「合目的的」であるようなある種の秩序や制度（たとえば市場経済）である（嶋津［1985］10頁）。これは人間から独立しているという意味で「自然」に属する現象ではないが、人間の意図によるという意味での「人為」でもなく、この両者の中間に、どちらにも属さない第三のカテゴリーとして独立に把握されなければならない（同書同頁）。この自生的秩序の概念にとって重要な点は、自生的秩序としての社会と個々人の価値観の間に密接な結びつきがあるということである（同書13頁）。各個人の多様な行動の結果としてのみ生ずる秩序自体は、誰にも意識、意図される必要はなく、そのような複雑な秩序すべてを計画的に運用することは不可能であるが、各個人が何らかのルールまたはパターンに従った行動を採った結果として、何らかの秩序が生じるのである（同書同頁）。このような秩序がいかにして成立し、機能するかを説明することが、理論的社会科学の中心的課題になるのである（同書11頁）。

そしてHodgson［2006］は、こうした秩序をもたらすメカニズムを解明すべく、制度を外部／社会ルールの体系として捉えながら、それが習慣化を通じて個人の内部／主体ルールとして内面化されなければ実行力を持たない点を指摘し、制度に関するミクロ・マクロ・ループのダイナミクスを議論している（西部［2006］142頁）。つまり、ミクロ的な個人の行動の結果としてマクロ的な秩序や制度が生み出される仕組みを体系化する必要性を主張しているのである。こうした考え方は、海老塚［1998］によって制度論的ミクロ・マクロ・ループ（図表8－1）と

▶図表8−1　制度論的ミクロ・マクロ・ループ

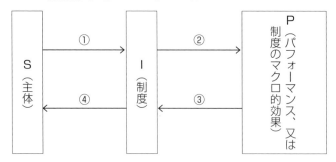

出所：海老塚［1998］18頁に加筆して筆者作成。

して定式化されている（18-22頁）。

　その説明によれば，主体（必ずしも個人を意味するのではなく，企業のような組織体のこともある）の行為の集合的結果が，明示的かつ暗黙のさまざまな制度や文化，伝統，規範，ルーティンなどを形成し（①），また翻ってこうした諸制度が主体の行動を形成したり制約を与える（④）。①と④の相互規範的な関係の中で，行為が反復されることを通じて制度の持つ慣性が生じる。そして主体による制度の維持・再生産行為（①）の結果として一定の成果（制度のマクロ的効果）が生まれる（②）。そして③はマクロ的効果が制度の安定性や制度変化に与える影響を示し，それが各主体のあり方や行動を変化させる（④）という。また，制度には他の制度との補完性があり，1つの制度のマクロ的効果が変化しても即時的に制度の変化をもたらすものではなく，制度間の軋みやコンフリクトが起こらねば制度変化が生ずることは困難である。また主体の行為が一定であっても，制度間のあり方によっては制度のマクロ的効果が以前と同様に実現されるとは限らない。主体は制度の内部において自由を獲得してある一定の方向に向かって行動するが，何らかの変数の変化が累積的に増幅されるようになると，それまで維持されていた制度の補完性，すなわち構造的両立性が揺らぎ，制度間にコンフリクトが起こる可能性がある。このようなコンフリクトは，諸制度によって多層的に規定されるミクロの主体の内部に亀裂を生み出し，ある制度からの逸脱行為や反逆行為が始まると，制度の内生的な変容が生じる（海老塚［1998］18-22頁）。ミクロとマクロの間の連節領域を分析することが，まさに制度分析の課題であり，制度の経済学においてこの問題は十分に注意が払われてこなかったことが指摘さ

▶図表8－2　修正された制度論的ミクロ・マクロ・ループ

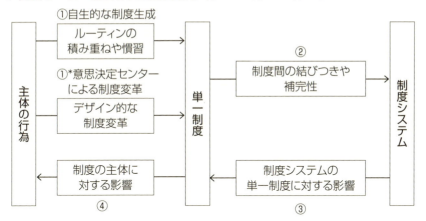

出所：筆者作成。

れている（同書21頁）。

　図表8－1で示された制度論的ミクロ・マクロ・ループは，制度へのマクロ的効果の意味するところが不明瞭であることと，制度変革の自生的な側面とデザイン的な側面を看過しているために，若干の修正を加えて議論を整理する必要があろう。すなわち，図表8－2の修正された制度論的ミクロ・マクロ・ループで示したように，主体の行動がミクロ的行為であるルーティンの積み重ねによって習慣化すると，自生的な秩序を生み出し，それが単一の制度を生成する（①）。そして単一の制度は初めは必ずしも明示的に厳格な制度として確立しているとは限らないが，それを他の行為主体が模倣して広く普及するようになると一般的な制度として認知されるようになる。そしてこの制度は他の複数の制度と補完性や結びつきを有し，制度システムを構成するようになる（②）。制度システムは単一制度に影響を及ぼし（③），単一制度は主体の行動に制約を与える範囲を規定し（④），そしてその範囲内で行為者は自由に行動する（①）という形でミクロ・マクロがループする。制度システムは新しい制度の出現によって，その安定性に揺らぎがでると，単一の制度の有効性も薄れることになり，ここに制度の変革の必要性が生まれる。制度は自生的に生み出されるだけでなく，時には法律が立法者によって制定されるように，デザイン的に変革される必要もある（①*）。何らかの意思決定センター（たとえば政策立案者や業界団体など）が，人為的に制度

の修正や改定を行い，制度間の軋みを調整しようと試みる。これはデザイン的な制度変革であり，この人為的な制度変革によって制度に修正が施される場合には，その制度の範囲内で行動していた主体の行為にも影響を及ぼす。こうして主体のミクロ的行動と単一制度，さらにマクロ的な成果としての制度システムという三者の間におけるミクロ・マクロの連関が概念化できるのである。

制度の進化の説明はこうしたミクロ・マクロ・ループの中で生起するために，その説明には困難が伴うのであるが，このミクロ・マクロの因果性を歴史分析によって解決しようと試みたのが比較制度分析である。

（4）比較制度分析

青木［2001］によって提唱された比較制度分析の関心は，経済主体の行為として現れる「制度」にあり（青木・奥野［1996］24頁），その分析対象は多様な制度の形成や変化，ひいては一国全体の経済システムの進化の可能性におよぶ（同書，p.34）。比較制度分析では，制度をパレート最適な均衡ではなくゲーム理論のナッシュ均衡の概念を用いて理解することにより，最善ではなかったかもしれないが，ある状況において，ある選択された制度に対して，その安定性および固定性の原理を理解する（同書31頁）。比較制度分析の特徴は以下のとおりに定式化されている（同書35頁）。

1) 比較制度分析が考える制度には自己拘束性が存在するために，一度実現した制度は容易には変更されにくい。そのため現状の制度体系の姿のかなりの部分は，その経済の歴史的条件により規定されてしまう。これは典型的な歴史的経路依存性の考え方である。
2) 進化ゲームの基本的な発想は，自らが置かれている利害状況を正確には知り得ず，最適な行動を発見する能力にも限界のある経済主体（限定合理的経済主体），最も有利と思われる戦略を徐々に模倣していくことによって最終的に到達する状態を，経済における安定的な均衡と考えるというものである。このような経済では，より高い利得を上げる戦略を採用する人々の比率が次第に上昇するというダイナミクスが観察される。これは現状によりよく適応している種が次第に支配的な存在になっていくという生物進化のプロセスに類似している。進化ゲーム理論のフレームワークを用いて経済システムの多様な動態を考察する。

3）最後の重要概念は制度的補完性である。現実の経済の存在する複数の制度の間には，一方の制度の存在・機能によって他方の制度がより強固なものになっているという関係が見られる。1つの経済の中で，一方の制度の存在が他方の制度の存在事由となっているような場合，両者は制度的補完の関係にあるという。経済システムとは，このような制度的補完関係にある一連の制度によって形成されているものと考える。

　比較制度分析を特徴づけているのは制度の自己拘束性と歴史的経路依存性，そして制度的補完性の概念である。比較制度分析は，ナッシュ均衡が達成される行為者の行動の組み合わせが複数存在する場合があり，それらのうち，いずれかの制度が選択された合理的な理由は，その個人，組織，社会が置かれた歴史的な状況に依存すると主張する。行為主体は意識的に新たなルーティンを生み出すように行動するというよりは，与えられた状況の下で限定的な合理性に基づき，時には他の行為者の行動を模倣しながら最も有利だと思われる行為を選択することが想定されており，後付け的な歴史的解釈が提示されるにすぎないという点が指摘できる。また，ゲーム理論に依拠し，特定の状況セッティングの下で行為主体の行動を説明する様式が，状況決定論的であるという問題点もあり，意識的な制度創発（①*）が想定されているとは言い難い。比較制度分析は，図表8-2で定式化した制度論的ミクロ・マクロ・ループでいうところの③と④に力点を置いた

▶図表8-3　比較制度分析における制度論的ミクロ・マクロ・ループ

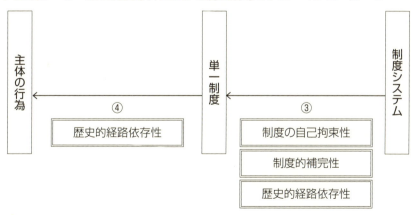

出所：筆者作成。

議論であり，より上位の制度システムから単一制度へ，そして単一制度から行為主体への双方の連関において，経路依存性や制度の自己拘束性，制度的補完性に基づいて因果性を議論する，マクロからミクロへの説明様式であると解釈することができる（図表8−3）。

同じく進化論的な視点を持ちながら，経営戦略論と新制度派経済学の融合を試みるネオ・オーストリア学派のR. LangloisとP. Robertsonの経済ケイパビリティの進化論は，制度を行為者の行動を制約するものであると考える一方で行為者の交換行為や学習の積み重ねがルーティンを生み，それが次第に制度を形成するという点についてミクロ・マクロ・ループを考察している。その主張を整理しよう。

（5）経済ケイパビリティの進化論

Langlois & Robertson［1995］は，進化経済学と取引費用理論を結合することにより，経済ケイパビリティの進化論を提示することを企図している（邦訳4頁）。その進化論的な発想は，Nelson & Winter［1982］に基づいており[7]，反復的な行動パターンとしてのルーティンや習慣が知識と技能の貯蔵所の役割を果たすと主張し，複雑な技術的技能が経済内でいかに習得され継承されていくかに関心を示しながら，企業の特徴は習慣とルーティン化された行動を持つ点にあると主張する。また，企業制度の最も原初的な形態を生産ルーティンとして，それはしばしば暗黙的であるうえに，スキルのような知識を具現した習慣的な行動パターンと理解している（Langlois & Robertson［1995］邦訳4頁）。

こうしたLangloisらの主張は，F. A. Hayekの知識論と共通の問題意識を有している。Hayekは重大な経済問題は知識問題であると指摘する。Hayek曰く，新古典派理論の完全知識の仮定は，競争のプロセスが解決すべき重要な問題からかけはなれている。消費者の嗜好や選好は競争を通じて企業に与えられているわけではなく，企業が発見するのである。さまざまな技術によって商品を生産するコストは企業に与えられているのではなく，習得されなければならない（Hunt［2000］Chap.2, Caldwell［2004］Chap.10）。Hayekにとって「一般的でもなく正確でもないが，より具体的な言い方をすれば，不確実な状況の下で均衡に向かう傾向とは，社会を構成する異なるメンバーの知識や意図をより同意に向かわせるということであり，また，人々の期待や，特に企業家の期待は益々正確になるということを意味するのである」（Hunt［2000］p.30）。すなわち，Hayekは知識発

見のプロセスとして競争を捉えているのである（Hayek［1945］)。知識は事前に与えられるものではない。市場における交換が競争の場を提供することにより，知識は競争のあとにやってくるのである（Hunt［2000］p.173)。経済学で問題とすべきは均衡に向かうプロセスではなく，そこで知識が獲得され，変化するプロセス，すなわち分散した知識がいかに競争を通じて学習され活用されるか，知識のコーディネーションこそが経済学の課題であるとHayekは主張している（Caldwell［2004］pp.208-213, Hayek［1945])。進化のプロセスとはまさに，知識の増大によってもたらされるのである（Caldwell［2004］p.295)。

　Langlois & Robertson［1995］は，Nelson & Winter［1982］が産業構造と経済成長の進化論を展開する際に提唱したルーティンという概念を，経営戦略論で展開されてきたケイパビリティ理論の成果と結合し，組織のルーティンは組織や組織ネットワークが有するケイパビリティによって構成されていると議論する[8]（邦訳7頁)。Hayekが知識の伝達や学習において，交換の場としての市場取引を強調したのに対して，Langloisらは集権的な企業組織における行為主体のインタラクションを通じた知識獲得も議論の射程に入れている。

　また，新しいケイパビリティの生成が行われるプロセスは競争的であるとし，企業制度に新しいパターンを創発するものがシステム的イノベーションであると述べている（同書7頁)。システム的イノベーションによって既存の資源の中には陳腐化してしまうものがあり，それと同時に製品の生産において従来は適用されていなかったケイパビリティの利用が必要となる場合がある。このケイパビリティを獲得するためのコーディネーションを行う際に，市場を利用するか，集権的な階層組織を利用するかを検討する必要がある（同書8頁)。必要な時に必要なケイパビリティを有していなければ，それを保有する所有者に対して情報提供を行ったり，説得する必要があり，創造的破壊によるケイパビリティの獲得にかかる費用を「動的」取引費用と概念化して，ケイパビリティの再配置に伴うコーディネーション問題の解決を図ろうと試みるのである（同書同頁)。企業が所有するケイパビリティの相対的価値は知識によって支えられており（同書10頁)，ケイパビリティ論や資源ベース論が主張していることと同じく，組織を結合する特異的シナジーに関わる資源は獲得や移転が困難な知識という形態を採ることが多く，特異な知識や行動の仕方が組織としての企業の中心にあることを論じている（同書26-32頁)。

　先に提示した修正された制度論的ミクロ・マクロ・ループ（図表8－2）の枠

▶図表8-4　経済ケイパビリティの進化論におけるミクロ・マクロ・ループ

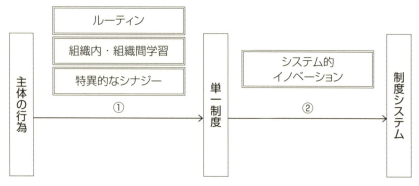

出所：筆者作成。

組みでLangloisらの主張を再解釈すると，企業が組織内や組織間の学習を通じて知識を獲得し，保有する知識に基づく行為やルーティンの積み重ねが特異なシナジーを生み出すと，企業に独自のケイパビリティや制度を生み出し（①），システム的イノベーションによって補完性のある制度に変化が及ぶことにより，制度のマクロ的効果にも変化が生じる（②）。こうしたイノベーションによって制度システムの評価基準が変更されると，翻って単一制度に影響を及ぼし，既存の制度は陳腐化することが述べられているが，既存の制度と新しい制度との調整や，単一制度が行為主体の行動に及ぼす影響については十分に議論されている訳ではない。経済ケイパビリティ研究では，ミクロの行為主体である企業がいかに学習を通じて知識や習慣を生み出し，それがルーティン化することで制度を生成するか，主体の行為から単一制度（①），そして制度システムへ向かうミクロからマクロへの方向性（②）に力点が置かれて制度生成が議論されているといえよう。

　Langloisらが経営戦略論の資源ベース論やケイパビリティ論を参照しているように，ミクロからマクロへの制度変容においてルーティンや学習，知識創造は鍵概念である。経済学に比べると制度進化の問題が積極的に取り上げられているとは言い難いが，知識創造や学習の問題は，伝統的に経営学の中でも議論されてきたものであり，その中でも知識や学習を全面的に取り上げた知識ベース論の発展は注目に値する。次節ではその展開を概観してみよう。

3 知識ベース論の理論的展開

(1) 知識のマネジメント論としての知識ベース論

　第4章でも述べられているように，経営学内部では，資源ベース論やケイパビリティ論の成果により，企業のケイパビリティが市場で移転困難であったり，企業間の異質性が生じることの原因として，企業内で醸成された暗黙知や形式知，ルーティンの存在が議論されてきている。経営戦略論では「知識」のマネジメントに関心が集められており，こうした一連の研究が知識ベース論として認識されている。

　経営戦略論において，Prahalad & Hamel［1990］やHamel［1991］によるコア・コンピタンス論が登場したことにより，組織学習が注目されるようになった。コア・コンピタンス理論は，ケイパビリティや資源の蓄積・活用プロセスに注目しており，このプロセスにおいて組織学習は非常に重要な役割を果たす(Prahalad & Hamel［1990］, Zolo & Winter［2002］)。企業間で情報の共有や移転が起こることにより，知識連鎖が形成されて組織間学習が行われ，それが知識創造に発展して企業革新をもたらすというのが組織間学習理論の視点であり（安田［2006］24頁），組織内や組織間におけるルーティンや学習が取引制度の進化にどのような影響を与えるかという点について議論されている。資源ベース論が企業を経営資源の束と考えるのに対し，企業を知識の束と捉える立場が知識ベース・アプローチと分類されている（今野［2007］370頁）。

　知識ベース論は近年影響力を持ちつつある研究領域であり，とりわけKogut & Zander［1992］［1993］およびGrant［1996a, b］が主導的な役割を果たしている。知識ベース論は，資源ベース論，組織ケイパビリティ論，そして組織学習研究の成果を取り込みながら，知識がケイパビリティを創造するために統合されるメカニズムを分析する研究群として，知識ベース論を同定するのである（Grant［1996b］p.110）。以下ではB. KogutとU. ZanderおよびR. M. Grantの知識ベース論の理論内容を整理することにしよう。

(2) 知識ベース論の構成概念

① 社会的コミュニティとしての企業

　KogutとZanderによれば，知識はまず組織の構成メンバーによって個人的に獲

得されるが,それが組織内で共有されたり結びつけられることによって社会的知識となる。しかし,企業の知識は保有されるだけでは持続的な競争優位に結びつかず,さまざまな異質の知識を組み合わせて統合することで他社が模倣することのできない強みが形成され,持続的な競争優位を獲得することにつながる(Kogut & Zander [1992] pp.383-385, 388-390)。KogutとZanderの主張は,Nelson & Winter [1982] で示されたような進化経済学におけるルーティンの概念や,野中・竹内 [1996] の組織間学習理論,Nonaka & Takeuchi [1998] で定式化されたSECIモデルの成果を参照しながら,企業を異質的な知識からなる実体として概念化している。そして,知識と学習は補完的な関係にあり,企業が知識を開発すると,さらにより一層多くを学習することができ,すでに知識優位を獲得している組織は,そうでない組織と比べると多くの学習機会を得ることになる(Kogut & Zander [1992] pp.386-393, [1993] pp.632, 637)。

　企業組織は,個人に還元することが不可能であるような組織化原理によって構造化された,諸個人の自発的な行動からなる社会的コミュニティとして存在する(Kogut & Zander [1992] p.384, [1993] p.627)。企業はその内部で製品やサービスを経済的に利益あるものにするように個人的または社会的な専門知識を変容し,それを実現するような知識を創造したり移転するための効率的なメカニズムとして機能するのである (*ibid.*)。企業とは,知識の貯蔵庫であり,いかに情報やノウハウがコード化され,構成メンバーの行動がコーディネートされるかが問題とされるのである(Kogut & Zander [1993] pp.626-627)。

②　高次の組織化原理と結合ケイパビリティ

　また,企業はその内部にある知識を統合する組織化原理を必要としており,それが高次の組織化原理と定義されている。高次の組織化原理にとって重要なことは,その組織メンバー,または組織間で知識自体を共有することよりはむしろ,それらを解読するコードや言語が共有されることであり,このことで資源が獲得されたり,取引が実践されたり,または協力関係を構築することが可能になる(Kogut & Zander [1992] pp.389-390)。こうしたメカニズムが働く組織内では協力関係が実現して特異なケイパビリティが形成され,特異な知識を有すことで優位性が生まれる(Kogut & Zander [1993] pp.626-627)。知識を特殊な形でコード化し,さまざまな知識を結合する能力が競争優位の源泉をもたらすのであり,こうした能力はKogutらによって結合ケイパビリティ(Combinative Capabilities)

と定義されている。

③ 知識のコード化

　組織内の知識を結合させるためには，それをコード化することが有効である。知識を解読するためのコードが共有されることにより，企業内の特定部門内にとどまらず部門間，または提携している他企業との間でも知識を普及させることが可能になる。コード化によってこうした知識移転のコストを低減させることが可能となるが，他方では望ましくない模倣が容易になるという弊害もある。こうした問題は複製のパラドクス（the paradox of replication）として認識されている（Kogut & Zander［1992］p.390）。知識を移転するコードが企業間で異なれば，当該知識を活用したり理解するケイパビリティに相違が生まれる。成功的にコード化することができれば移転のコストが低減するが，この移転のコストの大小は知識の特性に加えて，その知識の採用者の学習能力にも関係する。過去に組織内で行われた知識移転の経験は，その後の知識移転を促し，過去の経験を通じた内部移転はその企業に特異なやり方でコード化することを可能にする（Kogut & Zander［1993］p.632）。

　企業の知識移転のコストは，過去の経験や学習に関係しており，標準化された評価システムや手続きが知識や価値の共有を促し，組織内での知識移転を容易にする。他方で，一度でも外部の使用者に向けた移転を目的に知識がコード化されると，外部への移転が容易になり，好ましくない第三者への技術移転が起きるという問題も生じる（同書）。すなわち知識のコード化は，望ましくない模倣や漏洩を防ぐような方法で実践される必要があり（Kogut & Zander［1993］p.637），特にコード化が困難であるような暗黙的・複雑性を伴う知識をいかにコード化し移転させるかは，組織デザインの問題と密接に関連している。

④ 組織デザイン

　知識の統合は諸個人が有す単一のタスクに関する知識を統合する低次のものから始まり，複数のタスクを統合する段階，そしてそれらのタスクに必要なより広範囲の機能を統合する段階，さらに複数の機能を横断的に統合する高次の段階へと進み，企業内で知識が組織ケイパビリティによって統合されるのである。トップ・マネジメント，ミドル・マネジメント，ロワー・マネジメントなど統合される段階によって求められるケイパビリティの特性は異なる。これはケイパビリ

ティの階層性と定義されており（Grant［1996a］p.378），組織ケイパビリティに基づいて形成された階層性を意味する。権限によって形成される階層組織がトップダウンの意思決定になるのに対して，ケイパビリティに基づく階層では諸個人が持つ知識から始まり，それらがより高次のものに統合されていくため，ボトムアップの意思決定になる（Grant［1996a］p.384）。組織のメンバーはコミュニケーションを通じてインタラクションすることによって自然と組織的なルーティンを習得する。こうしたルーティンの確立も，知識統合のメカニズムなのである。知識統合のためには，いかにして多くの専門的な知識を調整するか，すなわち知識のコーディネーションが問題になるのであり，知識の移転や統合が企業内に内部化されるか，市場契約か，関係的な契約かを決定する必要がある。

　Kogutらは，企業の有す技術がより複雑かつ暗黙的なものであれば，企業内で知識移転されると提唱している（Kogut & Zander［1992］pp.394-395,［1993］pp.627, 632, 636-638）。Kogut & Zander［1992, 1993］は，企業の存在を市場の失敗に起因して理解する方法を否定し，市場が失敗するから企業が存在するのではなく，企業が独自の優位性を有しているために企業が存在すると主張する（Kogut & Zander［1992］pp.394-395,［1993］pp.627-630）。そして，make-buy問題に対するKogutらの回答は，make，すなわち内製が優位性を発揮するオプションであると提唱するのである（Kogut & Zander［1993］pp.636-638）。既述のように企業は社会的コミュニティであり，従業員の協力を前提として，高次の組織化原理や結合ケイパビリティが生み出されるため，企業内ではコード化が困難であるような特異な知識を迅速かつ効率的に創造・移転することができるのである。

　Grant［1996b］は，基本的にKogutらの主張と同じく知識のコーディネーションが内部化によって行われることを主張しているが（p.114），一方で，Grant［1996a］では，製品の中に埋め込まれているような知識を移転する場合，市場取引が有効になる場合があるということを主張している（p.383）。さらに，中間的な形態として，戦略的提携やより広範囲におよぶ企業間ネットワークにおいても知識移転が可能になる条件をあげている。それは知識が製品に埋め込まれていないために市場取引は選択できないものの，その企業の製品の適否が不確実であり，企業内にその生産者を内部化するべきかどうか，判断がつかないような場合は，企業ネットワークが知識の移転に適している。すなわち，企業の提供する製品と知識基盤との適合性が明確ではない場合には，このような関係的な契約が有効性

を発揮するという (*ibid.*)。また,極めて競争が激しい時 (Hypercompetition) にも,このような製品と知識の結びつきが不明瞭になったり,企業の知識基盤を拡張するスピードを速めねばならないことがあり,こうした状況の下では関係的契約が選択される (Grant [1996a] p.384)。こうして,知識移転を実現するための組織デザインに関する議論は,内部化に限定されることなく,市場または関係的契約を選択肢に含む形で展開され,それらが選択される状況が分析されている点においてGrantはKogutらの議論を一歩先に進めたことが評価できよう。

以上のような知識ベース論の議論の射程を,修正された制度論的ミクロ・マクロ・ループに適用すると図表8-5のとおりである。知識のコード化によって学習が促され,行為がルーティン化する。そして知識の統合を実現するものが結合ケイパビリティであり,新たな組織ケイパビリティはイノベーションによって生み出される。組織ケイパビリティは組織階層のさまざまな段階において生じるが,これらもまた結合ケイパビリティによって統合される。こうした企業内の主体の

▶図表8-5　知識ベース論のミクロ・マクロ・ループ

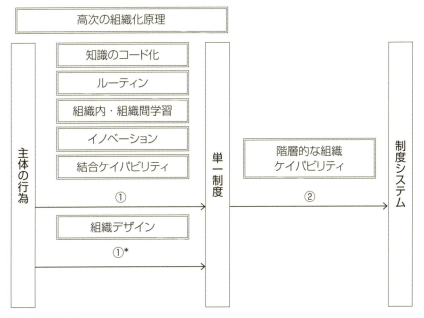

出所：筆者作成。

行為は，企業が有す高度な組織化原理によって協調的な方向性が担保されている。これまでの議論と異なる点は，知識ベース論においては人為的な制度発生，すなわち組織デザイン的な制度変革（①*）の議論が明確になされていることである。階層組織においては経営者がトップダウンで制度変革を行うことがあり，その点が制度変化の1つの重要な要素となっている。知識ベース論においては，行為主体が学習や知識創造を通じて制度を生成する側面に力点が置かれており，それを実現するための概念としての高次の組織化原理が前提とされている。しかし，制度システムから制度へ（③），制度から主体の行為への影響（④）については十分に考慮されているとは言い難い。

　近年，経営学における知識ベース論と問題意識を共有して，マーケティング研究の領域でも，交換，すなわち市場取引または組織取引における学習や知識創造の問題が取り上げられるようになっている。次節ではマーケティング研究における展開を分析することとしよう。

4　マーケティング研究における知識問題

　マーケティング研究は，消費者志向というマーケティング・コンセプトの下，消費者あるいは顧客にその焦点を置いて，市場の細分化によるターゲットである消費者ニーズへの対応，すなわち適応型のマーケティングを強調してきた（堀越［2014］105頁）。マーケティング研究では，消費者を取り巻くミクロ環境や制度的な制約の下で消費者がいかに行動するか（③），さらには，種々の制度システムからなるマクロ環境がミクロ環境にいかなる影響を及ぼすか（④）ということに関心が向けられてきたと言える。

　マーケティング研究の中では，前節までに議論してきたような知識や学習に多くの関心が向けられてきたとは言い難い（Morgan et al.［1998］p.354）が，近年では，学習や知識創造を通じて，主体の行動があらたな制度を作るプロセス（①）に関心を向ける研究が部分的に散見されるようになっている。チャネル・メンバー間の主体的な組織間学習によって新たな取引制度を創出する試みや，消費者が協働的に企業のマーケティング活動に参画して新たな知識やルーティンを生み出す実践，さらには，消費者に適応するだけでなく潜在的なニーズを満たすイノベーションを生み出し市場を先導するようなマーケティング活動への関心の高まりなどにより，知識や学習を主題とした議論が出現しており，こうした潮流

が(1)チャネル研究,(2)協働型マーケティング研究,(3)市場志向研究の3つの研究群の中に見出される。以下,それぞれの研究について,その主張内容を概観しよう。

(1) チャネル研究における知識問題

チャネル研究では垂直的な組織間関係が問題とされてきたが,そこではパワー論に代表されるようにチャネル・リーダーがその他の主体をいかに統制するか,または管理するかといったことが論点となってきた。所与のパワー構造の下で,チャネル・メンバーがどのように行動するか,すなわち制度システムから単一制度へ(③),単一制度から主体の行為へ(④)という方向性で議論が展開していたと言える。

しかしながら,製造業者と流通業者の間の垂直的な関係における協調的な関係性の構築に関するチャネル研究では,特にその取引制度の設計や進化に関する問題が議論されており,新制度派経済学や経営戦略論と問題を共有しながら組織間関係のコーディネーションが重要な論題となっている。コーディネーション問題とは,取引当事者間の資源配分や役割分担の調整に関わる問題であり,マーケティングの文脈ではチャネル・メンバー間の役割分担の調整や,目標・役割に関する認識の不一致の解消,そしてイノベーションや環境変化によって生じるチャネルの再編成などが,チャネル研究の重要な理論的問題として議論されてきた(渡辺他(編者)[2011] 37頁)。

特にチャネル関係においては交換の場として市場を重視するというよりはむしろ,流通系列化のような比較的組織取引に近い拘束的な取引制度から,緩やかな戦略提携といった取引制度にいたるまで,多様なバリエーションが議論されてきた。近年ではパートナーシップや戦略提携といった取引相手との柔軟な関係性を構築する取引制度が選択される傾向が強く,その方法は製品の共同開発やサプライチェーンの共同構築といったものが多く見られ,こうした議論のなかで取引相手との学習や知識の創造が強調されている(戸田[2014])。

Lukas et al. [1996] は,組織内学習と比べて,マーケティング・チャネルの組織間関係が高度に複雑で不確実な環境の下で行われていることを指摘し,組織内学習の枠組みを援用しながら,チャネル関係における学習として適応による学習,仮説共有による学習,知識基盤の発展による学習をあげ,チャネル・メンバーの

学習がどのような組織間関係の要因によって影響を受けるかを考察している。Selnes & Sallis［2003］では，組織間学習と組織内学習は異なる特性を持つことを前提として，関係的学習を促進することによって，チャネル関係における機会主義的行動を抑制し，組織間関係を向上させることを議論している。取引費用論とは異なり，学習に関する研究においては，環境の不確実性は組織間学習を促す要因として考えられ，また取引特殊的資産の存在は，それをセーフガードするために学習を促し，こうした学習アプローチに基づくと，不確実性や資産特殊性が高くても組織間学習が作用することによって取引費用は必ずしも高くなるわけでは無いことが議論されている（渡辺他（編著）［2011］49頁）。しかしながら，こうしたチャネル関係において学習や制度進化が存在することは指摘されているが，その学習のプロセスはブラックボックスのままであることが，このアプローチの問題点として指摘されている（同書50頁）。

（2）協働型マーケティング研究における知識問題

　顧客側から積極的に企業の市場適応活動に参加するマーケティング活動に着目し，それを協働型マーケティングとして定式化したのが上原［2002］である。情報化の進展により，企業と消費者の情報格差が縮小して，従来の操作型のマーケティングが効力を発揮しなくなったことが協働型マーケティングの背景として指摘されている。上原［2002］によると，協働型マーケティングにおいては，消費者は自らの生活情報をベースとし，企業は保有する資源をベースとして，双方がそれぞれに相手の機能に依存しつつ，新しい価値を協働して創り出す（13頁）。新しい価値の創造は企業間の関係においてもなされており，たとえば戸田［2011］では，スナック・メーカーの事例において，取引相手である小売業者との定期的になされる商談とは別に設定されるプランニング・ミーティングを通じて，販売促進計画の情報共有や新商品のアイディアの創発がなされることが明らかにされている。

　協働型マーケティングの概念は，S-Dロジックに親和性を持つ研究（小野他［2013］）とも問題意識を共有しており，企業と顧客の共創志向性という概念を導入して（8頁），その知識の共創プロセスを分析している。藤川・小野［2013］では，知識の国際移転プロセスにおいて，公文式の事例を分析することを通じ，形式知（全世界の公文式教室において守らねばならない最低限のルール：A層）と

暗黙知（指導者が自教室における自らの指導経験を通じて蓄積する知識：C層）の間の中間層に，複数の指導者事例について研究会を通じて蓄積する知識が存在する（B層）ことを発見し，脱コンテクスト化と再コンテクスト化の繰り返しが暗黙知のC層において生じるだけでなく，暗黙知と形式知の中間に位置するB層と暗黙知のC層の間において頻繁に行われることを明らかにし，その中間的なB層の役割の重要性を主張している。知識移転のプロセスにおいて，知識の特性に加え，脱コンテクスト化能力と再コンテクスト化能力が果たす役割が非常に重要であることが議論されている。

（3）市場志向研究における知識問題

　市場志向研究を先導したKohli & Jaworski［1990］は，マーケティング・コンセプトは広く認知されている概念であって，マーケティング研究の中核をなしているにもかかわらず，これまで明確に定義されることもなく使用されてきたことを問題視し，市場志向（market orientation）の構成概念を明示した上で，これが企業の業績に与える効果を経験的に測定することを試みている（Kohli & Jaworski［1990］, Jaworski & Kohli［1993］）。Kohliらは，マーケティング・コンセプトの実行を意味するものとして市場志向を規定し，「市場志向は，既存および将来の顧客ニーズに適合的に組織全体でマーケット・インテリジェンスを創出することであり，部門横断的にインテリジェンスを普及させ，また組織全体でそれに対応すること」（Kohli & Jaworski［1990］p.6）と定義している。

　Kohliらと類似の問題意識の下で市場志向研究を推進したJ. C. NarverとF. S. Slaterは，顧客に継続的に優れた価値を提供するために必要な行動を最も効果的かつ効率的に創造する企業文化として市場志向を理解している[9]（Narver & Slater［1990］, Slater & Narver［1994］［1995］）。市場志向をマーケット・インテリジェンスの創出や普及とするKohliらの定義を踏襲した上で，顧客や競争企業に関する情報の価値は企業の中で部門横断的に共有されたときに最大になると指摘し，統合された価値創造の努力が比較的高い収益性や売上高，そして新製品開発をもたらしていることを経験的に実証している（Slater & Narver［1994］）。

　この「統合された価値創造の努力」を実現するのが知識創造であるとして，Slater & Narver［1995］は，市場志向研究の焦点を組織学習に移行させるのである。彼らは，有効な組織とは競争優位の基礎となる知識を発展させるような組

織形態であると主張して，市場志向とは「組織学習の文化的基礎を提供するもの」であると述べ（Slater & Narver [1995] pp.63, 67），学習による知識の創出をマーケティング研究の重要な主題と認識している。そして，Senge [1990] による適応的学習（adaptive learning）と創発的学習（generative learning）という二種類の学習タイプを参照して，市場志向における学習理論を展開するのである。適応的学習は既存顧客のニーズに適応的であるよう顧客から学ぶ受動的な学習スタイルで，細かな顧客ニーズに対応して製品ラインを無用に拡張したり，またイノベーションを阻害するような「コア・リジディティ」を生み，Hamel & Prahalad [1991] で提唱された「既存市場の専横（Tyranny of the served market）」[10]をもたらす可能性を有している（Slater & Narver [1995] pp.64-67）。他方の創発的学習は，企業が長期的に確立してきたそのミッションや顧客，ケイパビリティおよび戦略を意欲的に問い直し，既存顧客のみならず潜在顧客のニーズも掘り起こすような，新製品やイノベーションを生み出すために従前のやり方を創造的に破壊していく能動的な学習スタイルである。Slaterらは，新たな市場機会を創出するために，リスクを伴う後者の学習こそが企業に競争優位をもたらすものと主張し，企業は適応的学習のみならず創発的学習を実践することが重要であると述べている（*ibid.*, pp.67-68）。

　しかし，こうしたSlaterらの市場志向に関する議論は，Christensen & Bower [1996] が「顧客の声を聞きすぎることによって既存市場の専横が起き企業は失敗する」と指摘したことによって挑戦を受け，市場志向の是非をめぐりStrategic Management Journal上で新たな論争が展開された。Slater & Narver [1998] は，Christensenらの指摘が市場志向の中でも顧客主導（customer-led）の哲学にあたり，市場主導（market-oriented）[11]ではないとして，前者を反応型（responsive），後者を先行型（proactive）と規定し，前者は適応的学習を，後者は創発的学習を行うものであると整理した上で，反応型市場志向はマーケティング・マイオピアや「既存市場の専横」を生みやすいが，先行型市場志向は競争者にとって模倣困難であり競争優位の源泉を生むことを強調してChristensenらの主張を退けた[12]。Slaterらの市場志向研究では，先行型市場志向による創発的な学習の意義が強調されているが（Slater & Narver [1998] [1999], Narver, Slater & Maclachlan [2004]），他方でそれは極めて偶発的なものであると考えられており（Slater & Narver [1995] [1999]），偶発性に依存していてはさらなる理論化は困難になる。いかにして適応的学習や創発的学習を生み出すか，またその学習メカニズムはい

かなるものであるか，解明が求められているといえよう．

　本節を締めるにあたり，これまでの議論を整理しよう．伝統的なマーケティング・マネジメント研究やチャネル・パワー論などにおいては，制度論的ミクロ・マクロ・ループのなかの③や④に研究の焦点が当てられてきたが，知識創造や学習に焦点を当てるチャネル研究，協働型マーケティング研究，そして市場志向研究では，図表8－6で示された①のプロセスにおけるさまざまなタイプの学習プロセスを通じて，新たな顧客対応の仕方や新製品開発の方法などのルーティンや制度を生み出すプロセスを解明する試みがなされているといえる．しかしながら，行為主体がいかにして学習のプロセスに参画し知識創造を行うか，そしてそれがいかに制度生成を実現するか，より精緻な学習のプロセスの解明が求められる．また学習を通じて生成された単一制度がより広い制度システムといかに結びつき影響しあうか（②），という点の分析も必要である．そして制度システムが単一制度に（③），単一制度が主体の行為にいかなる影響を及ぼすか（④），こうした

▶図表8－6　マーケティング論における制度論的ミクロ・マクロ・ループ

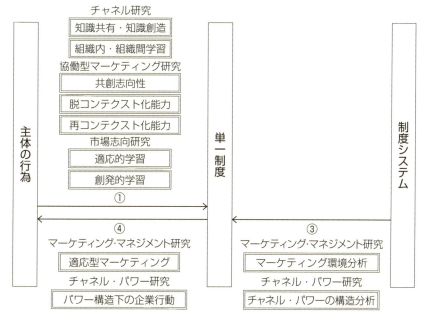

出所：筆者作成．

プロセスも分析が求められる課題であるといえる。また，さらに伝統的なマーケティング・マネジメント研究やチャネル・パワー研究で議論されてきた③や④の論点との結びつきもまた，考慮されるべき点であろう。

しかしながら，この価値共創や知識創造のプロセスを学習という観点から分析する視角は，チャネル・メンバー間のB2Bの文脈においても，企業―顧客間のB2Cの文脈においても適用可能な重要な理論的課題であり，今後の展開が大いに期待される領域である。

5　おわりに

本章で議論したことは以下のとおりである。

1) 第2節では，制度の経済学の1つである新制度派経済学では，市場における交換行為に代わるコーディネーション・メカニズムとして組織取引を分析対象としたが，そこでは制度進化の視点が欠如していたことを指摘した。そして制度進化に関する進化論的な制度の経済学の中で提唱された制度論的ミクロ・マクロ・ループを提示した上で，その図式に修正を施した。これを元に比較制度分析は制度の主体←単一制度←制度システム（③から④）という側面に力点をおいて分析されていたことを指摘した。そして経済ケイパビリティの進化論ではルーティンや学習，知識に関する議論を通じて，比較制度分析が十分に議論し得なかった主体→単一制度→制度システム（①から②）の方向性で議論が展開していることを明らかにした。

2) 第3節では，経営戦略論の中で，企業を知識の束と考える立場である知識ベース論の展開を再構成した。その構成概念として高次の組織化原理と結合ケイパビリティ，知識のコード化，そして組織デザインに関する分析内容を整理した。知識ベース論では，主体の行為が知識のコード化や学習，ルーティン，ケイパビリティの統合を通じていかに制度を作り出すか，すなわち主体→単一制度（①および①*）のプロセスを強調させる形で研究が進展していることを明らかにした。

3) 第4節では，マーケティングにおける知識創造や学習をめぐる議論を通じて，制度進化問題への取り組みを分析した。ここで取り上げられたチャネル研究，協働型マーケティング研究，市場志向研究はいずれも，第3節における知識ベース論と同じくミクロ的な主体間の学習プロセスに関心を抱

いていることを明らかにした（①）。こうした価値共創や知識創造のプロセスを学習という観点から分析する視点がB2Cのみならず，B2Bの研究にとっても将来性のある研究視角を提供するであろうことが指摘され，この学習に取引に関わる主体をいかに引き込み，動機づけることができるかという点に関する分析と，ミクロ・マクロ・ループにおける②，③，④の領域との結びつきが，今後検討されるべきであることを指摘した。

4）マーケティング研究においては制度的ミクロ・マクロ・ループや制度進化の問題が正面から取り上げられているとは言いがたく多くの課題を残している。続く第9章においては，このミクロ・マクロ・ループを連関させ，マーケティングにおける交換の一般理論を構築する先駆的な試みとしてAldersonによる成果が考察される。

〔注〕
1 社会主義計算論争については，Caldwell［2004］Chap.10，Hunt［2000］Chap.7に詳しい。
2 取引費用理論の議論は市場か組織かという単純化された二項対立に留まらず，その中間形態である中間組織を対象とする研究に拡大している。この点については，戸田［2014］を参照されたい。
3 取引費用理論における「市場」とは取引相手との1回限りの取引を意味しており，主流派の経済学とは異なり，こうした市場を利用するためには費用がかかることを想定している。その費用とは，第一に相手を探すための探索費用，第二に相手と交渉するための交渉費用，第三に相手が契約通りの取引内容を履行するかどうかを監視するための監視費用である。
4 所有権理論は市場における外部性に注目し，所有権を市場において移転，譲渡，獲得するためにかかる費用を問題にする。資源の所有権を帰属させる所有権制度の形成を議論している。そして，エージェンシー理論は市場においてモラル・ハザードや逆選択が発生することにより，非効率が発生することを問題とし，プリンシパルがエージェントに対して，いかに動機づけるかを問う理論である。新制度派経済学を構成する諸理論の詳細については丹沢［2000］，菊澤［2006］，渡辺他（編著）［2011］を参照されたい。
5 進化論的な経済学は，ゲーム理論の成果を応用して進化ゲーム論の観点から経済システムの変革を議論する学派も含むが，ここではVeblenからHodgsonへ継承された進化論的な経済理論の展開をもって進化論的な経済学と定義している。

進化ゲーム論の経済分析については青木・奥野［1996］を参照されたい。
6　伊藤［1996］によれば，Veblenの想定する経済人としての姿は，製作本能を始めとする人間の所属性が状況に応じて徐々に淘汰され，特定の環境に適した特性が次々と現れるというものである（227頁）。ある現象は累積的に積み重ねられていく複合的な因果連鎖の1つの局面にすぎず，それが次にどのように変化するかは偶発的に決定されるとして，主流派経済学の状況決定論的なアプローチを批判するのである（伊藤［1996］226頁）。
7　Nelson & Winter［1982］とVeblenの発想には多くの類似点があるが，Nelson & Winter［1982］はVeblenの成果を何ら参照していない点をHodgson［1988］は疑問視している（邦訳151頁，脚注7）。
8　ルーティンとケイパビリティの違いについて，Langloisらは以下のように述べている（Langlois & Robertson［1995］p.30）。ルーティンとは，ある組織が実際に行っていることを表すのに対して，ケイパビリティは組織がさらに資源の再配分を行えば実現できるようになるかもしれないことを含んでいる。企業のルーティンはケイパビリティの部分集合であり，企業の実現可能な事柄に影響を及ぼす。
9　Narverらは，市場志向の構成要素を顧客志向，競争志向，部門間調整の3つに定式化している。この議論については，Narver & Slater［1990］を参照されたい。
10　「既存市場の専横」とは，企業が既存の事業範囲に固執して，その事業単位を狭く規定することによって，新たな事業領域へ進出する機会を逸するということである。詳しくはHamel & Prahalad［1991］p.83を参照されたい。
11　さらに，従前使用されてきたmarketing-orientedという用語についても触れており，これが企業内のマーケティング部門においてのみ顧客への価値創造を行うのに対して，market-orientedな企業は部門横断的に価値創造を実践するという違いを述べている（Slater & Narver［1998］p.1003）。
12　Connor［1999］は先行型市場志向を強調するSlaterらの主張に対して，どちらか一方の市場志向を選択するというのは現実的ではないと批判するが，Slater & Narver［1999］は反応型市場志向だけでは競争優位が生まれないとして，先行型市場志向が必要であると述べているのであって，二者択一の議論ではないと反論している。詳しくはSlater & Narver［1998］［1999］およびConnor［1999］を参照されたい。

〔参考文献〕

青木昌彦［2001］*Towards a Comparative Institutional Analysis*, Massachusetts Institute of Technology.（瀧澤弘和・谷口和弘訳『比較制度分析に向けて』NTT出版株式会社）

青木昌彦・奥野正寛［1996］『経済システムの比較制度分析』東京大学出版会。

伊藤誠［1996］『経済学史』有斐閣。

猪口純路［2012］「市場志向研究の現状と課題」『季刊マーケティングジャーナル』第31巻第3号, 119-131頁。

上原征彦［2002］「情報化とマーケティングの進化」『Journal of the Japan Society for Management Information』第11巻第3号, 12月, 5-15頁。

海老塚明［1998］「社会経済システムへの制度論的アプローチ」『社会経済システムの制度分析—マルクスとケインズを超えて』名古屋大学出版会, 1-28頁。

小野譲司・藤川佳則・阿久津聡・芳賀麻誉美［2013］「共創志向性—事後創発される価値の原動力」『日本マーケティング・ジャーナル』第33巻第3号, 5-31頁。

菊澤研宗［2006］『組織の経済学入門—新制度派経済学アプローチ』有斐閣。

菊澤研宗・野中郁次郎［2011］「知識ベース企業の境界設定, 取引コスト理論を組み入れたSECIモデルの展開」『一橋ビジネスレビュー』SUM, 108-123頁。

今野喜文［2007］「イノベーション創出と提携能力の構築—戦略的提携と知識ベース・アプローチの関わりから」『三田商学研究』第50巻第3号, 8月, 365-383頁。

嶋津格［1985］『自制的秩序』木鐸社。

丹沢安治［2000］『新制度派経済学による組織研究の基礎—制度の発生とコントロールへのアプローチ』白桃書房。

戸田裕美子［2011］「メーカーのチャネル戦略における関係ケイパビリティの構築—カルビー社のプランニング・ミーティング」『流通チャネル—新制度派アプローチによる新展開』渡辺達郎他編, 有斐閣, 142-161頁。

─────［2014］「戦略的提携研究の諸問題」『戦略的マーケティングの構図—マーケティング研究における現代的諸問題』同文舘出版, 68-91頁。

西部忠［2006］「進化主義的制度設計におけるルールと制度」『経済学研究』北海道大学, 第56巻第2号, 133-146頁。

野中郁次郎・竹内弘高［1996］『知識創造企業』東洋経済新報社。

藤川佳則・小野譲司［2013］「サービス・グローバリゼーション—脱コンテクスト化と再コンテクスト化による知識移転プロセス」『日本マーケティング・ジャーナル』第33巻第3号, 72-92頁。

堀越比呂志［2014］「競争戦略研究の諸問題」『戦略的マーケティングの構図

KMS研究会監修,堀越比呂志編著,同文舘出版,92-116頁。
安田洋史［2006］『競争環境における戦略的提携,その理論と実践』NTT出版。
矢作敏行［2006］「知識ベースの小売国際化論に向けて―文献レビュー」『経営志林』第43巻第1号,4月,1-24頁。
渡辺達朗・久保知一・原頼利編著［2011］『流通チャネル論―新制度派アプローチによる新展開』有斐閣。
Caldwell, B. [2004] *Hayek's Challenge, An Intellectual Biography of F. A. Hayek*, The University of Chicago Press, Chicago and London.
Christensen, C. M. & Bower, J. L. [1996] "Customer Power, Strategic Investment, and the Failure of Leading Firms", *Strategic Management Journal*, Vol.17, pp.197-218.
Conner, K. R. [1991] "A Historical Comparison of Resource-Based Theory and Five Schools of Thought within Industrial Organization Theory: Do We Have a New Theory of the Firm", *Journal of Management*, 17, pp.121-155.
Connor, T. [1999] "Customer-led and Market-oriented: A Matter of Balance", *Strategic Management Journal*, Vol.20, pp.1157-1163.
Deshpande, R., & Webster, F. E. [1989] "Organizational Culture and Marketing: Defining the Research Agenda", *Journal of Marketing*, Vol.53, January, pp.3-15.
Foss, N. J. [1996] "Knowledge-Based Approaches to the Theory of the Firm: Some Critical Comments", *Organization Science*, Vol.7, No.5, September-October, pp.470-476.
―――― [2005] *Strategy, Economic Organization, and the Knowledge Economy, The Coordination of Firms and Resources*, Oxford University Press, New York.
Foss, N. J. & Loasby, B. J. ed. [1998] *Economic Organization, Capabilities and Co-Ordination, Essays in Honour of G. B. Richardson*, Routledge, Oxon, UK.
Grant, R. M. [1996a] "Toward a Knowledge-based Theory of the Firm", *Strategic Management Journal*, Vol.17, Winter Special Issue, pp.109-122.
―――― [1996b] "Prospering in Dynamically-Competitive Environments: Organizational Capability as Knowledge Integration", *Organization Science*, Vol.7, No.4, July-August, pp.375-387.
Hamel, G. [1991] "Competition for Competence and Inter-Partner Learning within International Strategic Alliances", *Strategic Management Journal*, Vol.12, pp.83-103.
Hamel, G. & Prahalad, C. K. [1991] "Corporate Imagination and Expeditionary

Marketing", *Harvard Business Review*, 69, July/August, pp.81-92.
Hayek, F. A. [1945] "The Use of Knowledge in Society", *American Economic Review*, XXXV, No.4, September, pp.519-530. (田中真晴・田中秀夫訳『市場・知識・自由』ミネルヴァ書房, 52-76頁, 1986年)
───── [1973] *Law, Legislation and Liberty, Volume 1: Rules and Order*, Routledge & Kegan Paul, London and Henley. (矢島鈞次・水吉俊彦訳『法と立法と自由Ⅰ. ルールと秩序〈新版ハイエク全集第Ⅰ期第8巻〉』春秋社, 2013年)
Hodgson, G. M. [1988] *Economics and Institutions: A Manifesto for a Modern Institutional Economics*, Tessa Sayle Agency, London. (八木紀一郎他訳『現代制度派経済学宣言』名古屋大学出版会, 1997年)
───── [1993] *Economics and Evolution, Bridging Life Back into Economics*, University of Michigan Press. (西部忠監訳『進化と経済学―経済学に生命を取り戻す』東洋経済新報社, 2003年)
───── [2006] "What are Institutions?", *Journal of Economic Issue*, XL (1), pp.1-25.
Hunt, S. D. [2000] *A General Theory of Competition, Resources, Competences, Productivity, Economic Growth*, Sage Publications, Inc, California.
Jaworski, B. J. & Kohli, A. K. [1993] "Market Orientation: Antecedents and Consequences", *Journal of Marketing*, Vol.57, July, pp.53-70.
Kogut, B. & Zander, U. [1992] "Knowledge of the Firm, Combinative Capabilities, and the Replication of Technology", *Organization Science*, Vol.3, No.3, August, pp.383-397.
───── [1993] "Knowledge of the Firm and the Evolutionary Theory of the Multinational Corporation", *Journal of International Business Studies*, Vol.24, Issue 4, December, pp.625-645.
Kohli, K. A. & Jaworski, B. J. [1990] "Market Orientation: The Construct, Research Propositions, and Managerial Implications", *Journal of Marketing*, Vol.54, pp.1-18.
Langlois, R. N. & Robertson, P. L. [1995] *Firms, Markets and Economic Change: A Dynamic Theory of Business Institutions*, Routledge. (谷口和弘訳『企業制度の理論―ケイパビリティ・取引費用・組織境界』NTT出版株式会社, 2004年)
Lukas, B.A., Hult, G.T.M., Ferrel, O.C.A. [1996] "Theoretical Perspective of the Antecedents and Consequences of Organizational Learning in Marketing Channels", *Journal of Business Research*, Vol.36, pp.233-244.

Milgrom, P. & Roberts, J. [1992] *Economics, Organization & Management*, Prentice Hall, Inc.（奥野正寛・伊藤秀史・今井晴雄・西村理・八木甫訳『組織の経済学』NTT出版株式会社，1997年）

Morgan, R. E., Katsikeas, C. S. & Appiah-Adu, K. [1998] "Market Orientation and Organizational Learning Capabilities", *Journal of Marketing Management*, 14, pp.353-381.

Narver, J. C. and Slater, S. F. [1990] "The Effect of a Market Orientation on Business Profitability", *Journal of Marketing*, Vol.54, October, pp.20-35.

Narver, J. C., Slater, S. F., & Maclachlan, D. L. [2004] "Responsive and Proactive Market Orientation and New-Product Success", *Journal of Product Innovation Management*, Vol.21, No.5, pp.334-347.

Nelson, R. R. & Winter, S. G. [1982] *An Evolutionary Theory of Economic Change*, Harvard University Press, Cambridge, MA.

Nonaka, I. & Takeuchi, H. [1998] "A Theory of the Firm's Knowledge-Creation Dynamics", in Alfred Chandler et al. (eds.), *The Dynamic Firm*, Oxford University Press, Oxford, pp.214-241, Reprinted from *The Knowledge-Creating Company* by Ikujiro Nonaka and Hirotaka Takeuchi, Oxford University Press, Inc., 1995.

Popper, K. R. [1957] *The Poverty of Historicism*, Routledge and Kegan Paul, London.（久野収・市井三郎訳『歴史主義の貧困』中央公論新社，1961年）

Prahalad, C. K., & Hamel, G. [1990] "The Core Competence of the Corporation", *Harvard Business Review*, May-Jun, pp.79-90.

Selnes, F. & Sallis, J. [2003] "Promoting Relationship Learning", *Journal of Marketing*, Vol.67, July, pp.80-95.

Senge, P. M. [1990] *The Fifth Discipline*, Doubleday, New York.

Slater, S. F. & Narver, J. C. [1994] "Does Competitive Environment Moderate the Market Orientation-Performance Relationship?" *Journal of Marketing*, Vol.58, January, pp.46-55.

―――― [1995] "Marketing Orientation and the Learning Organization", *Journal of Marketing*, Vol.59, July, pp.63-74.

―――― [1998] "Customer-led and Market-oriented: Let's Not Confuse the Two", *Strategic Management Journal*, Vol.19, pp.1001-1006.

―――― [1999] "Market-oriented is More Than Being Customer-led", *Strategic Management Journal*, 20, pp.1165-1168.

Spender, J. C. [1998] "The Geographies of Strategic Competence: Borrowing from Social and Educational Psychology to Sketch and Activity and Knowledge-Based Theory of the Firm", in Alfred Chandler et al. (eds.), *The Dynamic Firm*, Oxford University Press, Oxford, pp.417-439.

Veblen, T. B. [1919] *The Place of Science in Modern Civilisation and Other Essays*, Huebsch, New York.

Wenger, E., Mcdermotto, R. & Snyder, W. M. [2002] *Cultivating Communities of Practice*, HBR Press.（野村恭彦監修・桜井裕子訳『コミュニティ・オブ・プラクティス』翔泳社，2002年）

Williamson, O. E. [1975] *Markets and Hierarchies, Analysis and Antitrust Implications*, Free Press.（浅沼萬里・岩崎晃『市場と企業組織』日本評論社，1980年）

Zolo, M. & Winter, S. G. [2002] "Deliberate Learning and the Evolution of Dynamic Capabilities", *Organization Science*, Vol.13, No3, pp.339-351.

第9章
マーケティングの一般理論と交換

1　はじめに

　本章では，第7章におけるS-Dロジックにおける交換理論の可能性の検討と第8章における交換から制度発生に至る検討を受けて，マーケティングの研究伝統である市場交換に焦点を当て，マーケティングの一般理論がどのように形成されるべきかが論じられる。
　まず次節では，マーケティング論のパイオニアたちの研究構想が検討され，マーケティング論のミクロ的展開とマクロ的展開をつなぐ焦点は「交換」にあることが確認される。さらに，P. Kotlerの概念拡張論が検討され，マーケティング論の研究対象が社会的交換にまで拡張されたとしても，あくまでその焦点は市場交換にあることが述べられる。そして最後に，W. Aldersonの提示したマーケティングの一般理論と経済学において同様の展開を示したF. A. Hayekの研究構想が検討され，マーケティングの一般理論がどのような方法論的立場で形成されるべきかが論じられる。

2 マーケティング論のパイオニア達と交換

(1) A.W.Shawの研究構想とミクロ・マーケティング論の研究プログラム

　A.W.Shawをミクロ・マーケティング論の父とすることは学界の定説となっている。それは，早くも1910年代に，戦後の体系的マーケティング・マネジメントの内容を示唆していたからであった。1893年恐慌以後のアメリカにおいては，企業活動において広告とともに製品差別化や補完的販売促進活動といった，販売員による需要刺激とは違った非人格的手段が一般化し，企業間の競争の重点は価格競争から非価格競争へと移行していた[1]。そして，それとともに製造業が流通段階に進出し，いわゆる商業排除傾向が指摘されるようになった。こうした背景のもとで，Shawは，大規模製造業の活動の合理的管理に関心を持ったのである。

　A. W. Shawをミクロ・マーケティング論のパイオニアと位置づけさせた研究業績は，1912年に出版された「市場流通の諸問題」(Some Problems in Market Distribution) と題された論文 (Shaw [1912])，その論文と同じ題名で新たに重要な第1章を付け加えて1915年に出版された著書 (Shaw [1915])，そして翌1916年に出版された『経営問題へのアプローチ』(An Approach to Business Problem) と題された著書 (Shaw [1916])，の3点であるが，Shawのマーケティング論の全体的骨格自体はShaw [1915] においてすでに示されており，Shawをミクロ・マーケティング論の父とする記念碑的著作はShaw [1915] であるといえる。

　Shaw [1915] をミクロ・マーケティング論のパイオニア的著作とする第1の理由は，その論理的一貫性にある。その基礎には，主観的効用に基づいた主流派の経済学からより現実的にシフトした独占的競争理論の考え方が示されており，実際それを本格的に展開したChamberlin [1933] に影響を与えている[2]。すなわちShawにあっては，需要創造に向けての企業活動に最大の関心があり，需要創造→差別化→アイデアの伝達→そのための手段としての中間業者・販売員・広告の選択と結合の合理的管理，といった論理展開が明確なのである。実際，Shaw [1915] の第2章（1912年の論文では最初の章）においては，ブランド品による市場価格以上での販売がますます一般化することを前提に，差別化による需要曲線の右上方へのシフトという形で需要の創造が示されており，さらに，それによ

る企業の利益は「消費者の欲求に対してより正確な製品の調整を可能にしたことへの企業に対する報酬として正当化されるであろう」(Shaw [1915] p.62) と述べられている。Shawは，主流の新古典派経済学理論とは違って，差別化というより現実的な状況を想定し，異質な需要に対し異質な供給を行うことの重要性を指摘したのであり，これはその後も主流派経済学とは異なったマーケティング論独自の研究伝統となっているといえるだろう。

さらに，Shaw [1915] をミクロ・マーケティング論のパイオニア的著作とする第2の理由は，彼のマーケティング理論が，現代的な戦略的マーケティング・マネジメント論の構想を先取りしていたという点であり，それが，Shaw [1915] で追加された第1章と，それをより詳しく説明したShaw [1916] の重要性である。ここで現代的戦略的構想とは，「4Pの計画と具体的実現という戦術的問題を成功させるための事前の安定的場づくりのための分析と対応」(堀越（編著）[2014] 9頁) を意味しており，戦後のマーケティング・マネジメントの展開において戦術的4P活動以外に本格的に拡大を見せた研究領域である。そしてその研究方向は，4Pに影響を与えるどの行為主体に向かっての事前の場づくりなのかという観点から，「1）組織内への対応活動，2）他組織との組織間関係への対応活動，3）市場への対応活動，4）その他関連公衆及び制度的環境への対応活動」(同書10頁)，といった4方向に整理できる。この4つのうち，2）に含まれるチャネル内の協調的企業間関係に関する戦略的構想や3）の市場分析とそれへの対応は，Shawをはじめとする戦前からのミクロ・マーケティング論の中心的研究領域であったといえる。しかし，1）の企業内活動の統合という戦略的構想，2）に含まれる競争的企業間関係に関する戦略的構想，4）のより広い環境対応に関する戦略的構想は戦前において明確に示されてはおらず，まさに戦後に本格的に展開されたミクロ・マーケティング論の戦略的研究領域である。それにもかかわらず，競争戦略論の発想はすでに指摘したShawの論理展開の前提であった独占的競争理論の構想にその先取りの跡が確認できるうえに，1）および4）の方向での戦略的構想の示唆もShawにおいては先取されているのである。

Shaw [1915] の第1章では，企業活動を生産活動，流通活動，助成活動の3つに分類し (p.7)，流通活動をさらに需要創造活動と物的供給活動に分類する (pp.10-11)。その上で，これらの4つのタイプの活動は，施設 (plant) 活動と運営 (operating) 活動に分けられ，施設活動は，立地，建物，設備の3つに，運営活動は，素材（原材料），従業員（労働あるいは機関），組織化の3つに細分化

される (pp.7-9)。そしてこの細分化の中でも，Shawは流通活動，特にその需要創造活動に焦点を当てているのは前述のとおりであるが，「相互依存の基本原理」を主張し，この流通活動の合理化を追求する上では，その部門内の需要創造活動と物的供給活動の関係だけでなく，その他の企業活動との相互依存の関連性を認識した上で，その均衡の重要性を主張するのである（ibid., p.9）。問題は，この企業内活動の統合において，薄井［2010］の指摘する「転倒した関係性」がその内容に認められるかどうかである。すなわち「生産過程・生産技術の優位性こそがすべての基礎であるという伝統的な製造企業の観点から，消費者とマーケティングこそがすべてに優先するという認識への逆転」（p.116）がそこに確認できるかどうかである。この点においてShawは，「重要なことは，顧客の将来のニーズのための購買と提供を工場や販売部門だけでなく組織全体に関連した活動として経営者自身が認識すべきであるという点である」（Shaw［1915］p.30）と言っており，市場志向の理念の下で生産が語られていると思われる[3]。よって，Shawにおける企業内活動における相互依存と均衡の主張は，マーケティングの視点から全企業活動を統合するという，経営者のマーケティング，すなわちマネジリアル・マーケティングの発想の先取りであり，前述の戦略的構想の1）の研究方向を示唆していたといえるだろう。

そして，この相互依存の基本原理と均衡の主張は，企業内部においてだけでなく，企業外部のより広い範囲にまで適用される。Shawは経営者がより広い問題を考える必要があると考え，企業の外部問題を指摘している。それは，企業と直接関係する，顧客，競争業者，労働者団体といった特定公衆との均衡，さらに，世論，法律，政府といった一般公衆との均衡を築くための意思決定問題である（ibid., pp.31-40）。この主張においては，顧客をはじめとするタスク環境への戦術的対応以上の戦略的構想が示唆されているとともに，より広い4）の方向での戦略的構想が示唆されているといえる[4]。

以上のように，Shawのマーケティング理論は，外部の顧客を中心とする市場に対して差別化のアイデアを伝達し需要を創造するという企業の戦術的な外的対応活動を成功させるために，企業の内部活動を統制し，より広い外部環境を戦略的に安定化させる戦略的構想を含み持った研究プログラムであったといえる。それゆえ，F.W.Taylorを始祖としてほぼ同時期に出現し，企業内部の活動の統合に焦点を置いて展開していく経営学とは異なった形で，大規模製造業者の活動全般の管理の体系を提示したとみなせる。このように考えると，マーケティング論

は，経営学の下位理論ではなく，経営学とは異なる企業活動全般のマネジメントの代替的研究プログラムとして登場したと考えるべきであろう。

（2）L.D.H.Weldの研究構想とマクロ・マーケティング論の研究プログラム

　マーケティング研究は，その発生の当初からミクロ的研究とマクロ的研究が並列的に展開してきた。戦前はマクロ・マーケティング研究が主流であったとされるが，その展開のパイオニアとされるのがL.D.H.Weldである。

　Weldは，後に実業界へ転身するものの，前述のShawとは違って当初からアカデミックな世界で研究を進め，初期のマーケティング研究者たちの連合的活動の中心的存在として活動し，後に展開されるマクロ・マーケティング論の研究プログラムを提示したのであり，その記念碑的著作がWeld［1916］とそれを補完するWeld［1917a］とWeld［1917b］の2つの論文である。

　Weld［1916］は，まずその第1章において，経済学において市場流通（market distribution）が考察されていないと指摘する。経済学においては，生産（production），分配（distribution），消費（consumption）の3つの活動が分析されているが，そこにおいて分配を意味するdistributionは市場流通の活動を意味しておらず，市場流通活動は効用を生み出すという意味で，むしろ経済学における生産活動であると主張する。しかし，経済学の生産活動の分析においては，形態効用の創出に主眼が置かれ，市場流通活動が生み出す時間効用，場所効用，所有効用の創出に関する分析が無視されてきたのであり，この分析の必要性を主張し，市場流通活動を経済学におけるdistributionと区別して「marketing」と呼んだのである（pp.3-5）。

　この市場流通を意味するマーケティングへの関心は，19世紀後半以降の農民の不満や農民組織の運動を背景に，1900年以降の異常な物価上昇をきっかけとして高まったという（pp.1-2）。そこでは，農民の受け取り価格と最終消費者の支払価格との大きな隔たりという問題（開差問題）が注目され，この高いマーケティング・コストの原因がマーケティング・システムの欠陥，すなわち中間商人の過多にあると主張されていたのである。Weldは，まさにこの主張の真偽を明らかにするために農産物マーケティングの研究に着手したのである。

　Weldは，農産物マーケティングにおけるマーケティング・システムの構造を

明らかにしたうえで，そこにおけるコストの出現状況の実態を克明に調査する。マーケティング・システムの構造は，マーケティング活動の分業と専門化の結果であり，それは，商品別専門化と機能別専門化の2つの方向で形成されてきたが，後者の理解は不十分であり，Weld［1916］は中間商人の過多の問題もこの理解の不十分さから生じていると考える（pp.13-21）。Weldは，中間商人の過多の問題を，1）生産者と消費者の間の継起的段階の過多の問題と，2）各段階での商人数の過多の問題に分け，前者は社会的分業の程度，後者は規模の適正さの問題に関わると考える（pp.21-23）。このように考えた上で，Weldは，農産物流通のマーケティング・システムを産地出荷段階，卸売段階，小売段階，そして運送段階の4つの継起的段階による分業システムと考え，各段階の機能と問題点を詳細な調査を基に考察し，その対策を論じるのである。

　しかし，その結論は，前項で論じたShawの主張の前提にあったマクロ的分析とは異なったものであった。すなわち，Shaw［1915］では，大規模製造業の流通段階への進出や専門業者の出現によって商業排除傾向が出現しており，それによってマクロ的流通も合理化されると考えられていたのに対し，Weldは，その商業排除傾向に疑問を抱く。Weld［1917a］では，Shawが示した中間商人の5つの機能（危険負担，商品の運送，経営金融，販売＝商品についての観念の伝達，取り揃え・再発送）を7つの機能（収集，保管，危険負担，金融，再整理，販売，運送）に組み替えた上で，「これらの機能は，常に中間商人によって遂行されるのではない」（p.306）として，「マーケティング機能」と呼び直し，それらの機能を果たすさまざまな実際の組織を記述しつつも，Shawとは違って，どの機能も依然として商人が果たすべき機能として存在しているとし，商人の存在意義を主張するのである。さらにWeld［1917b］において，前述の機能的分化による多段階性を考察し，「生産者と卸売業者の間に介在する商人は，通常考えられている以上に日常的な存在であり，多くの重要な業界で見出せる」（p.571）と述べて，過度に見える卸売段階の多段階性にもそれなりの機能的意義を認め，Shawの主張する商人排除傾向とそれによる流通全体の効率化という短絡的見解に疑問を呈したのである。

　このように，Weld［1917b］においては，中間商人の過多の問題の内，「継起的段階の過多の問題」において現状批判はあまりなされず，もう1つの「各段階での商人数の過多の問題」の解決にマクロ的流通の合理化の道を見出していたと考えられる。すなわち，農産物マーケティング・システム全体に対する改善策と

して，1）産地出荷段階や消費者段階における共同化，2）商品取引所の設立による卸売段階における組織的活動，3）大学や短大におけるマーケティングの方法とその機能に関する教育，4）格付けや標準化などに関する政府機関による規制，の4つを最終的にあげており（pp.448-451），多くの商人の活動を中心に生産者である農民や消費者の活動にまで言及し，それぞれの活動を集約して規模の経済性を生み出すための制度設計を提案しているからである。

　以上のように，Weldによる農産物マーケティングの研究は，現状をより克明に調査するための商品別アプローチを示してはいるが，「農産物のマーケティングという論題は，市場流通の一般的論題の一局面でしかない」（Weld［1916］p.9）と述べているように，マクロ・マーケティング一般の理論を目指していたといえる。それゆえ，前述の2論文の補完とともに，そのための共通のアプローチとして，流通の果たさねばならない一般的機能として「マーケティング機能」が主張され，さまざまなマーケティング・システムにおいてその機能を果たしている機関を分析するといった方法が示されていたのである。この「商品別研究」，「機能別研究」，「機関（制度）別研究」というマクロ・マーケティング論における3つのアプローチの定式化は1920年代においてなされるのであるが[5]，Weldはまさにそれに先駆けてその後に展開されるマクロ・マーケティング論の研究プログラムを提示していたといえる。

（3）ミクロとマクロの結節点としての交換

　前項までで示された2つの研究プログラムは，それぞれ独自の展開を形成し，次第にその両者のつながりは見失われていくことになるが，パイオニアたちの中にも示されていたように，戦前のマクロ・マーケティング論主流の時代はその両者ともが同時に展開されることが多く，その関係もおぼろげながら前提とされていた。

　まずShawにおいては，前述のように，ミクロ的関心のもとでも，そのミクロ的合理化がマクロ的流通の合理化につながると考えられていた。大規模製造業者のマーケティング活動とは需要創造を目指した活動であり，それに向かって，企業外のチャネル行動も組織化されることが想定されている。そこでは，最終消費者の反応を仮定して行われる交換の連鎖が想定されており，大規模製造業者のチャネルへの介入がその交換の連鎖の合理化に導き，その結果としてマクロ的流

通全体の合理化が考えられているのである。これに対しWeldにおいては，機能的分化の結果としての段階的分業における商人の重要性を認め，商人排除による垂直方向でのマクロ的流通の合理化よりも各段階での統合的合理化が考えられており，Shawとは異なり，その合理化の方法としてマクロ的政策による制度設計が提案されたのである。しかしながら，Weldにおいては，各段階における行為主体自身によるマネジメント的合理化も考察されている。そして，マクロ的研究におけるこうしたミクロ的考察の混入という状況は，戦前のマクロ・マーケティング研究の展開においてよくみられる特徴であった[6]。そしてこの特徴から，マクロ的研究は，その当時は非主流であったミクロ的研究にも大きな影響を与えていったのである。すなわち，商品別アプローチによる研究からは，Copeland [1927] に代表されるように，商品別のマネジメント手法が示唆されていくし，機能別研究では流通機能が次第に行為主体の職能として理解されShaw的展開を推し進めることになる[7]。最後に，マクロ的研究の典型と思われる機関別研究では，ミクロ的研究のパイオニアであるShawやButlerにおいて典型的に示されていたように，個別的マネジメントを行う上でマクロ的流通研究はその前提となっていたし[8]，その下位分野として卸売研究と小売研究が独自に展開されるようになるとともに，ミクロ的小売マネジメントの研究がマーケティング・マネジメント論の形成に影響を与えていくのである。

　こうして，戦前において2つの研究の展開における相互関係が見られていたにもかかわらず，戦後にミクロ・マーケティング論が主流になるとともにこの関係は次第に見失われ，2つの研究プログラムは別個のものとして展開していくのである。しかし，この2つの研究プログラムの関係の考察なくしては，マーケティング論を体系的なディシプリンとみなすことはできないのであり，前章で述べられたように，このミクロ・マクロ・ループの問題はマーケティング論とともに近隣諸学科において重要な問題として浮上してきているのである。そして，この2つの研究プログラムの関係においては，マクロ的流通の合理化のために個々の行為主体のミクロ的マネジメントの合理化を考えるというマクロ的研究における動向は多く見受けられるものの，Shawに見られたような，ミクロ的マネジメントの合理化が内生的にマクロ的流通の合理化を生み出していくという発想のミクロ的研究の展開はあまり見られなかったといっていい。しかし，この点に関する研究はShawにおいても発想のみで実際に展開はなされなかったのであり，マクロ的研究成果がミクロ的マネジメントに影響を与える環境要因として前提されてい

たにすぎず，この点は戦後のミクロ・マーケティング論の展開でも同じである。この欠落した研究動向を生み出すために決定的に重要な研究の焦点は「交換」である。Weldにおいて見られたように，マクロ的マーケティング・システムの構成要素である交換の合理化を通してこそ，個々の主体の活動の合理化に言及できるのであり，逆にShawの発想にあったように，個々の主体の活動の合理化が交換を通してその連鎖としてのマクロ的マーケティング・システムの合理化につながっていくと考えられるからである。ミクロ的活動とマクロ的マーケティング・システムとのつながりは，個々の活動を超えた交換という現象の発生なくしては語れないのである。少なくとも，パイオニアたちの研究を見る限り，2つの研究プログラムを結び付けるための研究の焦点は「交換」であるといえるだろう。

3　マーケティング概念拡張論と交換

（1）マーケティング概念拡張論とその帰結

　Kotler & Levy [1969] によって，マーケティングの研究対象を市場交換から交換一般に拡張するべきだという主張がなされ，戦後間もなくのマーケティング・サイエンス論争に次ぐメタ・レベルでの論争が展開された。これがマーケティング概念拡張論争である。Kotlerの概念拡張論は，1969年の論文以来，およそ10年にわたる一連の論文および著書を通して主張され，補強されてきた。この一連の論文において，Kotlerの概念拡張論は，マーケティング技術の適用領域の拡大の意義に関する主張と，概念拡張のマーケティング理論への影響という研究上の意義に関する主張の2つによって補強されてきたといえる（堀越 [1983]）。

　そして，マーケティング技術の適用領域の拡大の意義を認める動きは，1971年のジャーナル・オブ・マーケティングの7月号において確定的なものとなる。すなわち，そこでは「マーケティングの変わりゆく社会的／環境的役割」と題した特集が組まれ，Kotler & Zaltman [1971] がLazerとは違った意味での「ソーシャル・マーケティング」という新たな領域を示し，Kotler流での拡張の結果としての応用的研究として，募金活動（Mindak & Bybee [1971]），医療サービス（Zaltman & Vertinsky [1971]），人口問題（Farley & Leavitt [1971]），固形廃棄物のリサイクリング（Zikmund & Stanton [1971]）へのマーケティング技術の適用が示されるのである。

以上のように，アメリカにおける学会の動向が拡張の方向を支持するようになると，必然的にこれまでのマーケティングの定義が対応しなくなる。こうして，1985年に，1948年以来変更せずに放置されてきたAMA（American Marketing Association）公認のマーケティングの定義が変更されることとなった。新しい定義は以下のとおりである（Marketing News［1985］p.1）。

「マーケティング：個人的そして組織的な目的を満足させる交換を創造するために，アイデア，商品，そしてサービスの，構想，価格設定，プロモーション，および流通を，計画し実施するプロセス。」

　この定義においては，マーケティング行為の主体が，企業から個人および非営利組織をも含めた組織一般に拡張され，取り扱われる客体において商品およびサービスに加えてアイデアが付け加えられるとともに，行為の対象があらゆるステークホルダーにまで拡大されたといえる。そこでは，これまでのマーケティング論の研究対象であった市場交換に加えて，非営利的な給付を目的とした非市場交換や，アイデアの交換を主目的とした社会的交換の2つが新たな研究対象として提唱されたのである[9]。

（2）市場交換と社会的交換

　以上のように，これまでにはなかった研究対象として非市場交換と社会的交換の2つが追加され，マーケティングの研究領域が交換一般にまで拡張されたとしても，非市場交換と社会的交換，特に社会的交換が市場交換と同一の論理で語れるのかという問題は解決されているとは言えない。それゆえ，Kotlerの主張する概念拡張の研究上の意義に関しては当然のごとく批判が出た。概念拡張論争の初期において，少数派として逸早く批判的見解を述べたLuck［1969］をはじめとして，Carman［1973］，Luck［1974］，そしてBartels［1974］の指摘は，概念拡張への多数の賛同[10]によってその後影が薄くなったとはいえ，いまだに重要であるといえる。すなわちLuck［1969］は，この狭く定義した場合でも解決しなければならない問題はたくさんあるのであり，その技能をさらに洗練することなしに「『次第に興味深くなってきた社会的活動』にわれわれの技能を適用することによってわれわれ自身を正当化するよう要求すること」は，「言い訳」であると

批判し,「処理可能で明瞭で論理的なマーケティングの定義は,最終的帰結が市場取引であるプロセスや活動にその領域を制限する時に形作られる」と述べるのである (p.54)。Carman [1973], Luck [1974], そしてBartels [1974] においても,拡張論がマーケティング研究者の研究努力を拡散させることになるという点の指摘は共通している。すなわちCarmanは,マーケティング研究者の研究努力の方向性においてマーケティングの定義が影響を与えるとし,価値物の交換を伴わない政治的プロセスなどは,「マーケティング理論と政治理論がうまく融合するまでは学科のもとにとり入れるべきではない」(p.14) とし,この方向性を見失った状態を,Luckは「意味論的ジャングル」(p.72),Bartelsは「自己認定の危機」(p.73) と呼んだのであった。

　前節で述べたShawにおけるアイデアの伝達という点の指摘は,一見すると社会的アイデアの交換を意味するKotlerのソーシャル・マーケティングの指摘と同一に見えるが,そうではない。Shawにおいては商品に関するアイデアであり,あくまで需要創造,すなわち市場交換の一環においてのアイデアの伝達が述べられているのであり,アイデアの交換それ自体で完結する社会的交換を論じているわけではない。社会的交換の研究をするにしても,Carmanが指摘したように,それはあくまで市場交換とのつながりでなされるべきであり,現代的マーケティング・マネジメントにおける戦略的構想において見られる様に,市場交換を達成させるためのさまざまなステークホルダーとの関係づくりという側面で社会的交換の研究成果が連結されるべきである。そもそも,社会的交換自体に関する研究は社会学や文化人類学で進展してきたのであり,社会的交換のみの研究をマーケティング研究と呼ぶのは越権であると考える。Fox & Kotler [1980] は,こうした既存分野の研究との相違を「ソーシャル・マーケティングは,すべての4Pを含み,ただ一つのみではない」(p.26) と述べるが,そもそもなぜ4Pすべてを考慮しなければならないかについては説得力に欠け,既存分野において蓄積されてきた研究成果以上に研究を進展させたとは思えない。1980年代以降に進展してきている関係性マーケティングの研究潮流も市場交換とのつながりの中で進展しているのであり,関係性の形成が再購買にどのようにつながっていくのかという形で,市場交換との関連に焦点があてられるべきであろう。このように,アイデアの交換自体の研究がなされるにしても,Shawによって示された研究構想で示されたように,あくまでマーケティング研究の焦点は市場交換にあるのであり,そうした研究伝統との関連においてのみ社会的交換への拡張的研究がなされるべ

きだといえる。そしてその際の中心的問題は，前節で失われた研究課題として指摘された，市場交換におけるミクロ的マネジメントの合理化が内生的にマクロ的流通の合理化を生み出していくというプロセスの理論的解明にある。この理論的問題に挑戦し，マーケティングの一般理論の構築を試みたのがAldersonであったと思われる。次に，彼の研究プログラムを検討しよう。

4　W.Aldersonの研究構想とマーケティングの一般理論

（1）Aldersonの研究構想におけるゆらぎとマーケティングの一般理論

　Aldersonは，理論開発の際の自らの立場を機能主義におく。Aldersonは，機能主義を次のように定式化する。「機能主義は，ある活動システムを認定することからはじめ，次にそれがいかに，なぜ，そのように動くのかを決定する科学のアプローチである。機能主義は，全体システムを強調し，そのシステムにいかに貢献するかによって，部分を解釈する。」（Alderson [1957] p.16）この機能主義の規定の仕方は，全体的行為システムの強調という点で明らかに社会学者T.Parsonsのそれである。とはいえ，Aldersonは，自分の機能主義がParsonsに依拠したものであるとは明言はしていない。しかしながら，Aldersonの機能主義的展開における中核概念としての組織型行動体系（organized behavior system，以下O.B.S.と略す）は，一貫して彼の著作に登場するのであり，その内容が，Parsonsの構造・機能分析の構想と酷似していることは明らかである。Monieson & Shapiro [1980] も述べるように，「推測されうるにすぎないとしても，Talcott Parsonsの考え方がAldersonに最も影響を与えているとする証拠がいくつか存在する」（p.7）のである。特に，AldersonのO.B.S.における4つの下位体系という構想は，ParsonsのA（適応），G（目標充足），I（統合），L（潜在的なパターン維持および緊張処理）という機能的要件の図式のマーケティング的変換であり，密接な対応関係をもっている。

　そして，このころのParsonsに特徴的な体系的全体の強調という点を受け継ぎ，企業内，企業間，全体経済という異なったレベルにおけるマーケティング現象を，統一的にO.B.S.で考察できると考えていたふしがある。それは，Aldersonの次のような記述から明らかである。

「組織型行動体系は，中心に向かうにしたがって強力な密度をもつ一連の同心円として示すことができる。マーケティング組織の場合，内側の円は本部の経営者集団を示すだろう。次の輪は，巡回セールスマンといったような，組織の他のメンバーを含むだろう。外側の円は厳格な意味での組織をこえて，その会社の製品の流通チャネルを形づくるすべての企業を含むだろう」(*ibid.*, pp.90-91)。

「国民経済は，市場のすべての部分を連結する内的統合体であるという部分的理由からも，マーケティング理論の目的にとっては一つの組織型行動体系である」(*ibid.*, p.344)。

しかしながら，1957年の『マーケティング行動と経営者行為』においては，第Ⅰ部で述べられたO.B.S.の構想と第Ⅱ部で述べられた市場行動の理論との対応が不完全であり，どう結びつくのかが，今一つ明確でない。それゆえ，Alderson自身もこの点に気付き，彼の遺作となった1965年の『動態的マーケティング行動』においては，自分の立場を「微視的機能主義」とし，O.B.S.は，「企業」と「家計」に限定されることとなったのである。このように，O.B.S.の外延を「企業」と「家計」に限定するということは，それ以外の領域，特に，マーケティング・チャネルにおける動態的過程といった，Aldersonの著作の中でかなりのスペースを割いている領域には，O.B.S.という構想を，そのままでは適用できないということを意味する。これは，O.B.S.という基本的研究構想の一般性に関するAldersonのゆらぎであり，AldersonはこのゆらぎをO.B.S.の生態学的特性を再度強調し，市場の動態的過程に限定的に適用することによって解決を図ろうとしたのである。しかし，Aldersonの提出したマーケティングの一般理論とO.B.S.との対応の不完全性は解決されていなかった。彼が示した，異質市場における企業間行為によって生み出されるマーケティング・チャネルにおける動態的説明の部分は，O.B.S.と関連づけて説明されているものの，それとは異なった，新たな研究構想を示唆していたと考えられる。それは，O.B.S.における全体を強調するマクロ→ミクロという方向での説明構造よりも，個々の活動を重視するミクロ→マクロという方向での説明構造を示唆していたのではないかと考えられるのである。次に，この点を検討しよう。

(2) Aldersonとミクロ・マクロ問題

マーケティングの一般理論に限らず，あらゆる社会科学の一般理論において要

請されることは，その一般理論が，ミクロ的な事象からマクロ的な事象までを説明の構想に取り入れるということである。Aldersonにおいても，企業の諸活動や消費者行動というミクロ的事象とともに，それらが集積された結果としてのマーケティング・チャネル，すなわち流通現象というマクロ的事象をも，ともに説明できる理論の開発を追究したのである。

そして，その際にO.B.S.という機能主義的説明方式を採用したものの，O.B.S.における全体を強調する説明方式ではさまざまな行為主体の集合的結果として出現するマーケティング・チャネルというマクロ的現象をうまく説明できないと感じ，自らの立場を微視的機能主義ととらえなおし，O.B.S.の外延を「企業」と「家計」に限定したことは前述のとおりである。しかしながら，この変更を行った1965年の『動態的マーケティング行動』においてもO.B.S.の構想は捨て去られず，マーケティング・チャネルの説明においても継続して使用されるのである。それは，O.B.S.を生態学的システムとみなすということを再度強調することによって解決が試みられている。すなわち，マーケティング・チャネルのすべてがO.B.S.であるということはできないが，そのマーケティング・チャネル内のさまざまな機能や段階が企業や家計の行動によってより合理的に組織化されていく動態的側面があるのであり，その組織化された部分にO.B.S.的説明が適応できると考えたと思われる。そこでは，はっきりとO.B.S.だといえる製造企業，流通企業，家計といった小規模体系が，環境である異質市場に働きかけて，新たなO.B.S.を創出していくという側面が強調されるのである。

ここで注意しなければならない点は，行為主体がO.B.S.を創出していくというミクロ→マクロの説明構造と，創出された後の全体としてのO.B.S.からその成員の役割を分析するというマクロ→ミクロの説明構造が併存しているということである。Aldersonが当初O.B.S.に期待した説明構造は，全体体系を強調する機能主義的説明構造だったのであり，それゆえO.B.S.は後者の構造が出来上がった時点での静態的なシステム内のマクロ→ミクロの方向での構造分析として登場すべきであり，それは体系の管理問題に直結する。しかしながら，2冊の著書においては，動態的にO.B.S.を生み出すミクロ→マクロの説明が大半を占めているのである。この説明において，機能主義的な全体論的説明構造を強調するO.B.S.は不必要である。すなわち，行為主体がどのように内的に統合されているかという静態的構造分析は，その行為主体がより広範にわたる新たなO.B.S.を創出するプロセスの説明においては基本的に必要ない。そこでは，説明構造が決定的に変わるの

である。そして，このことは，Aldersonが方法論的態度において，方法論的全体主義ではなく，方法論的個人主義を志向していたということであり，O.B.S.という研究構想を提示しながらも，それとは違った研究構想を提示していたと考えられるのである。

（3）Aldersonの動態的研究構想

　Aldersonはまず，異質な供給と異質な需要の間に離齬が生じている不完全な異質市場を想定する。そして，マーケティング活動は，その不完全な異質市場においてその不完全さを取り除くためになされる，異質な需要にマッチしたより良い品揃え物（assortment）を形成する諸活動であるとされる。そして，その活動として，「探索」(searching)，「品揃え形成」(sorting)，「変換」(transformation)の3つが挙げられる。

　「探索」とは，交換の相手方を探索する操作であり，「物理的な分類を行う必要性なしに成しとげられるところの品揃え形成の前段階の形をとる」(Alderson [1965] p.36) ものとして特徴づけられる。「品揃え形成」とは，より良い品揃え形成物を構成するために行われる特殊な変換操作である。この「品揃え形成」は，「仕分け (sorting-out)」，「集積 (accumulation)」，「配分 (allocation)」，「取り揃え (assorting)」の4つの活動から形成される。「変換」とは，「商品の物理的形態あるいは時間と空間における位置の変化」(ibid., p.93) である。すなわち，それは，商品およびサービスの形態・場所・時間効用を創出する操作である。これは，明らかに，Weldから受け継いだマーケティング論の研究伝統である。

　以上のような操作からなる，マーケティング過程とは，具体的にいえば，交換の連鎖の中で，資源が商品となり，それが中間商人によって仕入れられ，消費者の必要としている品揃えへと商品構成を変化させていくことにより，最終的にさまざまな消費者に適切な品揃え物を提供することで，消費者の物質的欲求を満たすプロセスであるといえるであろう。このマーケティング過程を認識する概念として，「取引 (transaction)」と，「交変系 (transvection)」の2つの概念が登場する。

　「探索」という操作を，売手と買手のそれぞれについてとらえ，それを結合するとそこに「取引」なる概念が構成される。これは，精神的・非物理的な部分の認識のための道具であり，マーケティング過程におけるなんらかの協定に導くよ

うな情報の交換である (*ibid.*, p.75)。すなわち,「取引」とは,マーケティング過程における交換を創出するための諸関係形成の活動であり,ここにおいては,販売責任,所有権,占有権の移動が行われる。Aldersonは,マーケティング過程は,この狭い認識だけでは不十分であるとして,取引後の「品揃え形成」と「変換」の交互系列を示す概念として,「交変系」なる概念を導入し,交換の連鎖であるマーケティング過程のすべての側面を認識しようとする (*ibid.*, p.86)。

ところで,これらの活動はさまざまな主体 (Aldersonにおいては,さまざまな企業と家計というO.B.S.) によって行われているのだが,各主体は存続と成長を求める内的動機から差別的優位性を追求する競争の圧力のもとにあるとされる (Alderson [1957] ChapterⅣ, Alderson [1965] Chapter 8)。そして,この想定によってAldersonの動態的理論が展開されることになる。そこでは,取引の合理化を求めてさまざまな交渉がなされ,その交渉費用の合理化のためにルーティン化が進められることによって取引制度が出現し,その制度も変化しながらさらに進化していくというプロセスが記述される (Alderson [1957] ChapterⅩ, Alderson [1965] Chapter 3)。さらに,さまざまな活動が組織化され,組織間関係が新たに統合されて,競争優位をもたらす新たな組織形態が模索されるプロセスが描かれる。そこでは,存続の機会を増殖させるための,模倣,逸脱,補完という試みが展開され,孤立性と協調性を調整しながら新たな組織間関係が生み出されるとされる (Alderson [1957] ChapterⅪ, Alderson [1965] Chapter 8・10)。そして,その新たな組織間関係形成は,各行為主体が交変系を認識した上で管理プランを提示し,品揃え形成活動に関する費用と各種の変換費用の削減が試みられていく過程であるといえる。

以上のようなAldersonの動態的理論は,相対的にミクロな行為主体が,その行為の合理化を求めてさまざまな交換行為をしていく中で制度が発生し,それが動態的に変化していくという説明構造を持っており,まさに,ミクロ→マクロの方法論的個人主義の説明構造となっている。そしてそこでは,企業や家計の行動は生態学的適応行動と考えられているのであり,それぞれの体系内の均衡とともに,その環境のさまざまなレベルとの均衡が考えられている。すなわち,Aldersonは,「第1に,組織型行動体系間の外部関係のネットワークに関連する市場均衡が存在する。第2に,個々の体系内での内的バランスの一形態としての組織均衡が存在する。最後に,社会とその環境に関連する生態学的均衡というより包括的な概念がある」(Alderson [1965] p.304) と考えるのである。そして,

こうして生じた制度は,これらミクロ的主体の活動に範囲を制限する制約となるとし,マクロ→ミクロの影響関係を指摘するのである (*ibid.*, Chapter13)。これは,Shawにおける企業内部および外部に関する「相互依存の基本原理」や現代的ミクロ・マーケティング論における環境に対する戦略的対応という考え方と一致している。しかし,Aldersonにおいては単なる構想だけで終わらず,生態学的思考を強調することによって,前述の失われた研究課題として指摘された,市場交換におけるミクロ的マネジメントの合理化が内生的にマクロ的流通の合理化を生み出していくというプロセスの理論化が試みられたのである。そして,この説明構造は,方法論的に制度主義的個人主義の説明構造に一致しているといえる。

Agassi [1960] は社会科学における方法論を類型化し,図表9－1のような類型化を行なった (p.246)。

▶図表9－1　社会科学における方法の4類型

	個人主義	全体論
心理学主義	a	c
制度主義	d	b

彼は,従来からの社会科学における個人主義と全体論 (holism) の間にある論争,すなわちミクロ－マクロ論争において,ある種の混乱があると考える。すなわち,全体論－個人主義という軸とは別の種類の制度主義－心理学主義という軸が,そこにおいて暗黙のうちに,同一の軸として重ね合わされているのである。Agassiは,この2本の軸を引きはなし,図表9－1のような,社会科学における方法の4類型を導出したのである。すなわち,a) 心理学主義的個人主義,b) 制度主義的全体論,c) 心理学主義的全体論,d) 制度主義的個人主義,の4つである。a) は社会的現象をすべて個人の心理現象に還元しようとするプログラムであり,そこには,社会の創発性という考えはない。b) は,全体の目標を仮定し,それとの関係で個人の行為を考えていくプログラムである。Agassiも述べるように,機能主義がここに属するのであり,ParsonsやAldersonのO.B.S.はここに属するといえるだろう。c) は,Agassiによる説明がないので何とも言えないが,集合無意識などを仮定するC.G.Jungのプログラムなどが,これにあたると思われる。d) は,科学哲学者K.R.Popperの提示した「状況の論理」という社会科学方法論であり,Agassiが推奨する立場である。この立場は,従

来の社会科学におけるミクロ−マクロ論争が，a）対b）という構図で何度もくり返されてきている状況において，個人への心理学的還元でも，全体への個人の貢献でもない，第3の道を示していると考えられる。そして，Aldersonの動態的理論の部分は，この方向での理論化として解釈可能であり，企業内行為も，O.B.S.ではなく，むしろ同じ論理で統一的に説明可能となりうる。すなわち，O.B.S.的説明構造は必要ないのである。マーケティングの一般理論は，この方向での統一的説明構造こそが必要であると考える。

（4）制度主義的個人主義とF.A.Hayekの研究プログラム

方法論的個人主義の説明構造をもった代表的研究プログラムは，なんといっても主流派のミクロ経済学のそれである。そこでは，完全知識を持った合理的な経済人が同質的な製品市場において完全競争の仮定の下で行動した結果として価格が決定されることが説明される。すなわち，新古典派と呼ばれる理論であり，現実とはかけ離れた諸仮定のもとに一点に価格が均衡することを描く静態的経済学理論である。しかし，この想定においてマーケティング行為が入る余地はない。差別化の概念を取り入れ，マーケティング行為の余地も認めた理論を展開したのは，前述のようにShawに影響を受けたChamberlinだったのであり，彼の独占的競争の理論はAldersonにも強い影響を与えていた。だが，Chamberlinはまだ新古典派の均衡分析の枠内にあったのに対し[11]，Aldersonはそれとは異なった動態的研究プログラムを提示したのである。

そして，同じ方法論的個人主義の立場に立ちながら，Aldersonの動態的研究プログラムと同様の動態的経済学を提示していくのがC.Mengerを始祖とするオーストリア学派の経済学であった[12]。Mengerは，W.S.Jevons，M.E.L.Walrasとともに限界革命を引き起こした人物として有名であるが，彼を始祖とするオーストリア学派の経済学は，Walrasらの経済学とは異なった動態的な研究プログラムへの展開を示していくのであり，その代表的人物がF.A.Hayekである。

Hayekの研究業績は，経済学を中心に，心理学，法学，政治学，社会思想，科学方法論と多岐にわたっており，彼の業績を評価する際にさまざまな解釈を生み出していることも事実であるが，基本的な構想においてはすべての業績は有機的につながっているといえる。そして，この広がりの出発点はやはり経済学であり，そこにおける中心的概念が，「個人主義」と「自生的秩序」であるといえる。

Hayekにおける「個人主義」は，社会科学の出発点としての彼の人間観といえるものであり，普遍的に理性を強調するR.Descartes的個人主義とは違って，人間の個人的理性は極めて限定的で不完全とみなす（Hayek［1946］邦訳「真の個人主義と偽りの個人主義」，Hayek［1965］邦訳「二つの合理主義」）。それゆえ，新古典派とは違って，市場は不完全な分散した知識の状態であると考える（Hayek［1945］邦訳「社会における知識の利用」）。ここから，あらゆる知識を吸収した完全な理性はありえず，社会全体を中央で管理するという社会主義や，J.M.Keynesの経済への政策的介入といった，設計主義の誤りを指摘し（Hayek［1970］邦訳「設計主義の誤り」），完全に統制された社会といったような考えは幻想にすぎず，むしろ個人の自由を抑圧するものとして断固反対するのである（Hayek［1978］邦訳「社会主義と科学」）。それゆえ，さらに社会を分析する方法も，社会的全体の存在を否定し，もろもろの個人の態度，期待，そして諸関係といった見地から分析する，方法論的個人主義を採用することとなる（Hayek［1943］邦訳「社会科学にとっての事実」）。

　「自生的秩序」は，社会科学における彼独自の立場を示す概念であり，彼の全思想の中核的概念ともいえるものである。「自生的秩序」とは，B.MandeVille, J.D.Montesquieu, D.Hume, J.Tucker, A.Ferguson, そしてA.Smithへとつながる思想に見出せる概念であり，「行為の結果ではあるが，設計の結果ではないもの」（Hayek［1967］）を指す。これは，人間の行為と人間の行為から独立したものとしての自然を対比した二分法とは違って，「その二つのあいだにある，人間社会においてその存在を見出し，それを解明することが社会科学の任務であるような，あらゆる意図せざるパターンや規則性を含む独自の中間的カテゴリーである。」（*ibid.*, 邦訳6頁）これは，設計主義的な制度の発生とは異なる，意図せざる結果としての制度の発生を指摘したのであり，さまざまな個人がそれぞれの異なる営利目的を追求している自由な経済活動の結果として生じる集団的行動現象の指摘にほかならない。そしてこの集団的行動現象は，各個人の自由な競争の結果としての長期的な均衡傾向の中で生じるのであって，さまざまな個人の中に共通の意見が形成されていく過程である。この過程を無視して，一点の静態的均衡状態を描くのが新古典派の完全競争であり，Hayekは，「完全競争の理論が論じていることは『競争』という名にほとんど値しないということ，そしてこの理論の結論は政策の指針としてほとんど役に立たないということを明らかにしておきたい」（Hayek［1949］邦訳「競争の意味」129-130頁）と述べてこれを批判する。

Hayekにとって競争は，異なった多くの個人にとって役に立つ共通のルール，すなわち制度を発見する装置と考えられているのであり，新古典派の静態的経済学とは異なって，プロセスを重視した動態的経済学を目指したのである。

このHayekの動態的経済学の焦点は，自生的秩序の結果として生まれた制度である。そして，自生的秩序の結果として生まれた制度こそ，社会科学の研究対象になりうると考える。そこでは，人間の合理性を追求する傾向を前提とし，制度の生まれるプロセスの説明に重点が置かれる。その結果，その生み出された制度をさまざまな個人の行動の範囲を制約するものとして前提し人間行動を分析するのであり，何の制約もない完全な自由の下での人間行動を考察するのではない。だからといって，特定の目的を達成するためにさまざまな個人の活動が完全に統制されているわけでもない。

このように，制度的状況と合理性の原理を前提として個人の行動を説明し，さらにその合理的な対応が多くの人々に採用されて制度化され展開していくという形で集団的行動現象の説明も可能にするという説明の構想は，前述のPopperの提示した社会科学の方法としての「状況の論理」，すなわち制度主義的個人主義に他ならない[13]。そして，この状況の論理は，極めて個性的な状況下の歴史的説明にも用いられるし，新たな制度が受け入れられていく集団的行動の出現過程の理論的説明にも用いられるという点が重要である。後者の理論科学の関心は，継承された制度や新たに提唱される制度間の合理的関係に関する理論を提示することにほかならない[14]。そして，その実践的含意をHayekは次のように表現している。「人が為しえることといえば，継承されたルールの一部修正をとおして紛争を減少させ，それによって個人の活動を相互に調整している過程を少しずつ改良していこうと試みることであった。」(Hayek［1970］邦訳35頁)

この制度主義的個人主義の説明構造は，Aldersonの市場組織の動態の記述における説明構造と一致している。そして，AldersonがO.B.S.の外延として規定した企業および家計の組織内活動の説明も，O.B.S.ではなく，合理的な交渉の結果として組織内統合の制度が変化していく動態的説明として統一的に説明可能である。そして，企業内の創造性やイノベーションの創発が問題とされる今日の組織論では，静態的な構造よりも構造変動に関する動態的側面に関心があるのであり，O.B.S.的な説明構造はむしろ不適当であるといえる。O.B.S.に影響を与えたParsonsの理論に関しても，富永健一は次のように述べている。「Parsonsの行為理論における規範の位置づけの仕方は，社会的個人論としての行為理論のレベル

に，突如として社会的全体論のレベルでの思考がとびこんだようなもので，規範が形成される過程それ自体は行為理論的な説明を与えられているとはいいがたい。……"社会体系の機能的先要条件"の概念についても，……AGIL図式によって特定化されるようになって以後も，終始社会的全体論の観点から提示されていると思われる。だからここでも，問題はこれを行為理論に内在する論理によって説明するためにはどうすればよいかということに帰着するのであって，結局，社会体系の目標を個人の目標に関連づけて考察する努力が不可欠だということになるであろう。」（富永［1974］90-91頁）

　Aldersonにおいても，同様のことがいえる。4つの下位体系が形成されていく過程および4つの下位体系間の関係がいま一つ明確ではないのである。それゆえ，O.B.S.というすでに構造化された集団内の成員の活動がその構造維持の機能的結果によって間接的に説明されるという側面が前面に出てしまっている。むしろ，4つの下位体系が形成されているという仮定を取り除き，組織内であっても，市場組織の進化の説明で示された「交渉」の概念を中心に，たとえば，成員間の交渉→交渉の拡大→取引の成立→情報伝達システムの形成→操作システム（投入・産出システムと対内・対外調整システム）の形成→組織内交換のルーティン化→勢力システムの形成→組織内制度の形成という形で，制度主義的個人主義の説明構造での一般理論の再構築が必要であったと考える。そうすれば，Hayekと同様の方法論上の一貫性が保たれるうえに，より魅力的なマーケティングの一般理論を示す可能性を秘めていたといえる。Aldersonは，首尾一貫した微視的機能主義の立場に立つために，O.B.S.という構想をいったん捨て去るべきであったといえるであろう。

5　おわりに

　本論文で明らかになったことは以下の点である。
1）ミクロ・マーケティング論のパイオニアであるShawとマクロ・マーケティング論のパイオニアであるWeldの双方において，ミクロ的問題とマクロ的問題は連結されており，その連結の結節点は「交換」であるといえる。
2）Kotlerの概念拡張論において，マーケティング論における伝統的対象であった市場交換に加え，非市場交換と社会的交換の2つの領域が新たな研

究領域として加わることとなった。しかし，アイデアの交換それ自体で完結する社会的交換は，あくまで市場交換とのつながりで言及されるべきである。
3）Aldersonは，市場交換に焦点を当てた上で，そのミクロ的問題とマクロ的広がりを連結したマーケティングの一般理論の構築を試みた。
4）しかし，その一般理論であるO.B.S.の適応範囲に疑問が生じ，微視的機能主義を宣言したにもかかわらず，一般理論であるO.B.S.の再検討を行わなかったために，方法論上の統一性が示せなかった。
5）Aldersonと同様に経済学において動態的理論を目指したのがHayekであり，Aldersonとは違って制度主義的個人主義による方法論的一貫性の下での理論展開が試みられている。Aldersonにおいてこの点の再構成を試みれば，首尾一貫したより魅力のあるマーケティングの一般理論を提示できる可能性がある。

〔注〕
1　このマーケティング実践史に関しては，光澤［1987］, Porter & Livesay［1971］が詳しい。
2　Chamberlin［1933］は，Shawにおいて欠落していた費用の問題を組み込んで，個別企業にとっての最適化問題を理論化し，それを「独占的競争の理論」と命名した。この点およびこれ以後のさらなる理論的展開の系譜に関しては，堀田［2010］を参照のこと。
3　ここであえて「消費者志向」とせず「市場志向」としたのは，Shawが競争志向を前提に消費者志向を考えていたからである。この消費者志向とともに競争志向も取り入れた市場志向に関する研究は，1980年代後半から登場し1990年以降に高まりを見せている。この点に関する詳細は，堀越（編著）［2014］第4章を参照のこと。
4　このより広い関連公衆への戦略的対応の研究は, Lazer, W. & E. J. Kelly［1973］において「ソーシャル・マーケティング」, Kotler & Zaltman［1971］においては「ソシエタル・マーケティング」と呼ばれ，その後新たな研究分野として展開していく。Shawがこの一般公衆までをも考慮するに至った当時の状況に関しては，薄井［1999］の第3章を参照のこと。
5　このマクロ的研究における3つのアプローチの定式化は，Duncan［1922］において初めてなされた。

6 同様の指摘は，三浦［1971］，薄井［1998］でもなされている。
7 ただし，マーケティング機能分類の中にミクロ的職能としての機能分類が混入することによりマーケティングの意味に混乱をきたすこととなり，当時の全米マーケティング教授連合が，1931年に「定義委員会」を設置し，この混乱を整理することとなった。しかし，その定義による解決はあいまいな結果となった。堀越［1999］を参照のこと。
8 この点は，Shawと並んでミクロ・マーケティング論のパイオニアとされる，R.S.Butlerにおいては顕著であり，Butler［1917］では取引諸関係の分析としてマクロ的研究に多くのページが割かれている。そしてその分析は，製品，市場，市場への到達方法という歯車のようにかみ合った3つの取引要素の分析へとつながるのである。
9 この点に関する詳述は，堀越［2005］の第3章と第4章を参照のこと。
10 Nichels［1974］の経験的調査によれば，74人のマーケティング教授のうち95％はマーケティングの領域に非企業組織を含めるように拡張されるべきであると感じ，93％はマーケティングが単に経済的財やサービスだけに関わるのではないということに同意し，83％は，最終的帰結が市場取引でない他の活動をマーケティングの領域に含めるべきであると信じている，と報告されている（p.142）。
11 この点に関しては，Kirzner［1973］，および西村［2002］を参照のこと。
12 オーストリア学派に属するとされる経済学者たちの間にはかなりバリエーションがあり統一的な展開をしているとは必ずしもいえない。しかし，動態的な方向を探っているという点ではかなり共通性がある。この類似性に関しては，Reekie & Savitt［1982］および樫原［2002］も同様に指摘している。
13 周知のようにHayekとPopperは盟友であり，その相互の影響関係は極めて強いものがある。社会科学方法論に関して，双方の見解に若干の相違はあるものの，大方のところで一致している。そして，「状況の論理」に関しては，HayekからPopperに与えた影響の方が強いといえるかもしれない。
14 そして，こうした理論構成に関する指摘は，Hayekにおける社会科学の方法と自然科学の方法の違いを強調する主張につながり，HayekとPopperの方法論上の違いを生み出している。これに関しては，Hayek［1955］，Hayek［1964］を参照のこと。

〔参考文献〕
薄井和夫［1998］「両大戦間アメリカ・マーケティング論における伝統的アプローチと管理学派の展開」『商学論争』中央大学商学研究会，第39巻第3・4号，

67-90頁。

――― [1999]『アメリカマーケティング史研究―マーケティング管理論の形成基盤―』大月書店。

――― [2010]「マーチャンダイジング論の登場と製品計画論への系譜」マーケティング史研究会編『シリーズ・歴史から学ぶマーケティング第1巻：マーケティング研究の展開』同文舘出版，第6章，103-120頁。

樫原正勝 [2002]「オルダースン理論と動態経済学」マーケティング史研究会編『オルダーソン理論の再検討』同文舘出版。

小原　博 [1993]「L.D.H.Weld」マーケティング史研究会編『マーケティング学説史―アメリカ編―』同文舘，第6章，107-130頁。

富永健一 [1974]「社会体系分析の行為論的基礎」青井和夫編『社会学講座1　理論社会学』東京大学出版会。

西村栄治 [2002]「オルダースンのマーケティング理論への経済学の影響」マーケティング史研究会編『オルダーソン理論の再検討』同文舘出版。

堀田一善 [2010]「広告研究の系譜」マーケティング史研究会編『シリーズ・歴史から学ぶマーケティング第1巻：マーケティング研究の展開』同文舘出版，第4章，61-80頁。

堀越比呂志 [1983]「コトラーの概念拡張論の構造―その方法論的吟味の予備的考察―」『三田商学研究』慶應義塾大学商学会，第26巻第1号，120-130頁。

――― [1999]「マーケティング研究におけるミクロとマクロ」『青山経営論集』，第33巻第4号，103-127頁。

――― [2005]『マーケティング・メタリサーチ』千倉書房。

――― (編著) [2014]『戦略的マーケティングの構図―マーケティング研究における現代的諸問題―』同文舘出版。

三浦　信 [1971]『マーケティングの構造』ミネルバ書房。

光澤滋朗 [1987]『マーケティング管理発展史』同文舘出版。

――― [1990]『マーケティング論の源流』千倉書房。

Agassi, J. [1960] "Methodological Individualism", *British Journal of Sociology*, Vol.XI, No.3, pp.244-270.

Alderson, W. [1957] *Marketing Behavior and Executive Action*, Homewood, Ill., Richard D. Irwin, Inc..（石原武政・風呂勉・光澤滋朗・田村正紀訳『マーケティング行動と経営者活動』千倉書房，1984年）

――― [1965] *Dynamic Marketing Behavior*, Homewood, Ill., Richard D.Irwin, Inc..（田村正紀・堀田一善・児島健司・池尾恭一訳『動態的マーケティング行

動』千倉書房, 1981年)
Alderson, W. & Paul A.Green [1964] *Planning and Problem Solving in Marketing*, Homewood, Ill., Richard D.Irwin, Inc.
Bartels, R. [1974] "The Identity Crisis in Marketing", *Journal of Marketing*, Vol.38 (October), pp.73-76.
Butler, R. S. [1917] *Marketing Methods*, Alexander Hamilton Institute.
Carman, J.M. [1973] "On the Universality of Marketing", *Journal of Contemporary Business*2, (Autumn), pp.1-17.
Chamberlin, E.H. [1933] *The Theory of Monopolistic Competition:A Reorientation of the Theory of Value*, Harvard University Press. (青山秀夫訳「独占的競争の理論―価値論の新しい方向」至誠堂, 1966年)
Copeland, M.T. [1927] *Principles of Merchandising*, A.W.Shaw Company.
Duncan, C.S. [1922] *Its Problems and Methods*, D.Appleton and Company.
Farley, J.U. & H.J.Leavitt [1971] "Marketing and Population Problems", *Journal of Marketing*, Vol.35 (July), pp.28-33.
Fox, K.F.A. & P.Kotler [1980] "The Marketing of Social Causes:The first 10 Years", *Journal of Marketing*, Vol.44 (Fall), pp.24-33.
Hayek,F.A. [1943] "The Facts of the Social Sciences" *Ethics, LIV, No.1*. Delivered at the Cambridge University Moral Science Club, November 1942. Reprinted in *Individualism and Economic Order*, Routledge & Kegan Paul L.T.D. 1949 (revised edition 1976). (嘉治元郎・嘉治佐代訳「社会科学にとっての事実」『ハイエク全集 [新版] Ⅰ-3 個人主義と経済秩序』春秋社, 2008年)
――― [1945] "The Use of Knowledge in Society", *American Economic Review*, XXXV, No.4. Reprinted in *Individualism and Economic Order*, Routledge & Kegan Paul L.T.D. 1949 (revised edition 1976). (嘉治元郎・嘉治佐代訳「社会における知識の利用」『ハイエク全集 [新版] Ⅰ-3 個人主義と経済秩序』春秋社, 2008年)
――― [1946] "Individualism:True and False", published in Dublin Hodges, Figgis & Co.L.T.D…Delivered at Univercity College, 1945. Reprinted in *Individualism and Economic Order*, Routledge & Kegan Paul L.T.D. 1949 (revised edition 1976). (嘉治元郎・嘉治佐代訳「真の個人主義と偽りの個人主義」『ハイエク全集 [新版] Ⅰ-3 個人主義と経済秩序』春秋社, 2008年)
――― [1949] "The Meaning of Competition" in *Individualism and Economic Order*, Routledge & Kegan Paul L.T.D.. (revised edition 1976). Delivered at

Princeton Univercity 1946.（嘉治元郎・嘉治佐代訳「競争の意味」『ハイエク全集［新版］Ⅰ-3個人主義と経済秩序』春秋社，2008年）
　――― [1955] "Degrees of Explanation", *British Journal of Philosophy of Science*, Ⅵ. Reprinted in *Studies in Philosophy, Politics, and Economics*, Chicago and London 1967.（嶋津格監訳「説明の程度について」『ハイエク全集Ⅱ-4哲学論集』春秋社，2010年）
　――― [1964] "The Theory of Complex Phenomena", in M.E.Bunge (ed.), *The Critical Approach to Science and Philosophy.Essey in Honor of K.R.Popper*, New York.（嶋津格監訳「複雑現象の理論」『ハイエク全集Ⅱ-4哲学論集』春秋社，2010年）
　――― [1965] "Kinds of Rationalism" in *The Economics Studies Quarterly*, 15, No.3, Tokyo.（嶋津格監訳「二つの合理主義」『ハイエク全集Ⅱ-4哲学論集』春秋社，2010年）
　――― [1967] "The Results of Human Action but not of Human Design", in *Studies in Philosophy, Politics, and Economics*, Chicago and London.（八木紀一郎監訳「行為の結果ではあるが，設計の結果ではないもの」『ハイエク全集Ⅱ-7思想史論集』春秋社，2009年）
　――― [1970] "The Errors of Constructivism", *Die Irrtümer des Konstruktivismus und die Glundlagen legitimer Kritik gesellschaftlicher Gebilde*, Munich. reprinted Tübingen, 1975.（嶋津格監訳「設計主義の誤り」『ハイエク全集Ⅱ-4哲学論集』春秋社，2010年）
　――― [1978] "Socialism and Science", in *New Studies in Philosophy, Politics, Economics, and the History of Ideas*, Chicago and London.（八木紀一郎監訳「社会主義と科学」『ハイエク全集Ⅱ-7思想史論集』春秋社，2009年）
Kirzner, I.M. [1973] *Competition and Enterpreneurship*, The Univercity of Chicago.（田嶋義弘監訳『競争と企業家精神』千倉書房，1985年）
Kotler, P. & S. J. Levy [1969] "Broadening the Concept of Marketing" *Journal of marketing*, Vol.33（January）, pp.10-15.
　――― & G.Zaltman [1971] "Social Marketing : An Approach to Planned Social Change", *Journal of Marketing*, Vol.35（July）, pp.3-12.
Lazer, W. [1969] "Marketing's Changing Social Relationships", *Journal of Marketing*, Vol.33（January）, pp.3-9.
　――― & E.J.Kelly [1973] *Social Marketing*, Hmewood, Ill., R.D.Irwin.
Luck, D.J. [1969] "Broadening the Concept of Marketing –Too Far", *Journal of*

Marketing, Vol.33（July）, pp.53-55.
　　――――[1974]"Social Marketing : Confusion Compounded", *Journal of Marketing*, Vol.38（October）, pp.70-72.
　Lusch, Robert F. [1980]"Alderson, Sessions and the 1950s Manager", *Theoretical Developments in Marketing*, Charles W.Lamb, Jr. & Patrik M.Dunne（eds.）, Chicago : American Marketing Association, pp.4-6.
　Marketing News [1985]"AMA board approves new marketing definition", No.5, 1st March.
　Mindak, W.A. & H.M.Bybee [1971]"Marketing's Application to Fund Raising", *Journal of Marketing*, Vol.35（July）, pp.13-18.
　Monieson, David D. & Stanley J.Shapiro [1980]"Biological and Evolutionary Dimensions of Aldersonian Thought : What He Borrowed Then and What He Might Have Borrowed Now", *Theoretical Developments in Marketing*, Charles W.Lamb, Jr. Patrik M.Dunne（eds.）, Chicago : American Marketing Association, pp7-12.
　Nichels, W.G. [1974]"Conceptual Conflicts in Marketing", *Journal of Economics and Business*, Vol.27（Winter）, pp.140-143.
　Porter, G. & H.C.Livesay [1971] *Merchant and Manufacturers : Studies in the Changing Structure of Nineteenth Century Marketing*, The Johns Hopkins University Press.（山中豊国・中野安・光澤滋朗訳『経営革新と流通支配』ミネルヴァ書房，1983年）
　Reekie, W.D. & R.Savitt [1982]"Marketing Behavior and Enterpreneurship:A Synthesis of Alderson and Austrian Economics", *The European Journal of Marketing*, 16（7）, pp.55-66. reprinted in B.Wooliscroft, R.D.Tamilia and S. J.Shapiro（eds.）, *A Twenty-First Century Guide to Aldersonian Marketing Thought*, Springer, 2006, pp.351-364.
　Shaw, A.W. [1912]"Some Problems in Market Distribution", *Quarterly Journal of Economics*, Vol.26, No.4, pp.703-785.
　　――――[1915] *Some Problems in Market Distribution*, Harvard Univ. Press.（丹下博文訳・解説『市場流通に関する諸問題［増補改訂版］』白桃書房，1998年）
　　――――[1916] *An Approach to Business Problem*, Harvard Univ. Press.
　Weld, L.D.H. [1916] *The Marketing of Farm Products*, The Macmillan Co..
　　――――[1917a]"Marketing Functions and Mercantile Organization", *American Economic Review*, Vol.7, No.2, pp.306-318.

―――― [1917b] "Marketing Agencies Between Manufacturer and Jobber", *Quarterly Journal of Economics*, Vol.31 (August), pp.571-599.

Zaltman, G. & I.Vertinsky [1971] "Health Service Marketing : A Suggested Model", *Journal of Marketing*, Vol.35 (July), pp.19-27.

Zikmund, W.G. & W.J.Stanton [1971] "Recycling Solid Wasters : A Channels-of-distribution problem", *Journal of Marketing*, Vol.35 (July), pp.34-39.

事項索引

(注) **太字**は，その用語の主な解説の頁．

【欧文・略語】

- AIDA ………………………………… **27**
- AIDMA ……………………………… **27**
- AIDMAモデル ……………………… **27**
- AISASモデル ……………………… **30**
- AMA ………………………………… 225
- CATC（競争の比較優位理論）…… 137, 144, 145, 154
- Consumer Decision Journey ……… 34
- C世代 ………………………………… **44**, 45
- 4 P …………………………………… 94
- G-Dロジック ………………………… 163
- Howard-Shethモデル ……………… **63**, 64, 71
- O.B.S.（組織型行動体系）………… **227-229**, 232, 233, 235, 236
- RAM ………………………………… **45**, 47
- R-A理論（資源－優位理論）……… 136, 137, **138-140**, 143, 145-155
- ――の基本的諸仮定 ……………… 137, 138, 152
- ROM ………………………………… 47
- SCPフレームワーク …………… 78, **79**, 80, 85, 90
- S-Dロジック ……………………… 162-164, 184, 204
- SECIモデル ………………………… 110
- SIPSモデル ………………………… **30**, 31
- STP …………………………………… 55, 58, 69
- SWOT …………………… 78, 80, 85, 91, 92, 97
- VRIO ………………………………… 126

【あ行】

- *a* ブロガー ………………………… 47
- アイデアの伝達 ………………… 217, 226
- アクティブコンシューマー ……… 44
- アーリーアダプター ……………… 39
- アーリーマジョリティ …………… 39
- アンバサダー ……………………… 47
- 池尾モデル ………………… **58**, 59, 63

- 逸脱 ………………………………… 231
- 5つの競争要因 ………… **79**, 87, 88, 90, 92
- 移動障壁（mobility barriers）…… 81
- イノベーション ………… 38, 108, 119
- ――の普及 ……………………… 57, 58
- イノベーター ……………………… **39**
- 意味変容現象 …………… **66**, 67, 68, 72
- インフルエンサー ………………… 39
- 運営（operating）活動 …………… 218
- エバンジェリスト ………………… **47**
- オーストリア学派 ………………… 233
- オーストリア経済学 ……………… 137
- オピニオンリーダー ……… 39, 41, 45, 47
- オピニオンリーダーシップ ……… 58, 61
- オピニオンリーダー度 …………… 40

【か行】

- 開差問題 …………………………… 220
- 階層組織 …………………………… 200
- 買いたいAISAS ……………………… 32
- 学習 ……………… 195, 198, 199, 201, 202
- 隔離メカニズム（isolating mechanisms）… 81, 98
- 価値 ………………………… 174, **177**, 179
- 関係ケイパビリティ ……… **112**, 119
- 関係性 ………………………… 105, 106, 119
- ――情報リンク ……………………… 37
- ――ループ ……………………………… 34
- 関係レント ………………………… **105**
- 完全競争理論 … 137, 138, 140, 141, 146, 149, 152, 153, 234
- 完全合理性 …………………… **2-3**, 18
- 感知（sensing）…………………… 87
- 機会主義 …………………………… 187
- 機関（制度）別研究 ……………… 222
- 既存市場の専横 ……………… 206, 210
- 機能横断的マーケティング・ケイパビリティ ……………………… 108, **109**, 116

245

機能主義	227
機能的要件	227
機能別研究	222
基本的前提	164, 165
基本的被説明項	172
キャズム	41, **42**, 66
客観合理性	**2**
旧制度派経済学	188
脅威と再配置のマネジメント（managing threats and reconfiguration）	87
競争の一般理論	136, 137, 143, **146**
競争の比較優位理論（CATC）	137, 144, 145
競争ポジション・マトリクス	138-140, 151, 152, 154
競争優位性	121
協働型マーケティング	185, **204**, 207, 208
均衡	189, 192, 194
クチコミ	33, **36**
グッズ	164, 170
経営戦略論	**79-85**
経済ケイパビリティの進化論	194
継続購買	**62**, 64-66, 68, 72
ケイパビリティ	82, **83**, 102, **108**, 118, 196-200, 210
経路依存性	194
結合ケイパビリティ	198, 201, 208
結束型ネットワーク	**46**
現代制度派経済学	188
限定合理性	**2-3**, 17, 187
コア・リジディティ	206
行為者性	**13**, 23
交換	142, 150, 151, 153, 174, **175**, 176, **222-224**
広告	217
高次の組織化原理	198, 202, 208
交渉	231, 236
購買関与度	59, 62
購買決定プロセスモデル	27
購買情報リンク	37
購買ループ	32
交変系	230-231
合理性原理	3, **14**, **16-20**, 22, 23, 235

顧客主導	206
個人主義	233, 234
コーディネーション	184-187, 195, 200, 203
コネクテッド・コンシューマー	43
個別消費者行動分析	**52**, 53, 56, 59, 60, 63, 72

【さ行】

採用行動	**61**, 64-66, 68, 72
採用者カテゴリー	57, 58
サービシィーズ	164, 168, 170
サービス	163, 167, 168, 170, **174**
ジェネレーションC	44
自我	3, 6, 11, 13, **14-15**, 16, 17, 19, 23
時間効用	220, 230
刺激-反応パラダイム	73
資源	102, 125, 138, 139
――選択（resource picking）	83
――配分	185, 186
――ベース論	**80-82**, **84**, 85, **86**, 91-93, 102, 119-125, 137, 140, 141, 152, 197
――ポジション障壁（resource position barriers）	81
――－優位理論（R-A理論）	136, 137, 145
自己拘束性	192-194
市場	186, 187, 195, 200
――形成モデル	**61**, 62, 65, 68, 70, 72
――交換	226
――志向	**112**, **113**, 114, 119, **205**, 206, 237
――志向研究	185, 207, 208
――主導	206
――知識	108, 119
――動態論	**52**, 53, 56, 57, 59, 60, 62-64, 69, 72
――の達人	**39**
――変容モデル	**62**, 63, 65, 68, 70-72
――流通（market distribution）	220
――連結モデル	**68**, 69-72
システム的イノベーション	195, 196
自生的秩序	**189**, 191, 233-235
施設（plant）活動	218
品揃え形成	230

社会主義計算論争 185, 209
社会的交換 225
社会的コミュニティ 197, 198, 200
自由意志 3, 6, **11-13**, 15, 17, 20, 23
集積 230
主観的効用 217
需要創造 217, 218
状況の論理 232, 235
商業排除傾向 217, 221
消費者主導の市場形成 **67**
消費者情報処理論 **2-6**, 7, 11
消費者類型論 **52**, 53, 55-57, 59, 60, 62, 63, 72
商品取引所 222
商品別研究 222
情報拡散ループ 32, **33**
情報処理パラダイム **2-6**, 13, 15-17, 22, 23
情報処理理論 72, 73
助成活動 218
所有効用 220
仕分け 230
進化経済学 137, 146
進化ゲーム理論 192
進化論 188, 189, 194, 195
　――的な制度の経済学 188
新古典派経済学 137, 140
新制度派経済学 186
垂直的統合 118
3ボックス・ダイアグラム 137, 139, 145, 152, 154
生産活動 218
生態学的システム 229
制度 14, 22, 23, 188, 192, 196, 202, 231
　――主義的個人主義 **232-233**, 235
　――進化 184, 185, 196, 209
　――的補完性 193, 194
　――の経済学 184, 186
　――の補完性 190
　――変革 192, 202
　――変容 196
　――論的ミクロ・マクロ・ループ ... **189**, 190, 191, 193, 195, 201, 207-209

製品差別化 217
製品判断力 59
設計主義 234
先見的（先行型）市場志向 ... 113, 115, 123, 206, 210
戦略的構想 **218**
戦略的要素市場（strategic factor markets） 81, 82
相互依存の基本原理 219, 232
創発的学習 206
組織 186, 187
　――学習 197, 205
　――型行動体系（O. B. S.） 227
　――間学習 197, 202, 204
　――間関係 203
　――デザイン 199, 201, 208
　――内学習 203, 204
ソーシャル・マーケティング 224, 226

【た行】

ダイナミック・ケイパビリティ ... 84-87, 92, 93, 95, 102, **115**, 116-119, 122, 128
　――のフレームワーク 86
ダイナミック・マーケティング・ケイパビリティ **115**, 116, 119, 120, 124
多重利用性 104, 108, 120
探索 230
知識 184, 194-200, 202, 203, 205, 206
　――移転 199, 201, 205
　――創造 184, 196, 202, 205, 207
　――のコード化 199, 208
　――ベース論 ... **83**, 184, **197-201**, 202, 208
チャネル研究 185, 203, 208
中範囲の理論 151
適応的学習 206
デジタル・イミグランツ 43
デジタル・ネイティブ **42**
デュアルAISAS 32, 33
統合ケイパビリティ（combinative capability） 83
動態的理論 231, 233

独占的競争理論 ……………………………… 217
取り揃え ……………………………………… 230
取引 …………………………………………… 230
取引費用経済学 ………………………… 186, 187
取引費用理論 ………………………………… 209

【な行】

内生的成長モデル …………………………… 146
農民組織 ……………………………………… 220

【は行】

ハイブリッド製品 ……………………… **65**, 69, 71
配分 …………………………………………… 230
場所効用 ………………………………… 220, 230
橋渡し型ネットワーク ………………………… **46**
反応的（型）市場志向 ………………… 113, 206, 210
非営利組織 …………………………………… 225
比較制度分析 …………………………… 192, 193
微視的機能主義 ……………………………… 228
ビジネス・エコ・システム ………… **87-92**, 93, 95
広めたいAISAS ………………………………… 32
フォロアー ………………………………… 41, 45, 47
不完備契約 …………………………………… 187
普及理論 ………………………… **57**, 58, 59, 62, 64
物的供給活動 ………………………………… 218
ブランディング・ケイパビリティ ……… 110, **111**, 112, 119, 123, 128
ブランド ………………………………… 104, 119, 217
　　──・コミュニティ ………………………… **34**
プレ・コミットメント ……………………… **125**, **126**
プロダクト・ライフサイクル ……………… 63, 64
分配（distribution） ………………………… 220
変換 …………………………………………… 230
方法論的個人主義 ……………………… 230, 231, 234
方法論的全体主義 …………………………… 230
補完 …………………………………………… 231
補完性 ………………………………………… 120
捕捉（seizing） ………………………………… 87

【ま行】

マクロ的消費者行動研究 ………………… 54, 60
マクロ・マーケティング …………………… 220
マーケット・メイブン …………… **39**, 41, 44-46
マーケット・メイブン度 …………………… 40
マーケティング概念拡張論 ………………… 224
マーケティング機能 ………………………… 221
マーケティング・ケイパビリティ ……… **108**, **109**, 114, 117, 118, 120, 124
マーケティング・サイエンス論争 ………… 142
マーケティング資源 ……………… 103, 120, 124
マーケティングにおける一般理論 ……… **142**
マーケティングの一般理論 ……… 137, **143**, **148-150**, 151-153, 227, 228, 236
マーケティング論の研究領域 ……………… 95
マネジリアル・マーケティング …………… 94
ミクロ的消費者行動研究 …………… 54, 55, 60
ミクロ・マクロ・ループ …………………… 223
ミクロ・マーケティング …………………… 218
無形性 ………………………………………… 120
模倣 …………………………………………… 231
　　──困難性 …………………… 104, 108, 120

【や行】

要素市場 ……………………………………… 80
弱い紐帯の強さ ……………………………… 47

【ら行】

ラガード ……………………………………… **39**
リーセンシー効果 …………………………… 42
リーディング・コンシューマー ……… **40**, 41, 44-46
流通活動 ……………………………………… 218
流通チャネル ………………………………… 118
ルーティン ………… 184, 190, 191, 194, 195, 198, 200, 210, 231, 236
レイトマジョリティ ………………………… **39**
歴史的経路依存性 ……………………… 192, 193
レント ……………………………………… 81, 98

人名索引

(注) **太字**は，その用語の主な解説の頁。

【アルファベット】

Aaker, D. A. ……… 104
Agassi, J. ……… 232
Alderson, W. ……… 141, 142, 149, 152, 153, 155, **227-233**, 235, 236
Barney, J. B. ……… 80, 81, 104, 123, 125, 126
Barrales-Molina, V. ……… 115
Bartels, R. ……… 225, 226
Bettman, J. R. ……… 3-6, 15, 63
Bharadwaj, S. G. ……… 104, 105, 108, 125
Biggadike, R. E. ……… 95
Butler, J. E. ……… 128
Butler, R. S. ……… 223, 238
Capron, L. ……… 104
Carman, J. M. ……… 225, 226
Chamberlin, E. H. ……… 217, 233
Chandler, A. D., Jr. ……… 79
Cool, K. ……… 80
Copeland, M. T. ……… 223
Cox, R. ……… 142
Day, G. S. ……… 94, 113
Deliogönül, Z. S. ……… 146, 154
Dickson, P. R. ……… 145, 150, 151, 154
Dyer, J. ……… 105, 106
Ferguson, A. ……… 234
Foss, N. J. ……… 151, 152, 154
Grant, R. M. ……… 82, 83, 93, 108, 197
Gudergan, S. P. ……… 117
Hayek, F. A. ……… 185, 194, **233-235**, 238
Hodgson, G. M. ……… 154, 188
Hofer, C. W. ……… 92, 93
Howard, J. A. ……… 63
Hulland, J. ……… 104
Hume, D. ……… 234
Hunt, S. D. ……… 14, 105, 107, 136-138, 140-155, 171, 172

Jaworski, B. J. ……… 113
Jevons, W. S. ……… 233
Jung, C. G. ……… 232
Keynes, J. M. ……… 234
Kirca, A. M. ……… 113
Kogut, B. ……… 82, 197
Kohli, A. K. ……… 113
Kotler, P. ……… 224
Kozlenkova, I. V. ……… 96, 102, 103
Lages, L. F. ……… 112, 126
Langlois, R. N. ……… 194
Leonard-Barton, D. ……… 98
Luck, D. J. ……… 225
Lusch, R. F. ……… 162-165, 173, 175
Makadok, R. ……… 83
MandeVille, B. ……… 234
Martin, D. M. ……… 67
Menger, C. ……… 233
Montesquieu, J. D. ……… 234
Morgan, N. A. ……… 103, 112
Morgan, R. M. ……… 105, 107, 140, 144-146, 154, 155
Murray, Y. J. ……… 114
Narver, J. C. ……… 113
Parsons, T. ……… 227, 232
Penrose, E. T. ……… 80, 81
Peteraf, M. ……… 126
Popper, K. R. ……… 18, 20-22, 232, 238
Porter, M. E. ……… 79, 88, 90
Priem, R. ……… 128
Robertson, P. L. ……… 194
Rogers, E. M. ……… 38, 57, 59, 60, 62, 64
Rosen, E. ……… 36
Rumelt, R. P. ……… 79-81
Savitt, R. ……… 154
Schelegelmilch, B. B. ……… 147
Schendel, D. ……… 80, 92, 93
Schouten, J. W. ……… 67

Searle, J. R.	3, 7-14, 17, 18
Shaw, A. W.	94, **217-219**, **222-224**, 226
Sheth, J. N.	63
Simon, H. A.	2-4, 16, 17, 21
Singh, H.	105, 106
Slater, S. F.	113
Smith, A.	234
Srivastava, R. K.	96, 106, 108
Taylor, F. W.	219
Teece, D. J.	79, 84-88, 90, 115, 118, 128
Tucker, J.	234
Vargo, S. L.	162-165, 173, 175
Veblen, T. B.	188
Walras, M. E. L.	233
Weld, L. D. H.	**220-224**
Wensley, R.	148
Wernerfelt, B.	80, 81
Wilden, R.	117
Williamson, O. E.	186
Zander, U.	82, 197
Çavuşgil, S. T.	146, 154

【五十音】

青島矢一	121
赤岡仁之	67
阿部周造	54, 73
池尾恭一	58-60
薄井和夫	219
樫原正勝	238
加藤俊彦	121
菊澤研宗	118
齊藤通貴	52
嶋口充輝	94, 113
田嶋規雄	52
富永健一	235, 236
永野寛子	98
野中郁次郎	110
堀越比呂志	95, **126**, **127**, 218
松尾洋治	67

●編著者紹介

堀越　比呂志（ほりこし　ひろし）
 1984年　慶應義塾大学大学院商学研究科博士課程単位取得退学。
 現在　　慶應義塾大学商学部教授，博士（商学）。
 主著　　『戦略的マーケティングの構図』（編著）同文舘出版，2014年。
    『歴史から学ぶマーケティング第1巻：マーケティング研究の展開』
    （編著）同文舘出版，2010年。
    『マーケティング・メタリサーチ―マーケティング研究の対象・方法・
    構造』（単著）千倉書房，2005年。

松尾　洋治（まつお　ようじ）
 2007年　慶應義塾大学大学院商学研究科博士課程単位取得退学。
 現在　　広島修道大学商学部准教授。
 主著　　『戦略的マーケティングの構図』（共著）同文舘出版，2014年。
    『歴史から学ぶマーケティング第1巻：マーケティング研究の展開』
    （共著）同文舘出版，2010年。

● 執筆者紹介・執筆分担

久米　　勉（くめ　つとむ）	東京国際大学商学部准教授	第1章
井上　重信（いのうえ　しげのぶ）	武庫川女子大学生活環境学部 専任講師	第2章
田嶋　規雄（たじま　のりお）	拓殖大学商学部教授	第3章
松井　孝悦（まつい　たかよし）	豊橋創造大学客員教授 大三紙業㈱代表取締役社長	第4章
小野　裕二（おの　ゆうじ）	名古屋商科大学商学部教授	第5章
松尾　洋治（まつお　ようじ）	編著者紹介参照	第6章
木村　圭吾（きむら　けいご）	慶應義塾大学大学院商学研究科 後期博士課程	第7章
戸田裕美子（とだ　ゆみこ）	日本大学商学部准教授	第8章
堀越比呂志（ほりこし　ひろし）	編著者紹介参照	はしがき・第9章

マーケティング理論の焦点
企業・消費者・交換

2017年1月5日　第1版第1刷発行

監修者	KMS研究会
編著者	堀越　比呂志
	松尾　洋治
発行者	山本　　　継
発行所	㈱中央経済社
発売元	㈱中央経済グループ パブリッシング

〒101-0051　東京都千代田区神田神保町1-31-2
電話　03 (3293) 3371 (編集代表)
　　　03 (3293) 3381 (営業代表)
http://www.chuokeizai.co.jp/
印刷／昭和情報プロセス㈱
製本／誠製本㈱

Ⓒ2017
Printed in Japan

＊頁の「欠落」や「順序違い」などがありましたらお取り替えいたしますので発売元までご送付ください。(送料小社負担)

ISBN978-4-502-20641-2　C3034

JCOPY〈出版者著作権管理機構委託出版物〉本書を無断で複写複製 (コピー) することは，著作権法上の例外を除き，禁じられています。本書をコピーされる場合は事前に出版者著作権管理機構 (JCOPY) の許諾を受けてください。
JCOPY〈http://www.jcopy.or.jp　e メール：info@jcopy.or.jp　電話：03-3513-6969〉

ベーシック＋プラス
Basic Plus

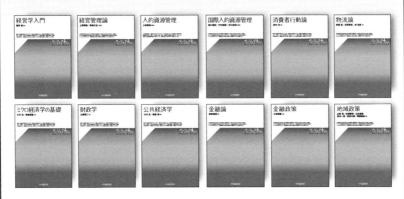

経営学入門	人的資源管理	経済学入門	金融論	法学入門
経営戦略論	組織行動論	ミクロ経済学	国際金融論	憲法
経営組織論	ファイナンス	マクロ経済学	労働経済学	民法
経営管理論	マーケティング	財政学	計量経済学	会社法
企業統治論	流通論	公共経済学	統計学	他

いま新しい時代を切り開く基礎力と応用力を兼ね備えた人材が求められています。
このシリーズは，各学問分野の基本的な知識や標準的な考え方を学ぶことにプラスして，
一人ひとりが主体的に思考し，行動できるような「学び」をサポートしています。

Let's START!
学びにプラス！
成長にプラス！
ベーシック＋で
はじめよう！

中央経済社